2014年度国家社会科学基金重大项目
"中国民法重述、民法典编纂与社会主义市场经济法律制度的完善"
（批准号14ZDC018）阶段性成果

湖南大学罗马法系研究中心

秘鲁共和国新民法典

New Civil Code of the Republic of Peru

徐涤宇 译

总　序

本文库(含文丛和译丛)之冠名,若不加阐释,颇有作茧自缚的意味。盖罗马法与共同法之谓,在西方法史上有其特指,由此似已决定本文库的选题仅限于特定的法史范围。

其实,以罗马法与共同法为名,并不意味着本文库崇尚"述而不作,信而好古"之史学幽情。我们提倡的是,过去为当下所用、法律史研究为法律教义学服务——前者的问题意识会受到现行法的影响,问题的解决则以后者为落脚点。易言之,本文库绝无意成为一座博物馆或一块纪念碑。所谓"一切历史都是当代史"、历史书写受"效果历史意识"支配的命题,均可为此种基本立场提供认识论上的支撑。其法律理论上的基础则在于:现行法的内容不是从石头缝里蹦出来的,而是从昨天一直演进到今天的产物。法律制度乃像语言一样的复杂现象,哪里有什么立法者能凭空将其建构出来？诚如萨维尼所言:最重要的是应当认识到当前与过往的生机勃勃的相互联系;否则,我们只能认识到当前法状态的外在表象,而不能把握住其内在本质。

问题在于,我们如何把握这种生机勃勃的相互联系？

一、法律往事重提的实践理由

法律教义学"从某些未加检验就当做真实的,先予的前提出发"①,是一门安于体制内的、有封闭倾向的学问。但法律教义学者终究不是"明希豪森男爵",不能抓着自己的头发进行自我拯救。现代法与现代法学之正当性、科学性危机的诊断与消解,尚须进入法律史才能得到经验层面的切实观照;没有法律史根据的法哲学批判,只会是形而上的玄谈。

遥想当年,基希尔曼冒天下之大不韪发表雄文《论作为科学的法学的无价值性》,其在法学界激起的巨浪今天仍未消退。如果不否认法学主要是以价值为导向的实践性学问,后笛卡尔时代以自然科学为原型的法学范式难逃走进死胡同的宿命,那么,什么构成前此时代被接受的正当裁判规范,彼时的裁判者、解释者又如何获得正当法?新的正当法模式、法学范式完全可以从历史传统中汲取营养。也就是说,通过与不同历史时期的法相比较,作为当前教义学前提的法典法本身产生、适用的特质能得到强烈凸显;从而,其在法哲学外亦能得到反思。

当下中国,撇开与意识形态密切关联的政治法领域不论,立法层面的现代法规范可谓基本齐备,法律教义学得以成为主流的法学研究范式。相形之下,对立法继受之母法及其法律史研究却呈现相当程度的萎缩,似乎从此现行中国法成为完全自给自足的研究对象。诚然,体系化、合理化现行法,以服务于司法裁判作业,为司法裁判"等置"制定法规范与案件事实作准备,是法律学者的重要使命。然而,现行立法、法学的继受属性,乃我国法律学者面临的基本事实:一百多年前,为解决"治外法权"问题,我国引进欧陆法制;改革开放后,以"与国际接轨"、"全球化"为口号,我们重整旗鼓、再续变法弦歌。自始在外力刺激下的立法继受,已然决定其先天发育的不足;即便是后天的理论与实践滋养膨胀了我们在制度和理论上的自信,也无法割裂继受的历史性。因此,本文库的旨趣,一方面鼓励以继受母体为主要对象的法律史和比较法研究,另一方面更为强调在历史关联中观照现行中国法的正当性和科学性,凸显其产生和适用的特质。

---

① 〔德〕阿图尔·考夫曼、温弗里德·哈斯默尔主编:《当代法哲学和法律理论导论》,郑永流译,法律出版社2002年版,第4页。

二、作为"绝对自然法"的罗马法？

古罗马人乃实践理性园地里的天才民族,在从公元前5世纪到公元6世纪的一千多年里,他们发展出一套完善的法律语言系统——诉、债、契约、所有权、遗嘱等,借此我们得以从法律角度来释读、调整社会经济事实。能与之相媲美的,大约只有古希腊人在哲学领域的成就。

与古罗马法不同,作为其后续发展,中世纪继受意义上的罗马法有其自身的特质。这种肇端于优帝《市民法大全》之学术性发现的罗马法继受,乃以法学的学术架构、方法为目标,因此法学只在它自己划定的范围、以自己的解释内涵来接受罗马法。① 但是,中世纪法律家在欧洲贯彻着一种确信:罗马法具有普世且超越时代的正确性,理性本身在《市民法大全》中化为文字,乃"记述之理性"(ratio scripta)。由此,罗马法虽然区别于凭着理性认识到的、建立在自然基础之上的近现代自然法,但它事实上已获得一种"绝对自然法"的地位。在中世纪盛期,这种权威性植基于罗马理念,即罗马帝国在救赎史上是基督徒的法律社会本身(一致性观念),当代世界与罗马法律家的世界根本上是同一的;普世帝国的权力崩溃后,代之而起的则是人文主义法学的确信:"我们这个时代文明的标准,早在古代即已确定。"②

随着民族国家的兴起,现代的罗马法学家虽仍借用"共同罗马法"(ius romanum commune)一词来强调罗马法对所有的人都是开放的,但他们已谦逊地意识到共同的罗马法只是潜在地对不同的民族有效,也就是说,其有效性取决于各民族国家是否将其采用为自己的法(diritto proprio)。于是,罗马法体系只是作为保护对共同法以及自有法的运用能够得以继续发展的一种工具,或者是基于其作为"人类共同遗产"的角色,作为各种制度要素的交汇点和对接点而发挥其功能。③ 本文

---

① 参见〔德〕弗朗茨·维亚克尔:《近代私法史——以德意志的发展为观察重点》(上册),陈爱娥、黄建辉译,上海三联书店2006年版,第108、109页。
② 同上,第36页以下。
③ 参见意大利著名罗马法学家桑德罗·斯奇巴尼为《罗马法与共同法》辑刊(法律出版社)所作序言(黄美玲译)。

库所谓的罗马法,正是在这种意义上展开的。

三、走向自有法与共同法的辩证关系模式

共同法或普通法(ius commune),在历史上特指12世纪罗马法原始文献被重新发现至18世纪自然法法典编纂期间,以罗马法和教会法为基础、在欧陆具有共同效力的法律和法学。① 降至当代,经由重新诠释,共同法概念复为欧盟和拉丁美洲私法统一运动提供法律文化上的正当性;②在实在法文本上,现行《魁北克民法典》在序编即明确该法典明示或默示地规定了共同法(jus commune),它构成其他法的基础;③在司法实践层面,学者在欧洲法院的诸多判例中发现了罗马法和共同法,以及在此基础上形成和发展的欧洲民法的一般原则。④ 这种借助法的历史渊源展开的逻辑,表达的仍然是一种法的普世主义(universalism)理念:共同法超乎各民族或各法域的固有法之上,具有普世

---

① 参见网络词典 Wikipedia "jus commune"词条,http://en.wikipedia.org/wiki/Jus_commune。关于欧洲共同法或普通法更详细的阐述,请参见〔美〕H·J·伯尔曼、约·雷德:《罗马法和欧洲普通法》,陈健译,载《研究生法学》1996年第1期。

② 在欧洲,代表性的观点可参见:Reinhard Zimmermann, Roman Law and the Harmonization of Private Law in Europe, in Towards a European Civil Code, 4th ed., Arthur Hartkamp et al, eds., Kluwer Law International, 2011。关于新共同法的集中评论,可参见 R. C. 范·卡内冈:《欧洲法:过去与未来——两千年来的统一性与多样性》,史大晓译,清华大学出版社2005年版,第32页以下。在拉美,有学者提出作为共同法或曰普通法(ius commune)的拉丁美洲法这一概念,认为罗马法曾是世界范围内的普通法,而在历史上作为欧陆普通法重要法源的罗马法,应该成为认定和构建一个真正的拉丁美洲法的基础;该法不仅要在国际法院的层面,而且也要在国内法院的层面得到适用。参见〔秘鲁〕埃尔维拉·门德斯·张:《作为拉丁美洲一体化进程中统一因素的罗马法:对普通法的反思》,徐涤宇译,载杨振山、〔意〕桑德罗·斯奇巴尼主编:《罗马法·中国法与民法法典化——物权和债权之研究》,中国政法大学出版社2001年版。

③ 其原文为:"The Civil Code comprises a body of rules which, in all matters within the letter, spirit or object of its provisions, lays down the jus commune, expressly or by implication. In these matters, the Code is the foundation of all other laws, although other laws may complement the Code or make exceptions to it."

④ 参见〔德〕罗尔夫·克努特尔:《罗马普通法和罗马法对欧洲联盟法院的影响》,米健译,载《外国法译评》1998年第1期。关于欧洲法官在新共同法中的角色和作用,可参见〔法〕米海依尔·戴尔玛斯—马蒂:《欧洲法官在共同法复兴中的作用——含义及局限性》,张莉译,载《法学家》1999年第4期。

且超越时代的正确性,代表着法的理想状态。

在结识意大利 Trento 大学 Diego Quaglioni 教授和法律史大家 Paolo Grossi①教授之前,我也一直认为共同法是普世的,它凌驾于各法域自己的法之上。但二位教授非常严肃地指出我对共同法的认识误区:在中世纪其实有两个层次的法共生共存,即自有法(iura propria)与共同法(ius commune)。其中,iura propria 是复数的,而 ius commune 是单数的,易言之,自有法具有多样性,如封建法、王室法、庄园法、城市法、行会法等等,共同法则是统一的。虽然共同法被视为面对所有人、所有问题的解决手段,但自有法优先于共同法得到适用,共同法仅具有补充适用的效力。因为依据中世纪的法律观,越小范围法域之法优先于越大范围法域之法。②复数的自有法与普遍的共同法处于紧密的辩证关系中:它们都是法,相互之间并没有高低之别,没有法源等级差异。

在今天主权国家的框架下,谦抑的共同法与自有法辩证关系模式仍具有借鉴意义。法的地方性差异应被尊重和关注;在"地方性知识"有缺漏的情况下,在历史的和比较的基础上获得的共同法可以完善和补充自有法。这颇类似于当事人缔结的合同条款与有名合同之任意性规范的适用关系:当事人的意思表示具体而个别化,它优先于制定法中有名合同的规定而被适用;后者通用于同类型的合同,其功能仅在于补充当事人意思表示的不足。

四、本文库的任务

因此,毋宁说,本文库致力于对立法继受之母法、法学作"历史深描",特别是对大陆法系源头的罗马法、共同法,其结构、功能、价值前提与推理方法予以深挖,主张将之作为现行法解释适用时的补充,以完成中国的"现代运用"。并且,本文库冠名为"罗马法与共同法",并

---

① 斯人为"新欧洲法律史"的代表人物,关于以他为首的意大利该学派的介绍,请参见梁治平先生为葡萄牙学者叶士朋教授的著作《欧洲法学史导论》(吕平义、苏健译,中国政法大学出版社1998年版)所作序言以及该书第23页以下。

② 参见前引维亚克尔书,第116页。

不是要将之奉为现行法正当与否的检验标准,作为超乎其上的典范,而是倡导面向社会交往实际和法的地方性差异,发挥罗马法和共同法为"地方性知识"拾遗补缺的功能。所以,我们不仅欢迎关于罗马法、共同法之前世今生的研究,而且也愿意为面向中国问题、建立在法的地方性差异基础上的比较研究提供平台。

徐涤宇

2013 年 9 月 24 日

1984年的《秘鲁民法典》

〔意〕桑德罗·斯奇巴尼*

黄美玲** 译

一、对于罗马法系而言,伟大的革命时代和现代法典时代肇端于伟大的地理发现。主要有克里斯多弗洛·哥伦布发现的被称之为"印第安"的地方,以及亚美利哥·韦斯普奇(Amerigo Vespucci)发现的"新大陆",后来这块地方以他的名字命名为"阿美利加"(America)。紧接着是环球冒险。这样在欧洲,中世纪"封闭的普世主义"成为过去式,形成了皇帝查理五世所说的"日不落"的帝国时代,同时憧憬着未来一个万国政府的可能性。

在欧洲,这些事件导致了封建社会的衰亡。罗马法,作为书面理性(ratio scripta),作为创设的公正(aequitas constituta),以其独特的结构性普世主义为社会的变化提供了新的给养。这一时代,通过全球一系列的政治社会革命——法国大革命、拉美独立革命、墨西哥革命、俄国十月革命、中华人民共和国的成立——以及法典编纂和宪政化运动达到了顶峰。在该运动中,体系中的两大法律渊源又重新融合在一起:即法律科学和法律。这一漫长的更迭仍在进行:曾经使用1889年的《西班牙民法典》的古巴,在1987年制定了一部自己的法典;俄罗斯联邦于

---

* 意大利罗马第一大学荣誉教授。
** 中南财经政法大学法学院副教授,意大利罗马第二大学法学博士。

1994—1995年、巴西于2002年、阿根廷于2015年通过了新的民法典；中国正在制定自己的民法典；编纂法典的计划正在进行，它们呼应了法的超国家统一的需求。

曾经居住在被称之为拉丁美洲的人们其实对这块大陆并没有统一的认知，后者是始于1942年的土著居民与欧洲人融合的一种结果，而罗马法则是构建统一的自我认同的基本要件。

这种变化源起于对民法典中某些章节的思考，因为根据这些法律可以占领所发现的海外领地。西班牙经院哲学通过发展优士丁尼所编纂的法律制度中对"理性"(ratio)有更加直接表述的部分——也就是万民法和自然法，来处理印第安这种新的情况。这一发展通过1537年的 *Sublimis Deus* 教皇敕令得到了教会法的支持，从此禁止使在新大陆生活的人们变为奴隶，并且承认他们是自己物品的所有者。

该禁止既没有成功地阻止（对奴隶的）严重滥用，也没有避免从旧世界特别是从非洲运输奴隶到新大陆。民族的聚合充满了不公正，还带来了灾难性的流行病，导致了大批土著居民的死亡。但是同时也实现了一种外观和文化上的融合，从而使这块陆地的特征更加丰富。

在这一发展之后，查理五世制定了关于尊重土著居民"生活习惯和形式"的规定(1530年及1555年)(*Recompilación de Indias* 2，1，4；5，2，22)。这些尊重通常也没有得到合适的解释或者根本上就并未得到适用，但是却强烈地表达了帝国的愿景：关注民族多元化，重视"使用自己的法律"(*suis legibus uti*)的原则，并且打算设计土著人和西班牙人"两个共和国"的理论(1556年在Canete颁布的*Instrucción*)。葡萄牙耶稣会会士安东尼奥·维埃拉(1608—1697)"第五帝国"的想法，在法律与预言之间，还进一步地为"美洲式罗马"开辟了一条思想之路。该观点由巴西人 *José da Silva Lisboa* 在巴西独立的时候提出，并且与该国创办大学培养法学家的想法联系在一起。

随后，通过移民（主要是西班牙人和葡萄牙人）在16—18世纪完成了罗马法的"输血"，已经存在的编纂成法典的罗马法制度得以发展：《七章律》的效力得以延伸；创办了多所大学(1551年的利马圣马可斯和墨西哥大学)；西班牙船只向印第安运输了整座整座的罗马共同法图书馆，后者起源于优士丁尼及其法学家们编纂的法典；在美洲还印刷了许多重要的作品。发展出了美洲巴洛克的"印第安"法学，伴以遥远的立法者的强烈干预以及顶端集中统一的司法实践。这些立法者的规定并不总是能被"执行",因此法学家要学会衡量(上诉请求;法律被遵守,但未被执行)。

这一法律科学是众多法学家们共同努力的成果,如:Hevia Bolanos(1570—1623)、J. de Solorzano Pereira(1575—1655)直到 F. J. de Gamboa(1717—1794)。在某种程度上,还有一些葡萄牙籍的论述者和决策者的贡献,他们的作品反映到巴西的土地上,从 A. Velasco(1526—1593)、F. de Caldas Pereira de Castro(1543—1597)、A. da Gama Pereira(1520—1595)开始。这一法律科学使用了罗马法学家们的方法和解决方案,来领导在这块广袤无边的土地上的人们的共同生活。这些人是第一次来到这里生活,被罗马法统一到了一起。这一法律科学为法典的编纂奠定了基础,在独立之后,法典的编纂表达着在这块大陆之上"完成输入罗马法并宣告独立"的目标。面对由于北美扩张而可能失去自主的风险,它还设计出了多种统一的方案(多民族、联邦、联合),并且以"拉美"命名,从而确定了拉美法系在罗马法系中的身份、独立性和统一性。①

二、秘鲁是这种变化的中心地点之一:在西班牙人到来之前,它是文化最发达的地区之一。印加帝国被确认也只有几十年,其首都设在库斯科。西班牙人建立了副王区,并且在海边建立了城市利马,还迁都至此。利马源自一个高级法院的旧址,即皇家审问院(*Audiencia*),同时也是最古老的两所大学之一的所在地,即圣马可斯大学(*Universidad Colegio Mayor de San Marcos de Lima*)(1551)。当时在这

---

① 第一次强调这种特征的是巴西的法学家 C. BEVILAQUA,参见 *Resumo das Liçoes de Legislaçao Comparada sobre o Direito Privado*, 2 ed. Bahia, 1897;并且陆续在巴西(例如 C. L. M. de Oliveira, A. Saraiva da Cunha Lobo; J. C. Moreira Alves)、阿根廷(例如 E. Martínez Paz, A. Díaz Biallet)、秘鲁(例如 J. Basadre, C. Fernández Sesarego)、哥伦比亚(例如 F. Hinestrosa)等国法学中得以发展。在欧洲,首先以并不是非常明确的方式在教义学中被接受,(例如 R. David, F. de Solá Canizares, J. Castán Tobeñas),随后明朗化(例如 P. Catalano, H. Eichler, J. de los Mozos, J. M. Castán Vázquez,等等,以及我的作品:S. SCHIPANI, *Il diritto romano nel Nuovo Mondo*, in *Il diritto dei nuovi mondi*, a cura di G. Visintini, Padova, 1994, 55 ss.)。参见 D. ESBORRAZ, *La individualización del subsistema jurídico latinoamericano como desarrollointerno propio del sistema jurídico romanista*: I, *La labor de la Ciencia jurídica brasileña entre fines del siglo XIX y principios del siglo XX*; II, *La contribución de la Ciencia jurídica argentina en la primera midad del siglo XX*, in *Roma e America. Rivista di Diritto Romano Comune*, rispettivamente 21/2006, 5 ss.; 24/2007, 32 ss.

所大学里还教授罗马共同法,并且创建了一座非常珍贵的法学图书馆,出版了许多法学作品。①

秘鲁于1821年7月28日宣告独立,当时整个美洲,即后来被称之为拉丁美洲的地方,都卷入了这场运动。阿根廷的一位将军何塞·德·圣马丁(José de San Martin)在利马作了一场非常重要的讲话,他被任命为"庇护者"。1824年,独立运动以委内瑞拉人西蒙·玻利瓦尔最终战胜西班牙人而完成。《秘鲁解放之庇护者发布的临时章程》(Estatudo Provisorio dado por el Protector de la Libertad del Perú)第1条规定:"前面的法律继续有效,但仅限于在与本章程中所规定的新准则不产生冲突的范围之内"。这一规定在1822年的《临时条例》(Reglamento Provisional)和1822年的《秘鲁共和国的宪政基础》(Bases de la Constituciün de la República Peruana)中被重申。1823年《秘鲁宪法》第121条还规定了,在民法、刑法、宪法和商法典没有规定的情况下,它一直都具有效力。后来的宪法(1826年《秘鲁宪法》第46条第1款;1828年《秘鲁宪法》第131条;1834年《秘鲁宪法》第11条中的过渡性规定)重申了关于新法典的引用前述规定。

著名秘鲁法学家、最高法院院长 M. L. de Vidaure(1773—1841),根据玻利瓦尔的任命,于1825年主持编纂法典的委员会。该委员会并没有完成自己的工作使命,Vidaure 独自继续进行,并且非官方地公布了一部刑法典草案(1828)和一部民法典法案(1834—1836)。该民法典草案除体现了对1804年《法国民法典》的关注之外,还表达了对中欧自然法学派的强烈兴趣,这标志着对罗马法制度进行了一种自主解读,因此并不是跟在玻利维亚一样简化和引入《法国民法典》。那些年,秘鲁非常关注自然法学派,有两部出版物为证:《自然法与万民法要论》(Elementos del Derecho Natural y de Gentes),拉丁语的西班牙语译本,库斯科,1826年;以及德国罗马法学家 Heineccio(1681—1741)的《阿亚库乔》(Ayacucho),1832年。

紧接着,在秘鲁 - 玻利维亚(1836—1839)联邦的框架下,玻利维

---

① Cfr. G. DOLEZALEK, Libros Jurídicos anteriores a 1800 en la Biblioteca de la Universidad Nacional Mayor de San Marcos de Lima. Bases para la formación jurídica de los abogados latinoamericanos del siglo XIX, in Studi Sassaresi, 5, 1977 - 78, Milano, 1981 (= Diritto romano, codificazioni e unità del sistema giuridico latinoamericano, a cura di S. Schipani, 491 ss.).

亚民法典在秘鲁短暂地生效。

三、1847 年,秘鲁民法典草案出台。1851 年,由 Andrés Martínez 所主持的一个委员会全面修订该部草案,该草案于 1851 年 12 月 23 日得以通过,与《民事审判法典》(Codice de enjuiciamiento en materia civil)一起生效。1853 年 6 月 15 日,商法典生效。1861 年 1 月 1 日刑法典也开始生效。从而完整地形成了一个真正的、特有的法典系统。①

1852 年的《秘鲁民法典》总共 2301 条,以简明准确的方式书写而成。这部民法典远不同于 1804 年的《法国民法典》、之前的众多拉美民法典以及当代的其他法典,较之欧洲众民法典具有鲜明的特色。在重构法系时,若不强调其个殊性是一种错误。②

这部民法典也体现了其与传统社会、不同分类的人之间更加紧密的保守关系。例如:它保留了关于奴隶制的规定,这在当时的秘鲁还没有被废除(根据1823 年《秘鲁宪法》第 95 条及其以后的规定,任何人都不得在秘鲁产下奴隶;但是对于那些已经是奴隶的人仍然保持此种身份,而且有些奴隶可以被引入;根据 1855 年 1 月 5 日所颁布的法令,奴隶制被废除)。该法典为神职人员发布了特殊的规定(第 83 条及其以后);还规定了教堂和主职授予权(第 1189 条及其以后)。相反,在有利于本质上的平等方面,它废除了属于土著群体居民法律地位的特殊性(但是它并没有保留对于在前哥伦布时代的土著居民中正在生效的制度和习惯进行保护的原则)。这部法典还吸纳了近期的法

---

① Cfr. J. BASADRE, *Historia del Derecho Peruano*, 4 ed., Lima, 1988; C. RAMOS NUÑEZ, *Historia del Derecho Peruano. Siglos XIX y XX*, vol 1 – 6, Lima, 2003 – 2006.

② Cfr. S. SCHIPANI, *Codici civili nel sistema latinoamericano*, in *Digesto delle Discipline privatistiche. V Aggiornamento*, Torino, 2010, 286 ss. 这里所指出的解读时的错误有时是欧洲中心论计划持续的后果,它不承认罗马法系全面而深入的衔接作用和其在全面解释法律体系、协调法律以及重建共同法中所作出的贡献。参见 S. SCHIPANI, *Il modello giuridico-scientifico e legislativo – < italiano > in America Latina: il riconoscimento del sistema*, in *Il modello giuridico-scientifico e legislativo-italiano fuori dell'Europa. Atti del II Congresso Nazionale della SIRD. Siena 2012*, a cura di S. Lanni – P. Sirena, Napoli, 2013, 339 ss.; 关于体系化的解释,请参见 S. SCHIPANI, *Sull' interpretazione e integrazione delle leggi, su diversi usi del diritto romano negli ordinamenti codificati, sui principi generali e l'interpretazione sistematica in senso pieno*, Corso svolto a Changsha nel 2011. 关于法系内部的联系,参见 XU GUODONG, *Il diritto romano come ponte tra diritto cinese e diritto latinoamericano*, in *Roma e America*, 19 – 20/2005, 431 ss. S. SCHIPANI, *Il sistema del diritto romano: un ponte fra i diritti di Cina, Europa e Paesi dell'America Latina. Il ruolo del BRICS*;《2013 年澳门国际会议论文集》。

学成果:例如,强调与罗马法之间的持久联系,根据后者第一次在拉丁美洲阐释和引入了出现法律漏洞时参阅"法的一般原则"(序题第九条)。① 它更加紧密地依附于罗马法,否定了《法国民法典》的体系安排,把对物—物权和遗产的论述统一到第二编中,置于"物:取得方式以及人们就物享有的权利"之下(De las cosas: del modo de adquirirlas, y de los derechos que las personas tienen sobre ellas),一致地适用了所有权的取得方式与债因的分离。与此呼应的是,在第三编中仅仅论述了债和合同。其中,论述了债总、债因以及债的消灭②,比 1804 年《法国民法典》的体系要更清晰些。有意思的点其实远不止这些。③

这部法典虽然几经修订,但是直至 1936 年都是有效的。

四、1920 年《秘鲁宪法》承认了土著族群,以及他们在自己土地上的权利(紧接着,1933 年的《秘鲁宪法》用了整整一章来规定土著族群,并且计划制定专门的立法)。其他的社会变化也开始呼求一部新的民法典。1922 年,任命了一个由法学家组成的委员会,他们随即就制定新的法典草案④展开了工作。直到 1936 年,立宪委员会任命了另外一个更加完整的委员会,对该草案进行了快速的修订。该法典于

---

① 众所周知,这条规定第一次出现在 1838 年《皮尔蒙特民法典》中,第 15 条将之与 1794 年《普鲁士一般邦法》第 49 条、1804 年《法国民法典》序题第四条以及 1811 年《奥地利民法典》第 7 条区分开来。cfr. S. SCHIPANI, *El Código civil español como puente entre el sistema latinoamericano y los Códigos europeos*, in Revista de Derecho Privado, Madrid, 1997, 427 ss. (in italiano in S. SCHIPANI, *La codificazione del diritto romano comune*, rist. 3 ed., Giappichelli, Torino, 119 ss.)

② 我觉得有必要指出,在这些债的消灭方式中,包含了财产弃权,其中规定了能力限度照顾(*beneficium competentiae*)。其特点是,允许债务人在自己的能力限度内承担责任(第 2238 条);cfr. V. ABELENDA, *Deneficio de Competencia: fuentes romanas, derecho intermedio y latinoamericano*, Buenos Aires, 2010. 该规定还出现在下列民法典的相关法律条文中:CcCh. 1856 [art. 1625 - 1627]-Ecuador/1858 - 60 - Colombia/1857 - 87; CcElSalvador/1859, art. 1495; CcUrug. /1869 art. 1494; CcArg. /1871, art. 799; CcGuatemala/1877, art. 2381; CcNicaragua/1904, art. 2092; CcHonduras/1906, art. 1451 e 1581.

③ J. BASADRE, *Historia del Derecho Peruano*, cit., 323 ss.; C. RAMOS NUÑEZ, *Historia del Derecho Peruano*. cit., I, *El orbe jurídico ilustrado y Manuel Lorenzo Vidaure*, Lima, 2003; ID., Op. cit., II, *La codificación del siglo XIX: Los códigos de la Confederación y el Código Civil de 1852*, Lima, 2005.

④ 对 1852 年《秘鲁民法典》的重新研究可参见 *Código civil del Perú anotado con la modificaciones que contendrá el Proyecto de nuevo Código civil…*, Lima, 1926. 该研究提前透露了该民法典即将作出的选择。

1936年8月30日通过,1936年11月14日生效。

1936年的《秘鲁民法典》分为五编,开篇就区分了人法和家庭法。早在1871年的《阿根廷民法典》中,其实就强调了一般人法和家庭关系法之间的区别。1907—1911年的《瑞士民法典》随后又着重指出此种区别,并分两编分别进行了专门论述,即第一编和第二编。这部法典被非常清楚地呈现在《秘鲁民法典》编纂委员会的法学家们眼前。

1936年《秘鲁民法典》第一编中,也包括关于土著族群的一章(第70条及其以后),声明所有的土著族群都要服从宪法,并且重申了专门立法的必要性。这样,也就随之开启了实现公民平等相关手段的研究。这种平等不仅仅是一种确认,而是通过区别规范而进行建构。

前两编之后,1936年《秘鲁民法典》接着在第三编中论述了继承,在第四编中论述了物权,在第五编中论述了债。在编纂《瑞士民法典》的时候,债编中有一点与1936年《秘鲁民法典》出现了差异:《瑞士民法典》以"合同"(第1条及以后)作为开篇,而1936年《秘鲁民法典》通过专门论述"法律行为"(actos jurídicos)(第1075条及其以后)的一章而展开;因此后者选择了一个更加抽象的科学分类,事实上 A. Bello 在《智利民法典》中①已经做过尝试(第1337条及其以后,第1445条及其以后)。相比起来,1871年《阿根廷民法典》则选择了比这一分类还要抽象的分类,即"事实"(第896条及以后)。在前面这章之后,接着是两章债总(债及其形式,第1171条以后;债消灭的效力及方式,第1232条及以后)。另外,在不同的合同种类中,还包括了一章专门对劳动合同的论述,但是只有两个条款(第1571条及第1572条)。这两个条款实质上是对专门立法的参引,而《瑞士民法典》则论述得更为宽泛一些(另外需要注意,1936年《秘鲁民法典》实际上与1902年《秘鲁商法典》一起发挥作用,后者取代了1853年的《秘鲁商法典》)。

在《秘鲁民法典》出台之后,1969年的"农业改革法令"也意义重大。其实早在五年前,这项改革就已经通过1964年的法令开始进行了,只是该法令后来被全面进行了修订。新的立法干预对民法典中法律规范的

---

① 参见《智利共和国民法典》,徐涤宇译,北京大学出版社2014年版。cfr. S. SCHIPANI, *Del Derecho romano a las codificaciones latinoamericanas: la obra de Andrés Bello* (*Pluralidad de fuentes del Tit. I del lib. IV del Código Civil de Chile y de sus proyectos*), in *Rev. de Estudios Historico-Juridicos*, Valparaíso, 6, 1981, 165 ss,

影响非常大，它推动了对私有农用土地的征收，并且使得一切被认为是荒地的土地重新归属国家。（根据该法令），只承认耕种人对正在耕种的土地或者正在作为草地使用的土地的直接占有，这种占有仅限于对它们的有效采用。另外还规定"五年"作为必要的时效取得期限。法人为了保留土地所有权，应该转化为人的合伙，并且有利于形成合作社或者是合伙形式。还制定了一类农业生产合同。

这一改革还带来了其他的影响，例如，进行企业改革和建立了企业法人制度。

农村迁入城市的发展——其本身可能也强调了农村生产的危机，导致产生了对立法干预的新需求。这种需求在1977年关于城市土地租赁的法令中得以明确表达。该法令对住宅租赁引进了一种专门的制度，并根据不同的价值进行区分：哪些仍接受民法典的调整，哪些则要服从新的法律制度。新法律制度的特点在于，在合同解除等情况下，计算租金的方式不同（1984年《秘鲁民法典》并没有对这一主题进行规定，而是民法典之后一些其他法令进行了补充：1991年的第21938号法令。）

1979年的《秘鲁宪法》标志着一种转折：立宪委员会中所有的政治力量都竭力于进行一场改革，即改变之前根据武装力量和秘鲁社会的需求所提出的前政府路线，该路线深深地扎根于非富裕阶层，并没有成功地获得一致认可。

撇开我们前面谈到的阻力和其他我无法一一列举的原因，1836年《秘鲁民法典》在1984年中止生效，被1984年生效的《秘鲁民法典》所取代。

五、1984年，秘鲁再次更换了民法典。1965年，时任司法部长的民法学家、利马圣马可斯大学的 C. Fernández Sessarego 教授，决定了编纂委员会的构成（J. Leün Barandiarán, I. Biélich Flórez, A. Eguren Bresani, J. E. Castañeda, H. Cornejo Chávez, C. Fernández Sessarego, R. E. Lanata Guilhem, F. Navarro Irvine, M. Arias Schreiber y J. Vega García，均为圣马可斯大学或是秘鲁天主教教皇大学的教授，许多也是律师）。该委员会在1982年完成了民法典草案，并于1982年提交修订委员会修订。与前者不同的是，修订委员会由参议院和众议院的政治家们组成。修订委员会紧张地展开了工作，于1983年年底完成了修订。在接下来的几个月里,时任司法部长的 M. Arias Schreiber 在大学、法庭和其他专门机构就该草案进行了讨论,并于 1984 年年中最终敲定了标准文本。1984 年 7 月 24 日,新的民法典被颁布,该法典于 1984 年 11 月 14 日开始产生效力。①

1984 年《秘鲁民法典》总共 10 编外加序题。正如我们所看到的,该法典提出了许多新的解决方案。前两编是人法和法律行为,看上去是一种不太明确和缩减后(没有物编)的总论,其中强调了人的作用及其行为②的中心地位。在第三编和第四编中保留了家庭法和继承法,以及第五编到第七编中的物权和债权。在这几编中,债被改革性地划分为两编。债的发生依据被单独划分为一编,以区别于债的样式、效力、更新及其消灭。接下来的三编分别是时效和除斥期间、公共登记和国际私法,后者也被列入民法典中。这种结构没有延续 1936 年民法典的体系思路,后者排除了定义,而是对制度概念进行论述;所有的规范结构清晰且简单。

这部法典中有许多规定值得强调,但不是在这里。

出版的法典立法理由书中,有一些并不是会议和讨论的记录,而是编纂工作委员会主要构成人员所作的摘要集锦:1985 年 D. Reboredo de Debakey 主编的《民法典:(立法)理由陈述及评注》(6 卷本,利马)。在法典十周年纪念的时候,司法部于 1984 年在利马出版了《民法典官方纪念版附 F. Vidal Ramírez 的导读》。2014 年,司法部根据第 295 号立法令主编了更新至该年 8 月 1 日的第 14 版官方版本,与 C. Fernández Sessarego③ 所作的序言一起出版。现如今已经有很多相关主题的作品("民法典解读丛书",秘鲁天主教教皇大学出版基金出

---

① 正如已经强调的,这部民法典与其他近十年(玻利维亚、巴拉圭、荷兰、俄罗斯以及巴西、阿根廷)的民法典一起否定了这样一种观点,即我们的体系正处于"解法典化"时期。相反证明了,事实上在很多情况下都趋向于更新法典,因此讨论"解法典化"的人应该以更加明确的方式来提及替换一些法典的必要性,而不是消除它们。

② 还有另外一种解释,参见 E. ZITELMANN, *Der Wert eines "allgemeine" Teils des burgerlichen Rechts*, in *Zeitschrift für das privat-undöffentliche Recht der Gegenwart*, 33, 1906, 1 ss. 当在德国讨论生效不久的《德国民法典》总论部分的时候,认为这一部分内容应该在法律行为中规定。我们可以认为,正在讨论的秘鲁民法典并不想抛弃以法和人作为开篇的传统,然后在第二编中规定了类似总则的部分,但是仅仅涉及一个法律种类。

③ Cfr. www.minjus.gob.pe/wp-content/uploads/2015/01/Codigo-Civil-MINJUS-BCP.pdf 可以免费下载。

版,利马,1997 年);另外还可以指出,特别是民法典刚刚通过的时候所举办的两次国际会议的论文集:《1985 年利马国际会议"秘鲁民法典与拉美法律制度"会议论文集》(C. Fernández Sessarego – S. Schipani, ed. Cultural Cuzco, Lima, 1986① 主编),以及 10 年后的《"秘鲁民法典:十周年,总结与展望"国际会议论文集》(2 卷本,利马,1994 年;利马大学 1995 年版本)。②

现在请允许我简短介绍一下 1984 年《秘鲁民法典》中的一些要点。我依据的是官方原始文本,即当年司法部的版本。随后进行了许多次修订,我仅根据之前提到的 2014 年版本介绍其中的一部分。很多修订已经在中译本中出现。③

A. 如果要简略地勾画一些要点,首先必须要指出的是:在序题的一些规定中,维持并发展了已经在之前的民法典中出现过的对法的基本原则的援引,而且对其进行了改进,在第 8 条中指出:在"法律出现瑕疵和缺陷"的情况下,法官"应适用法的一般原则,尤其是指引秘鲁法的那些原则"。从而重申了法的基本原则的功能,即作为法典和罗马共同法系之间在时间和空间上外延的"连接点"。关于这一点,要强调拉美法系更倾向于对现行的《秘鲁民法典》进行更加具体和直接的引用。④

B. 在"人法"这一编众多的条文中,恰恰在开篇,《秘鲁民法典》第 1

---

① 在这本书中,特别有意思的是该研究在比较意义上展开。C. FERNÁNDEZ SESSAREGO – C. CÁREDENAS QUIRÓS, *Estudio preliminar comparativo de algunos aspectos del Código Civil Peruanode 1984 en relación con el Código civil italiano de 1942*, 99 ss.

② Cfr. 详尽的文献信息参见 R. Morales Hervias:*Publicaciones relativas al Código civil Peruano*(1984—2009), in *Roma e America*, 27/2009, 231 ss.

③ 许多次修订都是在 1992 年第 768 号法令《新民事诉讼法》颁布之后所进行的,一些仅仅是术语上的协调,其他的则是实质上的调整。

④ 对此的解释,参见 S. SCHIPANI, *El Código civil peruano de 1984 y el sistema jurídico latinoamericano*(*apuntes para una investigación*), in *El Código civil peruano y el Sistema* cit., 41 ss. 在民法典 10 周年纪念的时候,秘鲁法学家 M. Rubio Correa 在其文章中表达了对修订条文的提议:"法官不得因立法瑕疵或缺陷而拒绝司法。在此等情形,法官应适用法的一般原则,特别是拉美法的一般原则以及习惯。原则和习惯引导法官对立法的解释,当可以对其境内当事人适用宪法第 149 条时,法官应适用此等当事人的习惯,只要依此不侵犯基本权利,并能保证和拉丁美洲法的原则保持一致。"关于该提议,参见 S. SCHIPANI, *Codificación de los principios generales del Derecho Latinoamericano*, in *Código Civil Peruano. Diez Años*. cit., 1, 13 ss.(in it. in ID., *La codificazione* cit., 175 ss.)。

条通过现代化的概念引入了一则古老的原则:"胎儿就一切对其有益的事项都被视为已经出生。"事实上,这条规则恰恰出自罗马法中。例如,就自由身份而言,在优士丁尼的《法学阶梯》中,即将出生的婴儿如果其母亲是自由人,在受孕的那一刻就获得自由身份,即使在他出生之前,他母亲失去自由身份而变为奴隶(J. 1,4pr.)。罗马法没有使用17—18世纪所创制的"权利主体"的概念,而是使用了具体的术语,例如"男人""人""胎儿""在子宫中的"。这部法典在第一条中,这样对胎儿进行规定"胎儿就一切对其有益事项为权利主体"。①

C.《秘鲁民法典》随后用专门的一题来论述"人格权"(*Derechos de la persona*),拓宽了人格权的具体种类,但是却没有像《德国民法典》模式一样创设人格的"基本权利"。人格权权利"范畴"的拓宽——除了其他的传统的个人权利之外,还包括了声音的权利(第15条)——最终形成了一种开放、灵活的特征,从而满足对不同价值的保护,包括生命权、隐私权以及在科技日新月异的情况下,所面临的花样百出的各种新形式的挑战。

在起初对这些权利进行教义学的制定时,它们的范畴饱受争议,因为有观点认为无法构建这样一种权利,即人既是关系主体又是关系客体。这部法典接受了前面的范畴,克服了这些疑难。

仍然是在教义学讨论的范畴内,"人格权"和"基本权利"的区分并不是很明确。人格权在历史上就与人格权的损害关联在一起,这些权利产生于个人之间的关系中,而且随着"人"的概念而摇摆不定。有时候教义学将人的定义倾向于人身,有时候则更倾向于个人的财产。在这种情况下,首先产生了"人的尊严"的损害以及"损害补救"的需求,而不是"损害赔偿"。②而基本权利在历史中则是被放置在"宪法"层面来保障公民以及请求自由和特权,是个人对国家的一种权利。当

---

① 最新的2015年《阿根廷民法典》没有援引这一概念,而是使用了"自然人"的概念;参见其第1条:"自然人的存在开始于受孕。"

② 通常对于罗马法制度而言,强调"不能对自由人进行金钱估值"(参见D. 9,1,3),"金钱损害,以及伦理价值或者精神赔偿"是不合理的。关于重新思考"侵辱之诉"的必要性,正如"侵犯人尊严的不正当行为"并不是根据损害赔偿进行惩罚,而是根据罗马法中规定的"良善和公正",许多年前我就开始思考这个问题。参见〔意〕斯奇巴尼:《侵辱之诉的遗孤——重读〈学说汇纂〉:透过罗马法学家的贡献来看对人的法律保护》,载《学说汇纂》(第4卷),北京,2012年,第204页及其以后。

然,基本权利的范畴也拓宽了。首先,它们在人与人的关系中也具有了重要性。另一方面,宪法常常影响保护人格权的相关规范。关于人格权,第 5 条强调了不得抛弃"生命权、身体完整权、自由权和名誉权以及其他自然人所固有的权利"。

随后过渡到一个特殊的主题,这个主题在 30 年前还比较新颖。可以强调的是,《秘鲁民法典》处理了器官移植的问题,生存或死亡之后对身体器官的处置,制定了处置人身体的行为的规范(第 6—10 条)。① 另外,声明不得执行涉及生命或身体完整性的危险性合同(第 12 条),规定了个人和家庭生活的隐私权利(第 14 条),对于涉及个人或家庭生活隐私的书信、通讯、录音的使用设立了严格的限制(第 16 条)。

第 18 条援引和参阅了作者或发明人的权利的相关法律规范(参见 1961 年第 13714 号法律以及关于安迪拉市的讲话),这一援引表明该主题涉及人格权(它们与人之间的密切联系已经在对配偶间的共同财产进行排除时得以确认:第 302 条第 5 款)。

姓名既是权利的客体,也是义务的客体。(第 19 条及以后)

D. 在人格权的主题中,需要指出两处修订:配偶一方可以收养另一方配偶的子女(2015 年第 30084 号法律,第 22 条第 2 款),以及(2012 年第 29973 号法律)删除了聋哑、盲聋、盲哑人的完全无行为能力,删除了他们无缔结婚姻能力(第 241 条第 4 款)和不能拟定遗嘱(第 693—694 条)的条款,并且规定了保护他们的其他特别形式(第 697 条)。

E. 第一编还讨论了法人(第 76 条及以后),在这些条款中加入了"委员会"(comité)需要专门的书面登记(第 111 条及以后);制定了关于"财团"的详细规范(第 99 条及以后)。根据这些规范我们可以注意到,本部法典并没有承认未登记的财团属于事实财团,可以进行财产自治;没有包含商贸协会,因此,将其限定为不以盈利为目的的机构。

在这一框架下,依据 1979 年的《秘鲁宪法》,其第 161 条及以后的条款承认了农村公社和原住民公社。而我们正在讨论的民法典也规

---

① Cfr. P. RESCIGNO, *Comentarios al Libro de derecho de las personas del nuevo Código civil peruano de 1984*, in *El Código civil peruano y el Sistema* cit., 235 ss.; C. FERNÁNDEZ SESSAREGO, *Nuevos tendencias en el Derecho de las personas*, Lima, 1990; ID., *Derecho a la identidad personal*, ed. Astrea, Buenos Aires, 1992.

定了农村公社和原住民公社,强调公共利益以及"一般和公平的利益"(第134条及以后)。后来1993年的《秘鲁宪法》第149条还承认了这些公社在其领地上适用习惯法,除非有悖于基本权利;还规定了这些公社是"法人"①。

F. 在"法律行为"②这一编中,对前民法典中的观点进行了发展,并且作出了一个新的、颇具意味的选择。事实上,这种对行为的讨论不再跟1936年的旧《秘鲁民法典》一样局限于债的范畴,而是涉及更概括的各种行为,包括物权转移、继承以及产生的相关问题。例如,关于这一主题这里规定了对法律行为的解释规则,虽然非常有限(第168条及以后),前面已经在合同中有所规定。

G. "法律行为"被定义为"意思表示"③,并规定了使之有效的要件,其中"原因"作为"合法目的"(第140条)。论述了代理(第145条及以后),不同于1936年的民法典,这里将其与委托分别开来;然后讨论了法律行为的伪装(第190条及以后)、诈害(第195条及以后)和被双边化④的"错误"(第201条及以后)等。

---

① Cfr. J. F. GÁLVEZ, *Lo sviluppo dei diritti indigeni in Perù*; in *I diritti dei popoli indigeni in America Latina*, a cura di S. Lanni, Napoli, 2011, 245 ss.

② 德国渊源的"民事法律行为"与法国渊源的"法律行为"之间的关系跟术语或者是教义学没有关系,关于拉美法典的不同规定,参见本文第6页脚注④。特别是在秘鲁,被认为是概念上的同义词。(F. Vidal Ramírez)

③ 可以指出的是,关于意思表示,2000年第27291号法律通过第141条完成了对关于使用电子或类似工具的必要修订。

④ 参见 J. C. MOREIRA ALVES, *Los actos jurídicos en el nuevo Código civil peruano*, in *El Código civil peruano y el Sistema* cit., 267 ss. che compara questo libro del CcPerù con i paralleli articoli del CcBrasile, che allora era in progetto e poi è entrato in vigore (2002; art. 104 ss.); J. MÉLICH ORSINI, *La interpretación de los contratos y de los actos jurídicos en el nuevo Código civil peruano y en la legislación venezolana*, in *El Código civil peruano y el Sistema* cit., 281 ss. 该文把《秘鲁民法典》第168条的法律行为和第1361条的合同约束力联系到了一起,强调支持"明示"理论和合同客观解释方法的后果,并且把其放置到委内瑞拉的立法中进行比照,后者在民法典第10条进行了规定,其中规定了意思理论。关于1984年《秘鲁民法典》中的法律行为,参见 F. VIDAL RAMÍREZ, *La teoría del acto y del negocio jurídico en el derecho peruano y en el sistema jurídico latinoamericano*, in *Roma e America*, 7/1999, 143 ss.; ID., *El Acto Jurídico*, 6 ed., Lima, 2005.

H. 关于家庭法①,在前面 1979 年的《秘鲁宪法》规定的基础上,1984 年的《秘鲁民法典》规定了夫妻、婚生子与非婚生子(第 234 条及第 235 条)之间的平等性。对于财产制度,既规定了共同财产制又规定了分别财产制(第 295 条),以及夫妻财产制替换的可能性(第 296 条);废除了嫁资;规定了事实结合中财产共有的可能性(第 326 条)②,根据原住民哥伦比亚人的习惯法与这种事实结合不能与已举办婚礼的婚姻相混淆。在《秘鲁宪法》第 161 条及以后和《秘鲁民法典》第 134 条中已经提到这些原住民。还需要指出的是,例如:扶养的家庭连带性(例如第 472 条等)。现在已经不再像旧法典中一样,将其与"家庭成员的教育和辅助基金"放在一起,而是与"家庭财产"放在一起。家庭财产的客体可以是家庭住房,用于农业、手工业、工业或商业活动的不动产(第 488 条及以后)。③

I. 关于继承④,新的法典保留了这一原则,即继承人仅在遗产范围内偿还遗产债务,但是他对超过部分负举证责任(第 661 条)。然后明确规定了遗嘱也可以仅仅针对部分遗产或者是进行非财产性处分(第 686 条)。规定了军人遗嘱(第 712 条及以后)和海上遗嘱(第 716 条及以后)。明确了特留份的概念(第 723 条);必要继承人(第 724 条)及他们的特留份(第 729 条);配偶特留份的条件(第 730 条)以及生存配偶的终生居住权(第 731—732 条);继承人和受遗赠人的权利(第 735 条);禁止剥夺无能力人的继承资格(第 748 条);保留了对根据遗嘱人的意愿以及法律规定的不配事由而排除继承的双重救济(第 667 条及以后与第 742 条及以后)。

J. 物权仅仅是那些立法者严格规定的权利,但是并不仅限于民法

---

① 对于这一较为复杂的主题,许多法律对其进行了片段式的修订:Leggi 27048/1999;27442/2001;27495/2001;27809/2002;28439/2004;29032/2007;29227/2008;30162/2014,等等,这些数字标志着该主题的不稳定性以及所面临的社会和文化的变化缺少逻辑性。法典的中文译本已经包含了部分修订。

② 根据第 326 条最后一款,事实结合类似于婚姻。2013 年第 30007 号法律对其进行了增补,为的是适用关于法定继承、必要继承和配偶一方死亡继承的相关条款。

③ 该编还涉及另外一个主题,但是在另外一部专门的法典,即《未成年人法典》中有规定,参见 1962 年的《未成年人法典》。

④ 该编中修订并不多,因此说明其相当稳定。这种稳定性或许也标志着在财产移转中法律关系变化越来越不被关注。

典中所设立的权利,因为其他法律也对其进行了规定(第881条)。事实上,《秘鲁民法典》第883条废除了农地物权应适用的法律,第884条将无体财产交由特别法调整。

事实上,1852年的民法典有机而全面地规定了物权,随后1936年的民法典援引了这些规范。但是接下来制定了我前面提到的农业改革法,因此对于有些部分例如说农地进行了干预,后果就是我们前面提到的那个条文。恰恰是在这个主题中,为了推动在农业上的投资,1991年第653号法律进行了一场非常重要的改革。它废除了第883条,将农地所有权置于民法典中,但是通过该法律的特别规范予以规定。

在第二篇财产之后,过渡到占有(第896条及以后)。它被清楚地与占有辅助人区分开来(第897条),同时也与容假占有区分开来(第911条);在占有中,还有两人或多人的共同占有(第899条)。主物的占有推定从物的占有(第913条)。占有人的善意是被推定的,除非有相反证据。而且在财产被以他人的名义进行了公共登记的情况下不适用此种推定(第914条,结合第2012条)。第920条规定了对占有之司法外保护,被限定和明确在2014年第30230号法律所修订的条款中。第922条列举了占有消灭的事由。

所有权(第923条)是"符合社会利益并且在法律的限制范围之内"的,设立于财产之上的使用、收益、处分和请求返还的权力。此规范与现行的1979年《秘鲁宪法》第123条、124条以及1193年《秘鲁宪法》第70条是一致的。但是要注意的是,前面的定义(1852年《秘鲁民法典》第460—461条、1936年《秘鲁民法典》第850条)也没有像著名的1804年《法国民法典》第544条一样,指出一种"完全的"所有权。明确"社会利益"当然是过去一个世纪的功劳,采纳并发展了古老的罗马法原则,即"是公共事务的利益,任何人不得滥用"(Gai. 1,53;J.1,8,2)。这一原则后来被个人主义所忽视了,现在使其具有跟平等一样的价值还有一段距离。

动产所有权的转移需要交付(traditio)以及转移的意愿(第947条);而对于不动产,规范似乎更接近于给付之债的物权效果的法国模式,但是并不是非常清楚(第949条)。而且关于转移效果似乎抄袭了1852年《秘鲁民法典》所作出的选择,需要进行债务登记(第2014条)。

提到所有权,可以指出在城市用地上所存在的多种所有权:地下、地面以及地上,允许单独转让地下或者是地上的空间(第 954—955 条),区别于在绝对所有权的情况下对单个住处水平方向所创建不同的所有权(建筑物区分所有权),以及相对于共有部分的所有人和建立了很多套房的土地的必要的共有权(建筑物区分所有随后被专门法所规定,第 958 条曾经就是 1978 年第 22112 号法令)。

比较系统的是对共有的论述(第 969 条及其以后)。

用益权(第 999 条及其以后,包括准用益权,第 1018—1020 条)、使用权和居住权(第 1026 条及其以后)、地上权(第 1030 条及其以后)、役权(第 1035 条)是一系列对他人之物所享有的权利。

在此之后,是对担保物权的论述:关于质权(第 1055 条及其以后),登记的动产没有实质移交也导致出质(第 1059 条);还论述了债权和有价证券的质押(第 1084 条及以后),但是几乎所有的条文都被 2006 年第 28677 号关于动产担保的法律所废除。不过该法律文本并没有被纳入民法典以代替已经废除的条文。简短地论述了不动产质权(第 1091 条及以后);抵押权安排得更加妥当一些(第 1097 条及以后);接下来留置权(第 1123 条及其以后)要对抗第三人(第 1128 条)须进行登记。重复了对流质简约的无效:第 1066 条的质权(但是被废除了);第 1111 条的抵押;第 1130 条的留置。①

K. 我并不提倡一种概括式的评论,但也不会是一章一章地进行。但是我觉得有必要强调这样一个事实:该法典花了整整一编来论述债总。一整编专门地论述债总,我们仅仅在 1888 年的《哥斯达黎加民法典》中看到过;但是所有的民法典都有债总这一部分。通过数个世纪编纂,形成一个类似的总则部分已经水到渠成。在罗马法系的形成阶段,对债的要件曾经产生过激烈的讨论:必要性、精确性、合法性、意愿性、暗含的金钱衡量性,正如公元前 4 世纪古老的《博埃德里亚法》所定义的,未履行的债务人仅以财产而不是以人身负责。仅仅在推定欺诈或者过错的基础之上,排除那些要考虑行为或者其他合适的标准的特殊情形。还制定了不同法律后果的不同种类的债:选择之债、可分之债与不可分之债、种类之债、担保之债、连带之债,等等。在此基础

---

① Cfr. L. MAISCH VON HUMBOLDT, *Los derechos reales en el Código civil peruano*, in *El Código civil peruano y el Sistema* cit., 317 ss.

之上,优士丁尼的《法学阶梯》(J. 3,13pr.)所给出的债的定义中已经将前面法学家们所讨论的相关观点收集在了一起。这些"汇集观点"持续发展了数个世纪,转折性的飞跃出现在 18 世纪伯蒂埃的作品中,即在法典中出现了总则部分。这一编是现代法典中的法的一部分,见证了这样一种事实,即在这些法典中原则和规范更加具有普遍性。①

L. 民事之债和商事之债的统一是一种发展,我们不得不指出其产生过程。

在意大利,1820 年的《帕尔马民法典》包含了诸如交换信件、借条、商业合伙等种类的债,而且并没有辅以一部商法典。在摩德纳和雷焦公国也是一样,1851 年的民法典没有商法典的伴随,但是在民法典中包含了 1/4 编的"商事规定"。在 1884 年的瑞士债法中,该法于1911 年被修订并且被纳入 1907—1911 年的《瑞士民法典》中,进行了上述的统一,扩宽了对下列内容的论述:商业合伙和合作社团;商业登记,商业公司和商业账簿;有价证券,并且设计了劳动合同。1942 年《意大利民法典》划分成两个体系,跟债编并列在一起的有一编专门的"劳动"。第一编是极力关注法的超国家性统一的成果,已经在"意法计划"(progetto italo-francese)中关于债与合同的法律中得以实现,这一行动缘起于夏洛亚。② 第二编是一种时代的选择,诠释了从 19 世纪末期在欧洲社会中根深蒂固的需求。在两次世界大战中,这些需求在意大利与法西斯制度的目的交错在一起(最主要的就是劳动章程);这些规定,随后通过其他的编排被纳入共和国宪法的第 1 条。该法将劳

---

① Cfr. S. SCHIPANI, Obligationes e sistematica. Cenni sul ruolo ordinante della categoria, in *Linguaggio e sistematica nella prospettiva di un romanista. Studi in onore L. Lantella*, Napoli, 2014, 123 ss.; ID., *Luoma fa tixi zhong zhai de diwei*, trad. di Luo Zhimin, in *Digestum*, 5, Pechino, 2014, per piacere, verificare l'esattezza e mettere la pagina; ID., *Obligatio. Spunti di riflessione sulla nozione e il ruolo sistematico* [per piacere, mettere il titolo cinese], trad. di Chen Han, in *Northern Legal Science* [per piacere, mettere il titolo non in inglese ma in cinese], 9 - 3, 2015, (Heilongjiang University-Harbin), 6 ss. 需要强调的是,在拉美有一个小组正在就债总部分的统一进行研究。这个小组叫做 GADAL,汇集了阿根廷、巴西、智利、哥伦比亚、墨西哥、秘鲁、委内瑞拉的教授们。

② 这部计划的文本(1927 年,罗马)后来被作为意大利民法典草案的相关编章重新出版:I:*Cod. civile. Quarto Libro. Obbligazioni e contratti. Progetto e Relazione*, Roma, 1936. 其中许多要点被修改。

动视为共和国的基础,放置在宪法的第三章。①

《秘鲁民法典》意义深远,但是有限地包含了商法的主题,或是将一些区别不大的合同规范规整到了一起:买卖,互易,消费借贷,寄托和保证合同(第 2112 条);或是加入一些合同,如供给合同、住宿合同,各种合同中的服务提供,如无劳动关系的服务租赁②、承揽合同、未附代理的委托、寄托和司法寄托,仲裁条款和仲裁协议(第 1906 条及以后的相关内容已被 1992 公布的第 25935 号法律《仲裁通则》所废除,该通则内容不在法典之内);也可能仅仅是通过参引民法典或者专门法来提到某合同类型,例如民法典中的融资租赁(第 1677 条)。③ 我还要指出这种趋势的发展,在合同总则部分设计了预约合同的相关条文(第 1414 条及以后);互为给付之债(第 1426 条及以后),给付负担过重(第 1440 条)以及非常损失(第 1447 条及以后)。在同样的趋势之下,我还想提一下以外币为计量单位的债务(第 1236 条及第 1237 条,根据 1996 年第 25598 号法律进行了改革);附合合同的一般条款(第 1390 条及以后,部分有调整);合同地位的转让(第 1435 条及以后),指名合同(第 1473 条及以后);我还想指出的是,在该篇中还规定了不当得利诉权的不适用(第 1953 条、第 1954 条)。

---

① 最近的 2003 年《巴西民法典》(参见《巴西民法典》,齐云译,)也作出了一个类似于 1942 年《意大利民法典》的选择。关于 2003 年的《巴西民法典》,参见 *Roma e America*, 17/2004, 59 ss.; cfr; D. CORAPI, *L'unificazione del diritto di commercio e del codice civile in Brasile*, in A. Calderale (curatore), *Il nuovo codice civile brasiliano*, Milano, 2003, 3 ss. 关于这编的位置,我认为相比较于《巴西民法典》的选择,《意大利民法典》处理得更好一些,前者放在关于公司规范的"公司法"下面,后者放在"劳动"中。事实上,我觉得放在更加宽泛的"劳动"下面更加合理一些,在这里要确定原则、制度和规范,这些规范都关涉人在法律制度中的中心地位。

② 合同与劳动关系被规定在特别立法中。合同以及下位的劳动关系被劳作租赁分开,在 1891 年的德国立法中成为专门立法的对象,同样也发生在比利时、荷兰、法国 (cfr. H. COING, *Europäisches Privatrecht*, II, *19. Jahrhundert*, 1989, 185 ss.)。1900 年的《德国民法典》将两者纳入其中(*Dienstvertag*: par. 611 ss.),《瑞士民法典》也是一样(第五编第 319 条以下);正如我们说过的,1942 年的《意大利民法典》扩大了其重要性。其他国家制定了劳动法典,据不完全统计有:智利(1931 年)、墨西哥(1931 年)、委内瑞拉(1938 年)、厄瓜多尔(1938 年)、巴西(1943 年)、危地马拉(1947 年)、巴拿马(1947 年)、西班牙(1950 年),都进行了修订;还有一些国家进行了编纂,但是没有制定一部法典。

③ 参见 C. TORRES Y TORRES Y LARA, *La codificación comercial en el Perú de un código formal a un código real*, in A. A. V. V., *Centenario del Código de comercio*, México, 1991, 583 ss.

即使法国最近更新了其商法典①,而商法典仍然在许多国家的法典体系中继续存续,在我看来,废除一部单独的商法典是值得赏识的,而且在这个方向上所迈出的第一步是积极的。②

实际上,我们法系所经历的更迭与成长影响了多种规范的形成,这些规范根据不同的立法机关和保障秩序的执法机关③的指引而形成。这种规范的多样性同时反映在术语上,因为在罗马法中,法学家使用复数"罗马法"(罗马人民的法)(*iura populi Romani*),只有在优士丁尼法典统一之后才使用单数的"罗马共同法"(ius Romanum commune)这种单数的分类,并没有消除这种复杂的关联,只是以明确的方式凸显了其目的,即追随统一体系的连贯性,"鲜明的和谐"(imperatoriam 谕令第 2 条)。

万民法(ius gentium)与市民法(ius civile)并行发展,它建立在先前的共同法的基础之上,为的是推动与外邦人的商事关系的迅速发展,以适应在罗马的外邦人群体的需求,他们的需求之前是由处理外国人纠纷的"外事裁判官"(praetor peregrinus)(D. 1,2,2,28)来表达的。争讼当事人以诚信之名将争讼交付给外事裁判官,他们的工作跟法学家的贡献一样具有创造性。在该范围内所创设的概念、原则、制度和编纂的法律规范随后也被用于罗马市民之间,而在这些外邦人的法律关系中也适用了在市民法中所编纂的方法。"诚信"(*fides bona*)被适用于新的商事合同情形中而且得以进一步扩展。拉贝奥(D. 50,16,19)和亚里士多德(D. 2,14,7,2)④的双务契约使得债建立在对价的基础之上,这使得财产间在平等的角度上更加公平,据此给付的任何一方都不会没有对等给付,与合意相关联并且延伸(Gai. 3,135. 137),等等。

---

① 1989 年,法国政府成立了法典编纂高级委员会,受命制定关于一些部门法的"稳定的法"。工作被一度拖延,因为需要国会进行投票。因此为了避免投票,他们根据 1999 年第 1071 号法律授权政府根据《法国宪法》第 38 条的一个简单的法令来进行工作。在他们所制定的法典中,就有 2000 年生效的商法典。

② 跟随 1984 年《秘鲁民法典》的脚步,2015 年阿根廷的立法者们制定了最新的民法典,命名为《民商法典》。这部法典也没有涉及劳动法和公司法,但是将合同制度整合在了一起,扩大了其范围,并且引入了消费者合同部分。

③ Cfr. G. GROSSO, *Problemi generali del diritto attraverso il diritto romano*, 2 ed., Torino, 1967.

④ 关于这一主题,还可参见 F. GALLO, *Contratto e atto secondo Labeone: una dottrina da riconsiderare*, in *Roma e America*, 7/1999, 17 ss.

非常重要的是,对于所有的法而言人处于中心地位的原则[厄尔莫杰尼安所写的"所有的法律"(*omne ius*),随后被优士丁尼法学家编入 D. 1,5,2]被接受,使得具体的解决方案被抽象化。虽然面对很大的阻力和冲突,但是其重要性并没有消失。它指引着法统一化(运动——的持续进行,使其避免了其他逻辑的影响,比如纯收益以及资本永存不朽,根据这些逻辑其发展并不涉及任何人类活动和干预。①

我上面说的这些并不影响这样一种事实,即在罗马法中也能找到商法,但是比较被独立出来的做法,我们需要澄清它在整个体系内的位置。② 现在,起源于中世纪的行会制度已经过时数个世纪,当然不能以相同的方式来处理不同的情况;但是将人置于法的中心地位仍然是我们整个法系的核心。今天,想要制定一部以其为核心的统一法典,还应该协调好它与其他专门独立的法律、持续的增补之间的关系。这种想法强调和明确了这样一种定位,即所有"法"和"平等"是一个和谐的系统,并据此使所有相同的情形都获得平等。这种定位明确地接受了以不同的方式处理不同情形的需求,并且呼应了人类中心主义的需求,所有的事业都应该服务于这些需求。③

M. 在第八编中,把诉讼时效和权利的失效独立出来,这点在民法典的总体顺序中蕴含深意(第1989条)。同样,在第九编中对公共登记的论述不仅仅涉及土地。第十编涉及的是国际私法,但它们实际上不是国际法规范,而是具有国际因素的国内法。

六、许多主要的法典已经被翻译成中文:徐涤宇教授翻译了《智利民法典》和《阿根廷民法典》,前者在厄瓜多尔和哥伦比亚也是生效法典。它们是"输入罗马法和解放的法典",是在后面的世纪中适应社会的转型而成长起来的。齐云副教授翻译了《巴西民法典》,该法典展开了新千年的篇章。现在,感谢徐涤宇教授的辛勤工作,我们又拥有

---

① Cfr. ad es. R. CARDILLI, *La nozione giuridica di* fructus, Napoli, 2000, 397 ss. 另可参见 P. CATALANO, Populus Romanus Quirites, Torino, 1974, 76 s.

② Cfr. P. CERAMI-A. DI PORTO-A. PETRUCCI, *Diritto commerciale romano*, 2 ed., Torino, 2004.

③ 1902年的《秘鲁民法典》被认为处于"非一体"的状态:仅引用最基础的相关法律来说,比如银行、金融和保险制度的基本法;公司重组的法律(在破产之前的情况下);公司基本法;股票债券法;证券法。非常简单地说,秘鲁学理上的讨论反对"商法具有自己的原则,因而不是民法"的构想,认为商法应该是专门法的人则觉得,其基本原则呼应了组织经济的需求。

了1984年《秘鲁民法典》及其修订的中译本,对此我感到非常欣喜。

　　1984年的《秘鲁民法典》跟其他法典一样,应该放置在体系中进行理解。这种理解应该在两个层面的体系中展开:即拉美法系的子系统和罗马法系。两个法系的基本原理都滋养了这部法典,而且由于法的普世开放性又分别地滋养了它。在这种具有普世性的法中,法律是一种渊源,就像习惯是另一种渊源一样,理论则又是另外一种渊源,在对法律日益完善的过程中使其更加坚固(D. 1,2,2,13)。法律作为一种科学,不仅仅是市民法的解读者和编纂者,还应该为所有人所共有。法律应该作为法典的基础科学与立法者共同协作,从而为法典提供一个维度,以使得正在生效的文本并不仅仅是单独的规范,而且能为整个体系提供给养。在该体系中,每部法典都阐明自己的原理并且不断成长,作出自己的贡献。

　　作为罗马法系框架下中国法典编纂和人才培养的研究中心主任,我非常荣幸地能够为这些法典作序。

　　我们已经有了这么多法典的中译本,通过这一媒介,这些法典将成为法学家的对话纽带,并且将带来新的成果。

2016年3月4日于罗马

秘鲁民法典的中译

〔意〕里卡尔多·卡尔蒂里[*]

陈晓敏[**] 译

1. 法典翻译与罗马法传统

1984年的《秘鲁民法典》中文译本现在由亲爱的同事和朋友,中南财经政法大学徐涤宇教授翻译出版,代表了中国与拉美法律文化对话科学进程中的一项重要成果。这一进程始于《智利民法典》翻译为中文,并随着1871年《阿根廷民法典》和2002年《新巴西民法典》的翻译获得进一步发展。

通过翻译的语言媒介反映了对话的一个重要面向,展示了中国向罗马法系的开放所关注的不仅是欧洲大陆(《法国民法典》《德国民法典》与《意大利民法典》已经被翻译为中文),同样也包括这一法系在世界其他地区的发展。它们作为民法典模式的体现,极大地丰富了罗马法系传统的内容。

事实上,对于今天的中国来说,在通过单行法迈向法典化几十年的征程之后,复杂的法典编纂模式是适于用来检验准备编纂中国民法典的新的法学家阶层所考虑的法律内容是否合适的阵地。

因此,中国新法学进行法典编纂的挑战将中国文化的一个重要动向——向包括法律在内的其他文化的开

---

[*] 意大利罗马第二大学法学教授、拉美法研究中心主任。
[**] 意大利罗马第二大学法学博士、吉林大学法学博士,中南财经政法大学法学院讲师。

放——放在了中心位置。此外,应当指出,中国与罗马法系私法的相遇是在相对晚近的时期。如果我们以清末法典编纂计划(1911年)为开端,也不过是一个世纪。这一相遇的特征是中国诉诸制定法作为法产生的首要渊源,这在后毛泽东时代体现尤为明显。这就与中国法历史中作为习惯法模式的"礼"在私的关系中的优越地位形成了一种辩证关系。

如前所述,中国开放与世界其他文化的对话,从法律视角来看,与之相伴的是通过制定法产生法,这似乎表明了"中国迈向法典编纂阶段的一条道路"(江平语)。现在伴随着宣布制定中国民法典,这将对世界法律产生时代性的意义。在这一进程中,对当代法律体系非常重要的罗马法传统的重要法律内容,已经进入中国社会文化之中。尤其应当指出的是像所有权(公共所有权、集体所有权与私人所有权)、他物权、合同、债、公司等法律制度,以及诚实信用与平等法律原则的重要性。

关于这些制度和原则与某个社会和某种文化的现实相适应的能力,关注法系之间对话的法学家对此抱有极大的兴趣,比如像中国这样一种具有自己根基深厚的传统和原则的社会文化,这种社会文化在法律规范的更深层次运行,并与这些法律范畴真正渗透与互动。

这事实上涉及理解对这一背景的反应。这个背景由基于罗马法以及作为罗马法系法典化法的共同基础的法律传统自身的一系列内容形成。这些内容本身处在这种对话的丰富性与复杂性之中,部分地被置于一种真正的危机之中。例如,想一想他物权制度及其在中国不动产和集体土地利用形式领域的扩张;或者作为价值衡量工具而强烈受制于特定文化的诚实信用原则的保留与具体解释;相对于法律和道德义务这类宽泛的考虑,债这一概念的特征塑造;等等。

这里出版的对1984年《秘鲁民法典》的良好翻译不可避免地会遇到一个真正高层次智力活动核心的一些问题。(中国和欧洲的)法学家和汉学家长期致力于解决这些问题,丰富了罗马法传统法律词汇与中文之间术语对应调整的情形。另一方面,对于读者而言不可回避的是,文化移植与法律内容模式传播的实质性前提之一是翻译。这是法律文化碰撞的首要领域。在这一领域中,语言学方面语义的约束使得有必要作出某种智慧的调整。这对于像法律这样一种特殊的、部门化的语言而言更是如此。

例如,要注意的是在本书的翻译中,对于卡斯蒂亚语(西班牙官方语言之一,后被拉美绝大多数国家确定为官方语言——译者注)的术语"*acto jurídico*""*contrato*"和"*obligación*",作为罗马法及其直至现代民法典的法律传统中重要价值选择的结果,它们表达了某个精确的法律内容,译者审慎地选择用相应的中文"法律行为""合同"和"债"来表达,在现今关于罗马法范畴的中文对应术语的讨论中进一步嵌入了一个楔子。

2. 秘鲁民法的法典化

同其他许多产生于独立运动进程的拉美国家一样,秘鲁民法的法典化具有一种宪法意义。1852年秘鲁的第一部民法典在拉美国家法典的历史中具有重要地位,它是拉美"第一部内生性民法典"(Alejandro Guzmán Brito;Sandro Schipani)。用这一表达意在说明相对于1804年《法国民法典》模式(被1831年《玻利维亚民法典》几乎完全照搬,并被1841年《哥斯达黎加民法典》沿袭,仅仅是减少了一些条文)其选择的自主性,开创了拉美国家自己的民法典潮流,如委内瑞拉法学家安德雷斯·贝略(Andrés Bello)编纂的《智利民法典》(1857年),阿根廷法学家萨斯菲尔德(Dalmacio Vélez Sarsfield)编纂的《阿根廷民法典》(1871年),以及巴西法学家弗雷塔斯(Augusto Teixeira de Freitas)编纂的《巴西民法典草案》(草案,1860—1865)。它们相对于欧洲民法典模式,具有自主性和替代性的法典范式意义。

在1852年《秘鲁民法典》编纂中扮演重要角色的是法学家韦达乌(Manuel Lorenzo de Vidaure,1773—1841)拟定的草案。1852年秘鲁第一部民法典事实上摆脱了1804年《法国民法典》的模式,而利用了19世纪上半叶西班牙伟大"实践"的成果。

1936年秘鲁第二部民法典与1920年和1933年的新宪法相一致,经由1907年《瑞士民法典》和1911年《瑞士债法典》的媒介,受到19世纪德国潘德克顿学派成熟的系统分类方法的影响。

最终,秘鲁在1984年出台了新民法典(这里提供的是该民法典的中文译本),其中突显了对1942年《意大利民法典》的特别关注。后者实现了民法典与商法典的统一。

3. 1984年《秘鲁民法典》体系的历史根源

(1)罗马法典编纂中法的体系:三分法模式

"三分法"模式是古典时代罗马法学家对更古老时期关于法的不同体系化分类进行创新解释的伟大成果。这种体系化分类是用来组织处于不同系统范畴中的法:最早的十二表法(公元前451年—公元前450年),我们不可能在细节上重构它,但是肯定能在第一表中看到关于"行为"(agere)的规定(传唤,拘禁);从公元前3世纪—公元前2世纪累积确立的裁判官告示,罗马法学家不断耕耘使其合理化,直至最终由哈德良皇帝时期的法学家尤里安对这些告示进行了法典化编纂。

"人—物—诉讼"正是市民法(逐渐地也包括万民法在内)法律作品的体系模式,在谢沃拉(Quinto Mucio Scevola,公元前2世纪—公元前1世纪之间)18卷本的《市民法》的体系化整理,提庇留皇帝时期的萨宾(Masurio Sabino)3卷本的《市民法》,以及盖尤斯的《法学阶梯》的缓慢的体系化思考中成熟。萨宾的《市民法》的体系至少在我们所了解的顺序方面与三分法模式还不相一致。这一模式在盖尤斯的《法学阶梯》中完全成熟。

因此,这是一个起源于司法的,试图以一种简明概括的形式组织法学的体系化模式。它聚焦于罗马法中的各种制度,它们围绕三个紧密相关的基础性概念——人、物(有体物与无体物)、诉讼展开。需要立即说明的是,罗马法总体上是非常具体的,即它不是抽象化的结果,而是试图构建非常植根于现实的概念。它不是像现代法学经常做的那样将法律论题实体化,而是要找到法律范畴的现实基础。

这在将"人"的概念限定为具有不同法律地位(在全部人组成的社会中,区分了自由人与奴隶;在市民社会中区分了罗马市民与外邦人;在家庭社会中,区分家父、子女、妻子和其他处于家父权利支配之下的人,奴隶)的自然人上体现得非常明显。与现代法对个体的法律能力区分权利能力和行为能力的二分法相对,这是一种不以主体的个人主义解读为特征的人法。相反,其具有的是人们被区分为不同的法律地位,在他们每种法律地位内部实行平等原则。这是在不平等的法律地位内的一种平等,而不是法律面前的个体平等主义。

在物的领域中,"res"(物)这一语义学上具有宽泛涵义的拉丁语,也被用来描述围绕在人周围的非人的现实事物(生物或者非生物),关于其归属以及个人或者团体对其使用的可能性:由此对人法物与神法物,以及公共物与私人的物作了基本的区分。这里,对"物"基本的、非常有现实意义的概念构建自然是"一切人共有的物"(communes omnium)。

借助有体物与无体物的二分法将一系列权利纳入了"物"的范畴,这并不是由法学家思想构建的概念的法律虚构,而是反映了他们对以法为媒介的人与物之间关系的具体投射这一"客观现实"的核心认知:基本的例子是以"根据奎里蒂法这是我的"(meum esse ex iure Quiritium)术语构建的"所有权"。它不是对物的个体的、抽象的权利,而是由自然人享有的、物的一种具体归属,作为服务于市民共同体利益的工具而被承认。再比如关于"债"的构建,它作为两个家父之间的债(oportere),并不是一种在两个个体之间使一人屈服于另一人的约束关系,而是在履行某人对另一人的给付期间保持的一种平等结构。

从公元529—534年在康士坦丁堡,即新罗马,在优士丁尼皇帝统治下对罗马法进行了法典编纂,其完全继承了罗马古典法学建构的三分法的内容模式。在这一内容划分之外,法典编纂形成的三部作品(《法典》《法学阶梯》和《学说汇纂》)形式上分为七个部分,这在之后为被称为智者的卡斯蒂亚的国王阿方索十世在1265年《七章律》的法典编纂中所继承。

这一事实不应当使人惊讶,因为尽管优士丁尼的《市民法大全》是皇帝权力的形式体现,其具体编纂是那个时代法学家劳动的产物,其花费了至少一代人的努力来重新掌握通过罗马古典法学作品传播的伟大法律文化(所谓的优士丁尼的古典主义)。

但是显而易见,人们不难注意到优士丁尼的《市民法大全》(《学说汇纂》《法学阶梯》和《法典》)相对于盖尤斯的《法学阶梯》模式的创新。在整个法典编纂中放在前面的是作为法律原则基础的,关于法与正义之间关系的一个"部分"。

在这一"部分"将"法"(注意不是法律科学)定义为"关于善良与公正的艺术"(关于这一问题非常重要的书籍,Filippo Gallo 采用《杰尔苏与凯尔森》这一颇具深意的书名的著作,现已被翻译为西班牙语,并在由我与布宜诺斯艾利斯大学出版社的同事 David Esborraz 主编的丛书中出版),界定为应当试图实现"善良"(使具有积极价值内容的法合理化的概念,而不是像现代规范概念中排斥价值的法的形式概念)与"平等"(作为法的基石,是落入其作用的社会现实中的平等,而不是法律面前人人平等的形式标准)目标的"艺术",而不是"规范"(法的动态概念,与现代的静态概念相对)。

在这一"部分"将"正义"界定为分配给每个人属于他自己的权利这一人们的(注意不仅是法学家的)主观美德,是法学家应当"培养"(*iustitiam colimus*,乌尔比安语)的人们的美德,旨在日益"完善"在某一历史时刻存在的法(*cottidie in melius produci*,彭波尼语)。

这一部分将罗马法"划分"为市民法,即市民共同体基本的法(公法、私法、刑法);万民法,即向全人类开放、具有罗马普遍司法管辖权的(外事管辖权)、普世倾向的罗马法;荣誉法,即由罗马人民每年选举的罗马执法官为完善、补充和修正市民法所引入的法;自然法,即建立在自然基础之上的人类与动物共同的法,对于在一个承认人的不平等的社会中活动的罗马法学家而言,基于自然法所有人都是生而自由和平等的。在这一部分确立了人民的意志是创造各种形式的法的基本原则。

最后,为了充分理解三分法模式中坚持的价值选择,应当援引优士丁尼法典的编纂者在片段 D.1,5"关于人的法律地位"这一章的开头,通过戴克里先时代的法学家赫尔莫杰尼安的教诲所表达的:所有的法都是为人而设立的(*omne ius hominum causa constitutum est*)。对这一原则的确认在体系上导致的结果是,那么法典应当从人法开始。

(2)中世纪与近代(近代法典化之前)罗马法传统中法的体系

自罗马古典法学继承而来,并汇入优士丁尼《市民法大全》的三分法(人、物、诉讼),保留了在中世纪法律传统的内容划分中。对于注释法学派而言,对优士丁尼《市民法大全》权威内容的约束,即对该体系分类的遵循,披上一种"解释"的具体外衣,在权威性文本中以注释形式出现。而在他们伟大的评注作品中使解释与权威文本实质性分离的评注法学者,实际上是将权威文本并入评注作品之中,并没有实质地改变三分法模式。

与罗马法传统第一次伟大的断裂应当归于17世纪的自然法学主义,通过对像"人"和"物"这些一般范畴的法律含义和视角的深刻改变而实现。自然法学对法律主体(其可以是或者不是一个自然人)以及法律客体(即所有那些能够成为法律客体的物或者非物)之间的中心地位的视角作了真正的颠覆。

为了理解罗马法思想与自然法学思想之间的深刻差别,看一下这个例子就够了。在罗马法中,家父通过一个曼兮帕蓄行为(即时买卖的一种正式仪式)能够出卖自己的儿子。这在法律层面上完全不改变儿子作为人的属性。相反,适用自然法学关于法律客体的范畴,被出卖的儿子将被视为法律客体。

对此要补充说明的是,主体—客体这一新的二分法同样也推动了对作为私法原动力的主体意志一般化的、个人主义的利用,通过主体的个体意志,随着"法律行为"这一最小公分母的构建,越来越自觉地突出有法律意义的单个典型行为的统一类型的观念。这样,整个私法体系仍然是体现为三个基本部分,即法律主体部分、法律客体部分和法律行为部分。但是,这是一个显著抽象和个人主义的体系。

通过萨维尼的《当代罗马法体系》和德国潘德克顿法学派关于潘德克顿的巨著,我们在自然法学中已经看到的概括、抽象与个人主义的趋势获得了发展。然而,不同于常常高度自觉的反对之前存在的、较多依附于罗马法文献的解释的自然法学派学者,对德国19世纪私法个人主义的强大的再解读(资产阶级的罗马法)是直接与罗马法文献相联系,并没有真正以中世纪对这一传统的解释为媒介。

德国法学确立的体系建立在四根重要的支柱之上:法律主体(自然人,或者基于法律目的对某种不同的客观事物的拟人化);法律客体(体现为所有那些能够成为法律关系客体的);作为私法原动力的意志定理及其更精致的体现,即法律行为,其法律效果与支撑该行为的意志相一致;法律关系,概括了私法中出现的各种类型的义务(义务、关系、债)。

德国法学确立的体系化结构具有非常显著的抽象性和概括性,并试图将单个法律制度中成熟的规则演绎适用于那些可以适用的领域,将那些也适合适用于其他法律制度的法律规则一般化。这一视角非常重要和强大,例如·①相对于罗马法传统中在每种典型合同内部构建的规范的多样性,构建一个关于法律行为无效和可撤销的一般化规定;②通过"法律关系"的概括,消除不同法律行为类型产生的法律效果在结构和功能上的差别。

4. 近代的法典与"总则"

众所周知,"总则"能够作为民法典的一个基本部分被纳入,要归功于1896年颁布、1900年1月1日生效的《德国民法典》。如同我们在罗马皇帝优士丁尼的法典编纂中看到的,德国民法典编纂也涉及对法典之前的、在德国成熟的法学的继承,以及在法典体系中的接受。

19世纪伟大的德国法律科学实质上提供了组织私法的体系形式。尽管它本来是作为在非法典化的法中运作的法律科学的概念体系工具,但是当"法律"想要上升为以民法典形式体现的私法的综合的、一致的表达时,这一体系形式被接受,并被认为也适合于确立法律中的成文法规则这一目标。

《德国民法典》的"总则"实质上代表了对分则(典型合同与债、物权、继承、家庭等)多样法律现实的意义研究的概念化,引导法学家和执法者未来通过援用法律主体、法律客体、法律行为和法律关系四个关键范畴进行概括。它在一个以个人主义为核心的、高度抽象和概括的平台上,试图重新解释整个私法,旨在通过存在位阶序列的、精细的概念和制度谱系促进法律问题的抽象合理化。

一些当代法学家对《德国民法典》偏激的批评认为,该法典体现了一种远离社会具体需求的私法,没有考虑到它所处的社会的需要。

《德国民法典》的结构可以概括为:人、物与法律行为。在作为法律主体的"人"的概念,以及作为法律客体的"物"的概念上,尤其凸显了法学家为实现抽象化所作的广泛努力。除此之外,还通过对任何法律行为(单方行为、双方行为或者多方行为;生前行为或者死因行为)都适用的共同规则的确定,对法律行为范畴进行了高度概括的合理化,促进法典编纂者在传统对同一问题传下来的更多法律规则中选择。据此,例如在某种类型的合同而不是另一种合同类型中,或者在合同中而不是遗嘱中使问题被解决。相对于复杂化,人们选择一种简单化的方案,这常常带来的首要结果就是与罗马法传统传下来的相反,是不同解决方案差异的缩小和简化。人们可以想到一些经典的例子,例如关于不可能的条件的问题,或者作为关键的意思瑕疵,使法律行为的撤销正当化的欺诈、错误或者胁迫的重要性这一问题。

法典"总则"是对观念探索和法律现实复杂性简化的表达,从对当时改变中的社会经济现实间接管理的维度投射到《德国民法典》上。这导致的是将民法典形式置于当时的危机中(不过,这对于那些没有上述"总则"的民法典,如《法国民法典》和《意大利民法典》而言,也是同样)。这种危机首先体现在分则的内容涉及的领域或多或少具有的吸引力。这些领域在当时逐渐产生专门特别立法的要求,有时也体现为民法典之外真正自己的微观体系形式。

这在理论上被非常敏锐的,或许有些过于绝对的,用"解法典化时代"术语进行描述,并对《德国民法典》也产生了冲击,直到20世纪90年代后半期德国完成对民法典的"现代化",而不是选择制定新民法典。

2002年《德国民法典》的现代化事实上不仅对法典的分则进行了修改,对总则尽管非常节制,同样也作了修改,例如在自然人的规定部分加入了两种新的主体类型,即消费者与企业主。显然,这在德国引起了一场广泛的讨论,因为人们认为这种补充对于一个"总则"而言是不合适的,几乎要导致重新塑造一个不再是统一的(20世纪德国资产阶级法典总则的首要目标)而是差异化的主体法律地位。

有必要花一点篇幅说一下1942年的《意大利民法典》,因为尽管它是在完全处于法西斯统治时期颁布的,但是在从意大利王国向意大利共和国的转变中,它不仅通过一些不重要的修改进行了抵制,而且也是法律科学成熟的产物。意大利法学在两次世界大战之间在德国被培育,并受到德国潘德克顿法学的强大影响。意大利选择不追随德国的民法典"总则"模式,尤其是基于对该模式的过度抽象和概括的充分认识,而倾向于一个传统的体系,利用合同与债的"总则",拒绝将法律行为观念法典化。《意大利民法典》是这样划分的:人与家庭、继承、所有权、债、劳动、法律保护。

事实上,《意大利民法典》真正的危机是它基于1948年共和国宪法的重新解释。这推动了相当大一部分意大利民法学者去证实其与宪法包含的新的法律结构和价值的一致性。尤其是从20世纪70年代以后，在意大利也产生了法律规范高度碎片化的现象。这带来了一定数量的未被纳入民法典形式中的微观体系的成熟，迫使解释者在发生冲突时努力去安排和权衡其价值位阶。对此，人们只需要想一下银行法与消费者法的情形就够了。

在拉美地区，可以说民法典的"总则"模式实际上并没有成为19世纪和20世纪初法典化进程的特征。无论是智利的贝略法典（及其作为法典范式在拉美其他国家的广泛影响），还是阿根廷的萨斯菲尔德法典，都没有制定一个法典总则，尽管《智利民法典》制定了关于法律行为和意思表示的简短一题，萨斯菲尔德的《阿根廷民法典》（已被2015年的《阿根廷民商法典》所替代）有一个篇幅很大的部分，是关于"引起权利与债取得、变更、转移、消灭的事实与法律行为"（第896条至第1136条，其来源是巴西法学家 Augusto Teixeira de Freitas 的民法典草案，他第一次在拉美的法律草案中包含了一个"总则"）。

拉美法典编纂的第一代法典中，唯一制定了一个真正的"总则"的是1917年 Bevilaqua 为巴西制定的民法典。随着之前的这些民法典的发展，20世纪新的法典化进程正在发生，但是在《巴西新民法典》（2002年）和《阿根廷新民法典》（2015年）中突出了对法典总则的特别偏爱。

在这些法典中，"总则"似乎承担了一个新的角色，不同于《德国民法典》编纂技术所具有的独特特征。事实上，它与其说是通过概括和抽象构建一种对法律的简化研究，不如说是为法典配备一系列基本的、能够支撑对整个民法典进行解释的价值协调的原则。并且，人们非常清楚地认识到，民法典是一个开放的体系，而不是封闭体系。它不仅是一个国家法律制度的体现，而且也是超国家之上、国家之间和宪法性的需求碰撞的场合。也即，这帮助了"总则"所承担功能的方向性改变，如同它被委派去承担了民法典传统概念与私法被召唤在超国家的法律问题层面应对的新挑战之间交织承担的任务。这是一个重要的方向转变，并且应当为建立在罗马法基础上的法律体系的法学家追随。这种追随具有深远利益，因为这可能成为一个至今尚未完成的，面对一个种族间的、没有边界的社会，对国家私法的乌托邦超越的标志。

5. 结论

应当对这篇文章作结论了。与作为法典编纂技术的"总则"的成就伟大与否无关,事实上我认为,在此强调对其法学意义的一些批判性思想是有益的。

有必要用概念对人们之间关系的复杂现实进行简单化组织,这表明了一个真正的法学与对规范的肤浅描述之间的差别。通过一些基本的、概念性的指令掌握法律整体的意义的建构性努力,在大约公元前100年的伟大法学家谢沃拉的作品中就已初见端倪。18卷本的《市民法》第一次对市民法加以系统整理。共和国时期法学家的这种建构的结果影响了整个之后的法学传统,尽管其建构的体系化制度还未达到之后用人、物、诉讼这些术语所实现的极大精简。

罗马法学家为引导共同体的法律生活,每天对共同体就法律制度和规则的意义给出建议。毋庸置疑,对他们为解决具体需求所分析的法律论题进行精简和体系化是必要的。

在这些需求之外,也有必要将法学传给新的一代人,这可以称之为一种培养教育的需求。并非偶然的是,在大陆法系传统的著作中,从谢沃拉18卷本的《市民法》到萨宾3卷本的《市民法》的跨越被认为具有划时代的意义。鉴于那个时代的一卷并非如我们所知悉的法典的一卷,而是羊皮纸的一卷,其在当时的书籍制作技术条件下根据保存和使用的需要有事先确定的长度。人们不难理解萨宾学派的导师简明的伟大作品,他在提庇留时期仅仅以3卷的容量完成了一部关于市民法的重要著作。法律语言的简明、体系的合理化以及对法学争论的复杂性和盖然性的简化,是萨宾能够完成这样一部作品的条件。这一著作被视为是萨宾学派的一个范本,它尽管尚未按照人—物—诉讼组织结构,但是推进了在之后成熟的这样一种体系化方向,直到盖尤斯的《法学阶梯》模式完成了三分法的划分。

对优士丁尼法典编纂的三分法体系的接受,可以说推动了法学范式在法典化的法层面的扩张力,其在古典法学的不断耕耘中缓慢成熟,在制定法的法典中被接受。

在德国潘德克顿法学和1900年德国民法典对其体系模式的接受

之间发生的，尽管在内容方面结果不同，事实上是一个类似的变动。在一个非法典化的法中运作的法学所构建的体系，以民法典的体系化制度的形式出现了。

但是，众所周知，罗马法与现今的法在法律概念的抽象性上存在深刻差别。罗马法使用更加贴近现实的概念，而现行法倾向于建构更加抽象的概念范畴。这些抽象概念常常能够很好地掩盖没有明示的价值选择。

自然人与法律主体之间的差异在我看来是很明显的。显然，如果考虑（生物学上的）人（l'essere umano）从什么时候开始产生的问题，就只能看怀孕那一刻，而如果从法律主体（soggetto di diritto）的视角来看这个问题，我就不可避免地认为出生并不产生法律意义。

同样明显的是，当从法律行为的视角降低协议这一现实的重要性时，协议从来不仅仅是两个相遇的个体意思的总和，而是与该总和不同的一种平衡状态，因为通过这种个人主义的抽象改变了法律保护中固有的价值要素，使这一价值要素与其说存在于信赖原则和团结原则中，不如说存在于意思的教义学原则中。即法律制度的原则和价值选择以个人主义为核心发生了一个巨大的改变。

因此，罗马法模式对于现今的法律范畴具有强大的解构批判能力，以揭示其中出现的与历史背景相联系的思想内容。法律反映的是人类社会而不是一个非人类的现实。法是为人所确立的。相对于过去，面对非人类化的衍生，为捍卫人类的需要，今天更有必要恢复法律论题有力贴近人类现实的能力。与由所谓的遗传科学取得的巨大进步，以及新世代生命延长，趋向超越必须在人体内植入的人工生殖技术，网络与对个人信息的大规模收集，对土地资源不加控制的利用，污染与气候具有密切联系的非人类化的衍生，迫使今天和未来的法学家们超越国家法模式的局限进行反思。

法学直到1800年都是一种普世的科学，而法的国家化以及准国家化显示了其不能够适当地面对像今天这样一个全球化的现实。人们感受到对在超国家层面共同使用的法律原则与价值选择进行阐明的需求，以避免罗马法视角的倾覆而有利于一种非人类的法。事实上，罗马法视角仍然为世界上那些最精致的法律科学所共享。

依我所见，可能已经是时候，并且不能够再延迟，使法学家不再接受作为预先制定的内容选择的解释者,而是凭借他们自己的能力和他们自己的敏感性进行干预,重新将法引入到更加符合现实和具体的轨道上来,以帮助构建一个适当的社会,一个适合人类的世界。

  选择将一些(欧洲或者拉美的)民法典译为中文,我认为这植根于一种可能蕴含了为制定中国民法典而进行大量对话的深刻理念,因为考虑到有必要对超国家层面共享的原则进行阐明,并能够进一步丰富基于罗马法的法律传统的概念内容。

目 录

序 题 / 1

第一编 人法 / 3

  第一篇 自然人 / 3

    第一题 人的开始 / 3

    第二题 人格权 / 4

    第三题 姓名 / 7

    第四题 住所 / 9

    第五题 权利行使能力和无能力 / 11

    第六题 不在 / 13

      第一节 失踪 / 13

      第二节 宣告不在 / 13

    第七题 人的终止 / 16

      第一节 死亡 / 16

      第二节 推定死亡之宣告 / 16

      第三节 生存之承认 / 17

    第八题 民事身份的登记 / 18

  第二篇 法人 / 19

    第一题 一般规定 / 19

    第二题 社团 / 20

1

第三题　财团 / 24

　第三篇　未登记之社团、财团和委员会 / 29
　　　第一题　社团 / 29
　　　第二题　财团 / 30
　　　第三题　委员会 / 31

　第四篇　农村公社和原住民公社 / 32
　　　单题　一般规定 / 32

第二编　法律行为 / 34

　　第一题　一般规定 / 34
　　第二题　法律行为的形式 / 35
　　第三题　代理 / 36
　　第四题　法律行为的解释 / 39
　　第五题　法律行为之负荷 / 40
　　第六题　法律行为之伪装 / 43
　　第七题　法律行为之诈害 / 44
　　第八题　意思瑕疵 / 46
　　第九题　法律行为的无效 / 49
　　第十题　法律行为的确认 / 51

第三编　家庭法 / 52

　第一篇　一般规定 / 52

　第二篇　夫妻共同体 / 54
　　第一题　作为行为的婚姻 / 54
　　　第一节　婚约 / 54
　　　第二节　结婚之障碍 / 55
　　　第三节　婚姻的缔结 / 57
　　　第四节　婚姻的证明 / 61
　　　第五节　婚姻的无效 / 61
　　第二题　配偶之间的人身关系 / 65

单节　产生于婚姻的义务和权利 / 65
　第三题　夫妻财产制 / 67
　　第一节　一般规定 / 67
　　第二节　所得共同制 / 68
　　第三节　分别财产制 / 73
　第四题　婚姻关系的弱化和解除 / 74
　　第一节　分居 / 74
　　第二节　离婚 / 77

第三篇　亲子共同体 / 79
　第一题　婚生亲子关系 / 79
　　第一节　婚生子女 / 79
　　第二节　收养 / 82
　第二题　非婚生子女 / 84
　　第一节　非婚生子女之认领 / 84
　　第二节　非婚生亲子关系的司法宣告 / 86
　　第三节　受扶养的子女 / 88
　第三题　亲权 / 89
　　单节　亲权的行使、内容和终止 / 89

第四篇　家庭之庇护 / 98
　第一题　扶养和家庭财产 / 98
　　第一节　扶养 / 98
　　第二节　家产 / 100
　第二题　家庭庇护之补充制度 / 103
　　第一节　监护 / 103
　　第二节　保佐 / 111
　　第三节　亲属委员会 / 118

第四编　继承法 / 125

第一篇　继承之一般规定 / 125
　第一题　依继承发生的移转 / 125
　第二题　遗产回复请求权 / 126

第三题　不配／127
　　第四题　遗产的承认和抛弃／129
　　第五题　代位继承／131

第二篇　遗嘱继承／132
　　第一题　一般规定／132
　　第二题　订立遗嘱之程式／134
　　　第一节　共同规定／134
　　　第二节　公证遗嘱／134
　　　第三节　密封遗嘱／135
　　　第四节　公证员和遗嘱证人的资质障碍／137
　　　第五节　亲笔遗嘱／137
　　　第六节　军人遗嘱／138
　　　第七节　海上遗嘱／139
　　　第八节　在外国订立的遗嘱／141
　　第三题　特留份和可处分的份额／142
　　第四题　继承人和受遗赠人的设立和替补／144
　　第五题　继承权的剥夺／146
　　第六题　遗赠／148
　　第七题　添加权／151
　　第八题　遗嘱执行人／152
　　第九题　遗嘱的撤销、失效和无效／156
　　　第一节　撤销／156
　　　第二节　失效／157
　　　第三节　无效／157

第三篇　法定继承／159
　　第一题　一般规定／159
　　第二题　直系卑血亲继承／161
　　第三题　直系尊血亲继承／162
　　第四题　配偶继承／163
　　第五题　旁系亲属继承／164
　　第六题　国家和公共慈善机构之继承／165

第四篇　遗产 / 166
　　第一题　合算 / 166
　　第二题　不分割和分割 / 168
　　　第一节　不分割 / 168
　　　第二节　分割 / 169
　　第三题　遗产之负担和债务 / 172
　　　第一节　负担 / 172
　　　第二节　债务 / 172

第五编　物权 / 175

　第一篇　一般规定 / 175
　第二篇　财产 / 176
　　第一题　财产的种类 / 176
　　第二题　组成部分和从物 / 178
　　第三题　孳息和产物 / 179

　第三篇　主物权 / 180
　　第一题　占有 / 180
　　　第一节　一般规定 / 180
　　　第二节　占有的取得和维持 / 181
　　　第三节　占有的种类及其效力 / 181
　　　第四节　法定推定 / 182
　　　第五节　改良 / 183
　　　第六节　占有保护 / 183
　　　第七节　占有的消灭 / 184
　　第二题　所有权 / 185
　　　第一节　一般规定 / 185
　　　第二节　所有权的取得 / 186
　　　　第一分节　先占 / 186
　　　　第二分节　加工和混合 / 187
　　　　第三分节　添附 / 187
　　　　第四分节　所有权的转移 / 188
　　　　第五分节　取得时效 / 189

第三节　土地所有权／189
　第一分节　一般规定／189
　第二分节　基于相邻关系的限制／190
　第三分节　所有权人的权利／191
第四节　所有权的消灭／191
第五节　共有／192
　第一分节　一般规定／192
　第二分节　共有人的权利和义务／192
　第三分节　分割／193
　第四分节　共有的消灭／195
　第五分节　不分割之约定／195
　第六分节　隔断墙／195

第三题　用益权／197
　第一节　一般规定／197
　第二节　用益权人的义务和权利／198
　第三节　准用益权／199
　第四节　用益权的消灭和变更／200

第四题　使用权和居住权／201

第五题　地上权／202

第六题　役权／203

第四篇　担保物权／206

第一题　质权／206
　第一节　一般规定／206
　第二节　权利与义务／208
　第三节　债权和有价证券之质押／210
　第四节　质权的消灭／211

第二题　不动产质权／212

第三题　抵押权／213
　第一节　一般规定／213
　第二节　抵押权的顺位／215
　第三节　抵押权之缩减／215
　第四节　抵押权对第三人的效果／215

第五节　法定抵押权／216
　　第六节　抵押权的消灭／216
　第四题　留置权／218

第六编　债／220

　第一篇　债及其样式／220
　　第一题　给予之债／220
　　第二题　作为之债／224
　　第三题　不作为之债／226
　　第四题　选择之债和任意之债／227
　　第五题　可分之债和不可分割之债／229
　　第六题　共同之债和连带之债／231
　　第七题　债的承认／235
　　第八题　债的移转／236
　　　单节　权利让与／236

　第二篇　债的效力／238
　　第一题　一般规定／238
　　第二题　清偿／239
　　　第一节　一般规定／239
　　　第二节　利息的清偿／242
　　　第三节　依提存而清偿／243
　　　第四节　清偿抵充／244
　　　第五节　清偿代位／245
　　　第六节　代物清偿／246
　　　第七节　错债清偿／246
　　第三题　更新／249
　　第四题　抵销／251
　　第五题　免除／252
　　第六题　混同／253
　　第七题　和解／254
　　第八题　协议解除／256
　　第九题　债的不履行／257

第一节　一般规定 / 257

　　　第二节　迟延 / 259

　　　第三节　附违约金条款的债 / 260

　第七编　债的发生依据 / 262

　第一篇　合同总则 / 262

　　第一题　一般规定 / 262

　　第二题　同意 / 266

　　第三题　合同的标的 / 270

　　第四题　合同的形式 / 272

　　第五题　预约合同 / 273

　　第六题　互为给付之合同 / 275

　　第七题　合同地位的转让 / 277

　　第八题　给付负担过重 / 279

　　第九题　非常损失 / 281

　　第十题　利益第三人合同 / 283

　　第十一题　第三人义务或行为之允诺 / 285

　　第十二题　指名合同 / 286

　　第十三题　立约定金 / 287

　　第十四题　悔约定金 / 288

　　第十五题　瑕疵担保义务 / 289

　　　第一节　一般规定 / 289

　　　第二节　追夺担保 / 290

　　　第三节　隐蔽瑕疵之担保 / 292

　　　第四节　对转让人自己行为的瑕疵担保 / 294

　第二篇　有名合同 / 295

　　第一题　买卖 / 295

　　　第一节　一般规定 / 295

　　　第二节　出售之财产 / 295

　　　第三节　价金 / 297

　　　第四节　出卖人的义务 / 297

　　　第五节　买受人的义务 / 298

第六节　风险的转移 / 300
第七节　买受人适意之买卖、试验买卖和货样买卖 / 300
第八节　按度量的买卖 / 301
第九节　文书交付之买卖 / 302
第十节　可添加于买卖的约款 / 302
　第一分节　一般规定 / 302
　第二分节　保留所有权的买卖 / 302
　第三分节　买回之约款 / 303
第十一节　代位先买权 / 304

第二题　互易 / 306
第三题　供给 / 307
第四题　赠与 / 310
第五题　消费借贷 / 313
第六题　租赁 / 315
　第一节　一般规定 / 315
　第二节　出租人的义务 / 316
　第三节　租赁期间 / 318
　第四节　转租和租赁的转让 / 319
　第五节　租赁的终止 / 320
第七题　住宿 / 323
第八题　使用借贷 / 325
第九题　提供服务 / 329
　第一节　一般规定 / 329
　第二节　服务之租赁 / 330
　第三节　承揽合同 / 331
　第四节　委托 / 334
　　第一分节　一般规定 / 334
　　第二分节　受托人的义务 / 334
　　第三分节　委托人的义务 / 335
　　第四分节　委托的消灭 / 335
　　第五分节　附代理的委托 / 336
　　第六分节　未附代理的委托 / 336

第五节　寄托 / 337

　　第一分节　意定寄托 / 337

　　第二分节　必要寄托 / 341

第六节　司法寄托 / 341

第十题　保证 / 343

第十一题　仲裁条款与仲裁协议 / 348

第十二题　终身定期金合同 / 349

第十三题　游戏和博戏 / 352

第三篇　无因管理 / 354

第四篇　不当得利 / 355

第五篇　单方允诺 / 356

第六篇　非合同责任 / 358

第八编　时效与除斥期间 / 361

　　第一题　消灭时效 / 361

　　第二题　除斥期间 / 364

第九编　公共登记 / 365

　　第一题　一般规定 / 365

　　第二题　不动产产权登记 / 367

　　第三题　法人登记 / 369

　　第四题　身份登记 / 371

　　第五题　委托和授权登记 / 373

　　第六题　遗嘱登记 / 374

　　第七题　法定继承之登记 / 375

　　第八题　动产登记 / 376

第十编　国际私法 / 377

　　第一题　一般规定 / 377

第二题　司法管辖权 / 379
第三题　准据法 / 382
第四题　国外判决与仲裁的承认和执行 / 387

尾　题 / 390

第一节　最终规定 / 390
第二节　过渡性规定 / 390

附一　《秘鲁民法典》条文修改情况一览表 / 393
附二　秘鲁民法典的改革 / 399
致谢 / 437

秘鲁共和国新民法典[*]

序　题

第一条　法律的废除

本法仅通过另一法律才被废除。

废止的发生，或基于明确的宣告，或基于新旧法律之间的冲突，或旧法的事项完全被新法所规定。

废止一法律之法律被废止时，不导致先前被该法律废止之法律再生效。

第二条　权利的滥用

本法不保护权利的滥用性行使或不行使。在主张损害赔偿或其他请求的同时，利害关系人可以申请采取适当的预防措施，以临时地防止或消除权利滥用。

第三条　法律在时间上的适用

本法适用于既存法律关系和法律状态所产生的后果。本法没有溯及力和溯及效果，但秘鲁政治宪法另有规定的除外。

第四条　法律的类推适用

设定例外或限制权利的法律不得被类推适用。

第五条　公序良俗与法律行为的无效

违背关涉公共秩序和善良风俗之法律的法律行为，无效。

---

* 本法典中译本据以翻译的西班牙语文本系截至2016年7月9日秘鲁司法与人权部（Ministerio de Justicia y Derechos Humanos）在"秘鲁法律信息网"（Sistema Peruano de Información Jurídica）上发布的官方文本。

第六条　行为利益

行使或反对一项诉权，必须有合法的经济利益或精神利益。精神利益仅在其直接关涉行为人或其亲属时，始赋予诉权，但法律有明文规定者除外。

第七条　法官对相关规范的适用

即使相关法律规范在诉讼请求中未被援引，法官仍有义务适用之。

第八条　填补法律瑕疵或缺陷的义务

法官不得由于法律的瑕疵或缺陷拒绝司法。在此等情形，法官应适用法的一般原则，尤其是指引秘鲁法的那些原则。

第九条　本民法典的补充性适用

只要与其性质不相抵触，本法典的规定亦补充适用于由其他法律调整的法律关系和法律状态。

第十条　法律漏洞

最高法院、宪法保障法院和国家检察官有义务向国会报告立法的漏洞或瑕疵。

各级法官和检察官对其相应的上级机关有相同的义务。

第一编　人法

第一篇　自然人

第一题　人的开始

第1条　权利主体

自然人自其出生时起为权利主体。

自然人之生命始于受孕。胎儿就一切对其有益事项为权利主体。财产性权利的归属以其出生时存活为条件。

第2条　怀孕或分娩之承认

妇女可申请法院传唤对出生有利害关系之人,对其怀孕或分娩予以承认。

该申请适用诉前证明程序,依申请人指示或法官的意见可能享有受影响之权利者应被传唤。法官可依职权裁定采用其认为适当的证明手段。在此程序中,不允许提出异议。

第二题　人格权

第 3 条　权利享有能力
除非法律有明确规定的例外，每个人都享有民事权利。

第 4 条　男女之间享有和行使其权利的平等性
男女均拥有平等地享有和行使民事权利的能力。

第 5 条　自然人的诸权利
生命权、身体完整权、自由权和名誉权以及其他自然人所固有的权利不得被抛弃，不得成为转让的客体。除第 6 条规定者外，其行使不得遭受意定限制。

第 6 条　处置自己身体的行为
处分自己身体的行为若导致身体的完整性受到永久性减损，或以某种方式违背公共秩序或善良风俗，则此等行为是被禁止的。但是，如果基于内科或外科的指令，其需求对应于一种必需的状态，或其引发乃基于人道主义的原因，则此等行为有效。
处分或利用人体器官或组织的行为，由该主题的法律调整。

第 7 条　人体组织或器官的捐献
不可再生的躯体、组织或器官的捐献，不应严重影响捐赠者的身体健康或明显使其寿命减少。此等处分须有捐赠人的明确书面同意。

第 8 条　身体的死后处分
某人为使其身体的全部或一部在其死后用于社会利益，或用于延长人的生存，而利他地予以处分的行为是有效的。

本规定仅适用于被指定为受益人的人,或者不以营利为目的的科研机构、教育机构、医院或组织、器官库。

第9条　人体捐赠的撤销

某人依第6条在生前处分其身体一部分的行为,可在执行之前予以撤销。某人针对其死后处分其身体的全部或一部的行为,也可撤销。

此项撤销不导致任何诉权的产生。

第10条　遗体的处分

存放遗体的医疗或解剖、验尸机构的负责人,为维持或延长人体寿命之目的,可事先通知第13条所规定的亲属,处分遗体的一部分。如果此等亲属在期限内明确反对,且存在相关主题的法律确定的具体情形和责任形态,则不得进行处置。

相同的职务人员可以为达到第8条之目的,按照相关主题的法律处置身份不明或被遗弃的尸体。

第11条　接受医疗检查之义务的有效性

约定某人有义务接受医疗检查的,只要该合同关系的决定性动机是维持其心理上、生理上的健康或机能,则约定有效。

第12条　对人有危险性的合同不可执行

旨在实施对某人的生命或身体完整性具有特别危险性之行为的合同,不得被强制执行,除非此等行为符合该人的惯常活动,并采取了与具体情形相适应的预防和保障措施。

第13条　殡葬行为

死者生前未作意思表示的,只能由其配偶、卑血亲、尊血亲或兄弟姐妹,在不违反相关的公共秩序之规范的情况下,按此顺位就尸检、火化和埋葬作出决定。

第14条　个人和家庭的隐私权

个人和家庭生活的隐私在未经其本人同意时,不得被披露,或其已经死亡的,只能按顺位经其配偶、卑血亲、尊血亲或兄弟姐妹同意,始得予以披露。

第15条　肖像和声音的权利

未取得本人明确授权的,不得利用其肖像和声音,或在本人已死亡时,只能按顺位经其配偶、卑血亲、尊血亲或兄弟姐妹同意,方可利用之。

基于本人的公众性、所承担的职务、意义重大的或公益性的事件，或出于科学、教学或文化性质的目的，而正当利用肖像和声音的，只要该利用涉及的是公开举行的、具有普遍利益的事件或庆典，则无须同意。

在利用其肖像和声音时侵犯其本人荣誉、尊严或声誉的，上述例外不予适用。

第16条 通信和其他交流方式的保密

书信通讯以及其他任何类型的交流或录音，如具有机密性或者涉及个人或家庭生活隐私，则在未经作者同意，以及有收信人而未经其同意时，不得被截获或公布。个人或家庭回忆录的发表，在相同情形下，需要作者的授权。

作者或收信人死亡的，依各自情形，其继承人有权给予相应的同意。如果继承人之间未达成一致意见，则由法官决定。

作者或收信人禁止身后发表的，该禁止自其死亡时起不得超过50年。

第17条 人格权的保护

任何对本题所涉人格权的侵犯，均使受害人或其继承人取得请求停止损害行为之诉权。

此项责任为连带责任。

第18条 作者和发明人权利的保护

无论其作品采用何种表达形式或方式，作者或发明人的权利均依该主题的法律受到合法保护。

第三题 姓名

第 19 条 姓名权
所有的人有权且应当取名。姓名包括姓氏。

第 20 条 子女的姓名
子女的姓氏①从其父和其母的首姓。

第 21 条 出生登记
当父或母就婚姻关系外出生的子女分别进行出生登记时，可以透露与之共同生育该子女之人的姓名。在此情形，该子女采用登记之父或母以及推定之母或父的姓氏，但对后者并不建立亲子关系。在登记之后的 30 日内，登记人员有责任依据规章，将该事实告知推定之父或母。母不愿意透露其父之身份的，可将母之双姓登记为子女双姓。②

第 22 条 被收养人的姓名
被收养人从收养人的姓氏。

夫妻或事实夫妻之一的子女可被另一方收养。在此情形，该子女根据情况采养父姓氏为首姓，生母姓氏为次姓，或采生父的首姓和养母的首姓。

第 23 条 父母身份不明的新生儿的姓名
父母身份不明的新生儿，应以民事身份登记人员指

---

① 在西语国家，自然人的姓为双姓，由父和母的姓氏构成。——译者注
② 本条由 2006 年 4 月 25 日公布的第 28720 号法律第 1 条修改。同时，依该法第 2 条，父或母恶意将其子女的父子关系或母子关系归于并非与之共同孕育该子女之人的，应承担相应的民事、刑事责任和制裁；依其第 3 条，推定之父或母因其姓名被记录在他(或她)并未认领的儿童的出生证中而被认为受有影响的，可依《秘鲁民法典》第 28 条并按即决程序，提起盗用姓名之诉。

定的适当姓名进行登记。

第 24 条　妻采夫姓的权利

妻有权采夫姓添加于己姓,并在未再婚时保持之。此项权利在离婚或婚姻无效的情形终止。

双方分居的,妻保有其采夫姓的权利。发生争议时,由法官解决。

第 25 条　姓名的证明

姓名以民事身份登记簿中的相应登记来证明。

第 26 条　姓名权的保护

所有人均有权请求以其姓名相称。

姓名权被侵害时,可主张停止侵害行为并要求相应的赔偿。

第 27 条　就姓名达成的协议无效

除非是为公益性的以及法律规定的公示目的,有关自然人姓名的协议无效。

第 28 条　盗用姓名之赔偿

任何人不得使用不属于他的姓名。由于姓名被盗用而受侵害之人,享有要求停止侵害且获得相应赔偿的诉权。

第 29 条　姓名的变更或添加

任何人不得变更其姓名或对其进行添加,但基于合理的目的,经司法许可且该许可被适当公布和登记的,不在此限。

若发生姓名的变更或添加,则及于配偶和未成年子女。

第 30 条　姓名变更或添加的效果

姓名的变更或添加不改变取得人的民事身份,也不构成亲子关系之证明。

第 31 条　第三人对姓名变更或添加的异议

任何因姓名的变更或添加而受到损害的人,均可在法院提出异议。

第 32 条　笔名(艺名)的法律保护

笔名(艺名)获致姓名之重要意义者,享有与姓名同等的法律保护。

第四题　住所

第 33 条　住所
某人在某地的经常居所,为住所。

第 34 条　特别住所
为实施法律行为,可以指定特别住所。除非另有约定,该指定仅意味着接受相应的属地管辖。

第 35 条　有数个住所的人
在数个地点交替生活或有经常性职业的人,应被认为在其中任意一个地点有住所。

第 36 条　夫妻的住所
夫妻的住所是夫妻的共同居所,若无共同居所,则双方最后共同居住地为其住所。

第 37 条　无能力人的住所
无能力人以其法定代理人的住所为住所。

第 38 条　公职人员的住所
公职人员以其执行公务之地为住所,但第 33 条之规定不受妨碍。
因执行公务或其他原因暂时居住在国外的人,其在国内的最后居住地为住所。

第 39 条　住所的变更
住所因经常居住地迁移到其他地方而发生变更。

第 40 条　对住所变更的反对
为履行债之给付义务指定住所的,债务人应在变更该住所 30 日内告知债权人,否则导致民事和(或)刑事责任。
债务人以及相对于债权人而言处于债之关系之外

的第三人,有权反对债权人变更住所。

对住所变更的反对,应以确定无疑的通知为之。

第41条 无经常居所的人

对于无经常居所的人,视其所在地为住所。

第五题　权利行使能力和无能力

第 42 条　完全权利行使能力人
年满 18 周岁的人有完全的行使其民事权利的能力,但第 43 条和第 44 条有规定的除外。

第 43 条　绝对无能力人
下列人绝对无能力:
1. 未满 16 周岁的未成年人,但对于法律确定的那些行为,他们有能力;
2. 因任何原因丧失识辨能力的人;
3. 已被废除。

第 44 条　相对无能力
下列人为相对无能力:
1. 16 周岁以上 18 周岁以下的人;
2. 智障者;
3. 表达自己意愿存在障碍的精神受损者;
4. 浪费人;
5. 财产管理不善者;
6. 习惯性酗酒者;
7. 嗜毒成瘾者;
8. 附带民事禁治产之受刑罚者。

第 45 条　无能力人的法定代理人
无能力人的民事权利,由其法定代理人依亲权、监护和保佐之有关规范行使。

第 46 条　因结婚或职业资格而获得能力
年满 16 周岁之人,其无能力因结婚或取得许可其从事某项职业的官方资格而终止。

因结婚取得的能力不因婚姻的终结而丧失。

年满14周岁者,其无能力自其子女出生之时起,为单独实施下列行为而终止:

1. 认领其子女;

2. 主张或请求怀孕和分娩之费用;

3. 在子女归属和抚养费的诉讼中为其子女利益起诉且成为当事人;

4. 在其子女之非婚生亲子关系的诉讼中起诉且成为当事人。

第六题　不在

第一节　失踪

第 47 条　为失踪人任命保佐人

当一个人不在其住所地,并且超过 60 日没有关于其下落的消息,则任何四亲等以内的血亲或姻亲,可以按亲等较近者排斥亲等较远者的顺序,申请指定临时保佐人。对失踪人的交易或事务有法律利益之人,也可申请传唤已知的亲属和检察部门,指定临时保佐人。申请程序适用非讼程序。

如果失踪人有已在公共登记处登记并享有充分职权的代理人或受托人,则不得指定保佐人。

第 48 条　规制失踪人之保佐人的规范

第 47 条所指保佐,依其相关性分别适用第 564 条至第 618 条的规定。

第二节　宣告不在

第 49 条　不在之司法宣告

自失踪人最后消息之时起经历 2 年的,任何有法律上利益的人或检察官可以申请法院宣告其不在。

失踪人最后住所地或其主要财产所在地的法官有管辖权。

第 50 条　不在人财产的临时占有

法院宣告不在时,应裁定宣告之时能作为不在人之必要继承人①的人对不在人的财产进行临时占有。

若无具备该身份的人,则继续对不在人的财产实施第 47 条设立的保佐。

第 51 条 不在人之财产占有人的权能及限制

在对第 50 条所指的不在人财产进行临时占有前,应先制作经评估的相关财产清单。

占有人享有和承担占有之固有权利和义务,并可享用孳息,但必须在孳息中保存与不在人自由处分之份额相等的份额。

第 52 条 不在人财产的不可处分性

已取得不在人财产之临时占有的人,不得对财产进行转让或设定负担,但依第 56 条规定有必需或利用之情形的,不在此限。

第 53 条 不在之司法宣告的登记

不在之司法宣告,应登记于委托和授权之登记簿上,以消灭不在人的委托和授权。

第 54 条 法院指定管理人的指定

应任一取得不在人财产之临时占有的人的申请,须着手法院指定管理人的指定。

第 55 条 法院指定管理人的权利和义务

法院指定的不在人财产之管理人有以下权利和义务:

1. 收取孳息;
2. 清偿不在人的债务,清理与所管理的财产相关的开支;
3. 在银行账户中,或以法官指定的有价证券,保存第 51 条所指的份额;
4. 在第 50 条所指的人之间,按其不确定之继承权的比例,规则地分配可处分的余额;
5. 依法律授予的一般权限和特别权限实施法定代理行为,但此等权限不包括处分行为之权限;
6. 执行任何其他未预见到的职权,只要其有利于所管理的财产且事先获得法院授权;

---

① 即特留份继承人。——译者注

7. 在法律规定的情形提交其管理账目。

第 56 条 处分不在人财产的司法授权

在必需或利用的情形,且事先获得司法授权的,管理人可在必要的限度内转让不在人的财产或以之设定负担。

第 57 条 从属法典的补充性适用

第 55 条和第 56 条未作规定的,适用《民事诉讼法典》关于共有财产之司法管理的规定。

第 58 条 不在人之必要继承人的扶养

其配偶或必要继承人在经济上从属于该不在人的,若其未能收受足以应对其供养之必需的定期金,则可向法官申请分配扶养费,其数额应依申请人的经济条件和所涉财产的数量而定。

此项给付的审理,应遵守可适用的扶养费之即决程序。

第 59 条 不在之司法宣告的终止

司法上宣告不在的效果因下列事由终止:

1. 不在人返回;

2. 不在人在宣告后指定了有充分权限的被授权人;

3. 不在人的死亡已被证实;

4. 司法上已作推定死亡之宣告。

第 60 条 不在人财产的返还

在第 59 条第 1 项和第 2 项的情形,应将财产依其现状返还给其权利人。此项请求须传唤宣告不在之申请人,并适用非讼程序处理。

在第 59 条第 3 项和第 4 项的情形,应着手继承的开始。

第七题　人的终止

第一节　死亡

第61条　人的终止
死亡使人的生存终止。

第62条　共同死亡的情形
在两个或更多的人死亡时,如果不能证明谁先死亡,则推定其同时死亡,且在他们之间不发生继承权的转移。

第二节　推定死亡之宣告

第63条　推定死亡之司法宣告的依据
在下列情形,若宣告不在并非必要,则可应任何有利害关系人或检察官的请求,着手宣告推定死亡:

1. 自失踪人最后音讯起期满10年,或失踪人年龄超过80岁,自其最后音讯起期满5年;
2. 失踪产生于有死亡危险之环境而期满2年的,此期限自危险事件停止之时起计算;
3. 存在死亡之确信,即使尸体未被发现或辨认。

第64条　推定死亡之宣告的效力
推定死亡之宣告,使失踪人的婚姻解除。判决应登记于死亡登记簿。

第 65 条 推定死亡之判决的内容

宣告死亡的判决中应载明失踪人死亡的可能日期,在可能的情况下应载明死亡的地点。

第 66 条 推定死亡之宣告的不合理

法官认为宣告推定死亡不合理的,可以宣告不在。

第三节 生存之承认

第 67 条 生存之承认

已被法院宣告死亡的人的生存,可由其本人、任何有利害关系的人或检察官请求予以承认。此项请求须传唤宣告推定死亡之申请人,并适用非讼程序处理。

第 68 条 对新的婚姻的效力

生存的承认不使配偶已缔结的新婚姻无效。

第 69 条 请求返还财产的权能

生存的承认使其本人取得依法请求返还其财产的权能。

第八题　民事身份的登记①

---

① 第70条至第75条已被1995年7月11日颁布的第26497号法律废除。

第二篇 法人

第一题 一般规定

第76条 调整法人的规范

法人的存在、能力、体制、权利、义务和终止,依本法典或相关法律确定。

国内公法法人由产生它的法律调整。

第77条 法人的开始

私法人的存在,始于在相应的登记簿登记之日,法律有不同规定的除外。

在法人登记之前以其名义实施的行为,其有效性系于法人的登记,并须在登记后的3个月内获得法人的追认。

如果法人并未设立,或以其名义实施的行为未被追认,则实施此等行为的人应对第三人承担无限连带责任。

第78条 法人和其成员的区分

法人的存在区别于其成员,其每一成员以及全体成员对法人的财产均不享有权利,也无义务清偿其债务。

第79条 作为其他法人成员之法人的代表

法人成为其他法人之成员的,应向该法人指定其代表。

第二题　社团

第 80 条　概念

社团是由自然人、法人或两者兼有而组成的组织,它通过共同的行为追求非营利目的。

第 81 条　社团的章程

章程必须以书面形式公布,法律有不同规定的除外。

如果社团是宗教性的,其内部体制由相应教会机构批准的章程规范。

第 82 条　章程的内容

社团的章程应载明:

1. 名称、存续期和住所;
2. 宗旨;
3. 构成社团整体财产的各种财产;
4. 社团社员大会、董事会和其他机构的组成和职能;
5. 成员之接受、退出和开除的条件;
6. 股东的权利和义务;
7. 修改章程的要件;
8. 社团解散和清算以及与其财产最终用途有关的规范;
9. 可能设立的其他约款和条件。

第 83 条　社团的簿册

所有社团都应当有保持更新的登记簿,用于记载每一位成员姓名、业务、住所和入社日期,且指明行使管理或代表职责的成员。

社团亦应以记录册记载社员大会和董事会会议,记录册中须记载通过的决议。

本条所指的簿册应符合法律规定的形式,并由社团董事会主席承担责任,簿册尚须符合章程所定要件。

第 84 条 社员大会

社员大会是社团的最高组织机构。

第 85 条 召集

在章程规定的情形,若董事会同意或由不少于 1/10 的社员提出申请,社员大会由社团的董事会主席召集。

如果社员的申请在提交后 15 日内未被答复或被拒绝,则由社团住所地的初级法官应相同社员的请求召集社员大会。

此项请求适用即决程序。

法官如果支持此项请求,则应命令按照章程进行召集,指定会议地点、日期、钟点、目的、主持人和证明决议的公证人。

第 86 条 社员大会的权能

社员大会选举组成董事会的人员,批准账目和结余,决定章程的修改、社团的解散和其他不属于其他机构职权范围的事项。

第 87 条 通过决议的法定人数

欲使社员大会的会议有效,首次召集时必须有半数以上社员出席。第二次召集时,仅需任意数量的社员出席。决议必须经过到会社员半数以上的赞成票通过。

章程的修改或社团的解散,在首次召集时必须有半数以上的社员出席。决议须经到会社员半数以上的赞成票通过。在第二次召集时,决议的通过须经到会社员同意,且此等社员须代表不少于 1/10 的社员。

在社员大会中,社员可由他人代表。章程可以规定代表应为其他社员。

代表权的授予须采公证书的形式,也可通过其他书面形式就每一次社员大会仅作特别授权。

第 88 条 投票权

任何社员自己仅有一票投票权。

第 89 条　社员资格的专属性
社员资格固属于个人且不得转让,但章程允许的除外。

第 90 条　社员的退出
社员的退出应以书面形式提出。

第 91 条　负欠份额的支付
退出、被除名的社员,以及死亡社员的继承人,有义务支付其尚未缴纳的份额,且不得要求返还其出资。

第 92 条　对决议的司法异议
所有社员都有权对违反法律或章程规定的决议在司法上提出异议。

异议之诉权应自决议之日起不超过 60 日的期间内行使。已在会议记录中表明其反对决议的与会者,以及未出席大会的社员、被非法剥夺其投票权的社员,可以提起异议之诉。

如果决议可登记于登记簿,则可在登记发生之日起 30 日内提出异议。

任何社员均可自负费用参与诉讼,以维护决议的有效性。

异议应向社团住所地的民事法官提出,并且适用简易程序。

第 93 条　董事的责任
行使董事职责的社员依代理规则对社团承担责任,但未参与造成损害之行为或表明其反对意见者除外。

第 94 条　依法当然解散
社团不能依其章程运营时,依法当然解散。

第 95 条　因清算而解散
其相应的债权人会议根据有关法律形成决议的,社团依此因清算而解散。

扣除储备金后累计亏损超过已缴股本 1/3 的,董事会应根据相关法律申请启动社团的普通破产程序,否则应就其不作为所导致的损害和损失对债权人承担责任。

第 96 条　因违反公共秩序而解散
社团的活动或宗旨违反公共秩序或善良风俗的,检察官可以请求法院解散之。

该诉请应视社团为被告,适用简易程序。任何社员均有权参加此诉讼。未被上诉的判决应上报最高法院。

在诉讼程序的任何阶段,法官可以采取临时措施,暂停社团的全部或部分活动,或指定一名社团活动的监督员。

第 97 条 因章程规范之阙如而解散

社团章程未就社团不能继续经营之情形或其解散作出规定的,依第 599 条第 2 项处理。

第 98 条 清算后剩余资产的用途

社团解散且清算完成后,所余净资产应移交给章程中指定的社员之外的人。如若不能,最高法院民事庭可命令将其用于有利于社会的类似目的,此时社团总部所在省应予优先。

第三题　财团

第 99 条　概念

财团系一个或多个财产聚合而设立的非营利性组织,其宗旨是实现宗教、救助、文化性质的目标或其他社会利益之目标。

第 100 条　财团的设立

财团由一个或数个自然人或者数个自然人或法人无区别地以公证书设立,或者由遗嘱设立。

第 101 条　设立行为

财团的设立行为,必须明述其宗旨以及收受的财产。设立人也可指明财团的名称和住所,同时指定一个或数个管理人,并明定其经济体制、运行、消灭以及财产最终归属方面的规范。

可以任命法人或在法人中执行特定职能的一人或数人为财团的管理人。在第一种情形,应指定代表该法人的自然人。

法人的登记人员应向财团监督委员会寄送欠缺本条第 1 款所述某一要素的设立文书。监督委员会应在不多于 10 日的期限内,依照本法第 104 条第 1 项至第 3 项的规定,按具体情形处理之。

第 102 条　设立人的撤销

撤销权不可转让。财团的设立行为一经登记,不可撤销。

第 103 条　财团监督委员会

财团监督委员会是控制和监督各种财团的行政机构。

其组建和结构由该主题的法律决定。

第 104 条　财团监督委员会的职能

财团监督委员会执行以下基本职能：

1. 设立行为中未包含财团的名称和住所时，需予指明；

2. 设立人未任命管理人时指定之，或管理人因任何事由终止其活动时替换之，其前提是设立行为中并未针对这两种情形规定替代的形式或方式；

在前段规定的情形，禁止指定受益人或受益机构的代表人为财团的管理人；此外，在该前提中，也不得赋予管理人之职责；

3. 设立人未确定经济制度和管理制度时，经听取管理人意见或依其建议，依职权确定之，或在此等制度妨碍正常运行或对其进行变更有利于财团的宗旨时变更之；

4. 了解诸财团的计划和相应的年度预算，为此，各财团应在财政年度开始之前的 30 日之内向委员会提交此等材料的副本；

5. 批准对并非财团日常运营之客体的财产进行处分和设定负担，并建立各情形下须予遵守的程序；

6. 当财团的财产不足以实现根本宗旨，或财团间的合作能确使一个行为更为有效时，推动类似宗旨之财团的合作；

7. 确保财产和收益的使用符合预定目的；

8. 安排必要的审计；

9. 在法律规定的情形，对违反法律或设立行为的管理人决议向法院提出异议，或者对所成立的行为或合同主张无效或撤销，异议之诉适用简易程序，无效或撤销之请求适用普通审理程序；

10. 在财团设立行为之有效性的异议之诉中作为当事人一方出庭；

11. 在财团的设立行为欠缺规定时，指定财团的一个或数个清算人；

12. 掌管财团的行政登记处。

第 105 条　账目和结余的呈报

管理人有义务在每年的前 4 个月内向财团监督委员会呈报财团的账目和结余，以获得批准。

第 106 条　针对管理人的诉讼

管理人未尽呈报财团年度账目和结余之义务的,或者此等账目未获通过的,以及在其他未履行其义务的情形,财团监督委员会可以对其提起司法诉讼。

应当事人的请求,基于合理的理由,初级法官可以暂停管理人的职权。

一旦被宣告承担责任,管理人即自动停止其职权的行使,且无妨对其提起可能导致的刑事诉讼。

被暂停职权的管理人按照设立行为的规定予以替换,无此规定的,由财团监督委员会替换之。

请求呈报账目和结余的,以及请求暂停管理人职务的,适用简易程序。请求不批准账目和结余的,以及请求追究不履行义务之责任的,适用普通审理程序。

第 107 条 禁止与财团缔约的人

财团的管理人及其四亲等之内的血亲和二亲等以内的姻亲,不得与财团订立合同,但财团监督委员会明确授权的除外。

财团的管理人及其前款所规定的亲等内的亲属若系法人的社员,则前述禁止扩及于此等法人。

第 108 条 财团宗旨的扩展和修改

财团监督委员会在尽可能尊重设立人意愿的前提下,可向民事法官提出以下申请:

1. 当财团的财产相对于设立人的设立宗旨明显过巨时,可以申请将其宗旨扩展至其他类似的宗旨;

2. 当本法第 99 条所指的社会利益停止时,申请修改财团的宗旨。

该请求适用简易程序,此时应延请检察官,且应考虑传唤财团的管理人。

第 109 条 财团的解散

当财团的宗旨不可能实现时,财团监督委员会可以申请解散之。

诉请应向财团总部所在地的民事法官提出,适用简易程序,管理人须被传唤。该请求应在负责法院通告的日报和其他国家媒体上公告 3 次,每次间隔 5 日。

未被上诉的判决应上报最高法院。

第 110 条 清算后剩余财产的用途

财团清算后的剩余净资产用于设立行为所规定的目的。如若不能,则依监督委员会的建议,用于增加其他宗旨相似的财团的财产,若无此等财团,则归属于财团总部所在地的公共慈善机构,以用于和该财团有类似目的的工程。

第111条 概念

委员会是致力于公开募集资金用于利他宗旨、由自然人或法人或两者兼有而组成的组织。

为在登记处登记注册,委员会的设立行为和章程可以记载在由设立人签名且经公证认证的私文书中。

第112条 成员的登记

委员会应有一本保持更新的登记簿,其中包含成员的姓名、住所、业务和入会的日期,指明理事会的组成人员或执行任何其他管理行为者。

登记簿应包括一本符合法律规定形式的簿册,该簿册由理事会主席负责。

第113条 委员会的章程

委员会的章程应明示:

1. 名称、存续期间和住所;
2. 所提议的利他宗旨;
3. 管理体制;
4. 成员大会和理事会以及其他任何管理机构的构成和职能;
5. 具有委员会合法代表权限之职员的指定;
6. 可能确立的其他约定和条件。

第114条 理事会的召集

理事会是委员会的执行机构,在章程规定的情形,或者在任一理事会构成成员或 1/10 的委员会成员申请时,由主席召集。如果申请被拒绝或在 7 日内未进行召集,则按照第 85 条的规定处理。

第115条 成员大会的职权

成员大会选举理事会构成人员。大会可以修改章程、决议解散委员会和通过不在其他机构权限之内的决定。

第116条 会议和决议的法定人数

对于成员大会会议的有效性、法定人数的计算及投票,适用第 87

条第 1 款和第 88 条的有关规定。

第 117 条　违法行为和决议的举报

委员会或理事会的任一成员都有权利和义务向检察官举报违反法律或章程规定的决议或行为。

第 118 条　理事会的责任

理事会成员应对为所宣告的宗旨而募集的资金的保管和正当使用承担连带责任。

第 119 条　检察官对资金的控制

检察官依职权或应当事人请求,监管委员会募得的资金得到保存并用于设定的宗旨,如有必要,可申请提交账目,且无妨提起可能导致的民事或刑事诉讼。

第 120 条　因侵害公共秩序而解散

第 96 条的规定准用于委员会。

第 121 条　委员会的解散和清算

委员会实现其设立宗旨,或未能达成其宗旨的,理事会应向检察官提交最终状态的账目副本,着手委员会的解散和清算。

第 122 条　净资产的归属

如果账目在提交给检察官之后 30 日内未被提出异议,理事会应将清算后的净资产析分给各捐赠人。对账目的异议适用普通审理程序,且委员会的任何成员都有权参与该程序。

如果析分给各捐赠人是不可能的,则理事会应将净资产移交给当地的公共慈善机构,并告知检察官。

第 123 条　规范的补充适用

在可适用的范围内,委员会也受第 81 条至第 98 条规定的调整。

第三篇　未登记之社团、财团和委员会

第一题　社团

第 124 条　事实社团制度

未通过登记之公文书而设立的社团,其内部规章和管理受社员决议调整,在相关联的范围内适用本法第 80 条至第 89 条确立的规则。

上述社团可由董事会主席或其替代者代表出庭诉讼。

第 125 条　共同基金

社员的出资和份额,以及社团取得的财产,构成其共同基金。在社团存续期间,不得请求区分、分割共同基金,也不得要求退回社员的出资额。

第 126 条　对代表人成立的债务负责

共同基金仅对社团之代表人成立的债务承担责任。对于上述债务,以社团名义实施行为者即使并非其代表人,亦承担连带责任。

第二题　财团

第 127 条　事实财团的登记

财团的设立行为因任何原因而未经登记的,由财团监督委员会,检察官或有合法利益的人提起完成登记之诉。

第 128 条　管理人的连带责任

财团的各管理人,在财团未经登记时,对设立宗旨所涉财产的保管以及自己成立的债务承担连带责任。

第 129 条　财产并入另一财团

第 127 条所指登记不能实现的,财团总部所在地的高等法院之民庭,应依财团监督委员会、检察官或有合法利益者的申请,将财产并入其他有类似宗旨的财团,或在此项归并不可能时,并入同一司法管辖地其他优先成立的财团。

第三题 委员会

第 130 条 事实上的委员会

未经登记而设立的委员会受其成员的决议规制,在相关联的范围内适用第 111 条至第 123 条确立的规则。

委员会可由理事会主席或其替代者代表出庭诉讼。

第 131 条 组织者的连带责任

作为委员会之组织者而出现的人,以及对募集资金进行管理者,对资金的管理、用于所宣布的目的及其成立的债务承担连带责任。

第 132 条 由检察官请求解散和提交账目

已实现预期宗旨,或不能完成其宗旨的,检察官可依职权或依当事人的请求,申请解散委员会和向法院提交账目,并建议将剩余净资产用于同类目的。

第 133 条 检察官对捐款的监督

检察官依职权或应当事人请求,监督所募资金得到妥善保管并用于所宣布的目的。

第四篇　农村公社和原住民公社

单题　一般规定

第134条　农村公社和原住民公社的概念和宗旨

农村公社和原住民公社是由自然人构成的、具有公共利益的传统而久远的组织，其宗旨是为了公社一般和公平的利益而更好地利用其总括财产，谋求其整体发展。

公社由特别立法规范。

第135条　公社在法律上的存在

欲使公社合法存在，除在相应登记簿上登记外，尚需被正式承认。

第136条　土地的属性

公社的土地不可转让、不受时效限制且不得被扣押，但秘鲁政治宪法另有规定的除外。

与公社的被承认和登记相一致而被占有的土地，推定为共同所有。

第137条　公社的章程

政府规范公社的章程，章程确定其经济的和行政的自治，以及其成员的权利和义务，其他关于其承认、登记、组织和运营的规范。

第138条　社员大会

社员大会是公社的最高权力机构。公社的理事和代表人，经由社员亲自的、平等的、自由的、秘密的、必要的投票而定期选举产生。

第 139 条 公社的花名册和地籍册

公社应有一本保持更新的花名册,其中包含每一位社员的姓名、业务、住所和入社的日期,指明执行理事或代表职务之人。

公社也应有一本地籍册,对构成其总括财产的各项财产进行记载。

花名册和地籍册尚应记载特别立法规定的其他信息资料。

第二编 法律行为

第一题 一般规定

第140条 法律行为的概念；基本要素

法律行为是旨在设立、调整、变更或消灭法律关系的意思表示。欲使其有效,必须:

1. 行为人有能力;
2. 标的在物理上和法律上是可能的;
3. 目的合法;
4. 欠缺规定的形式即无效的,须遵守该形式。

第141条 意思表示

意思表示可以是明示或默示的。通过任何手动、机械、电子或其他类似的直接手段,以口头或书面的形式为意思表示的,为明示的意思表示。通过表明其存在的某一行为或行为举止之情境毫无疑问地推断出其意思的,是默示的意思表示。

法律要求明示的表示,或者行为人提出保留或相反声明的,不得认为存在默示的意思表示。

第141-A条 形式

在法律规定应通过某一明示形式为意思表示或需要签名的情形,可通过电子的、光学的或其他类似的任何手段产生或传达。

对于公文书,主管机关应载明所使用的手段,并保存一个完整的版本,以备嗣后查询。

第142条 沉默

法律或协议赋予其意思表示之意义的,沉默意味着意思表示。

第二题 法律行为的形式

第143条 形式自由

法律对法律行为并未指定特别形式的,利益关系者可采用其认为适当的形式。

第144条 证明性形式和要式性形式

法律设定某一形式但对于未遵守并不处以无效之制裁的,该形式仅仅构成一种证明该行为存在的手段。

第三题　代理

第 145 条　代理的产生

法律行为可通过代理人实施,但法律有相反规定的除外。

代理权限由利益相关者授予或法律赋予。

第 146 条　配偶间的代理

允许配偶之间的代理。

第 147 条　数个代理人

代理人为数人的,推定为无差别之代理人,但明确规定须共同行为或相继行为,或者被具体指定施行不同行为的,除外。

第 148 条　代理人的连带责任

代理人为两人或两人以上的,只要代理权是通过某一单一的行为授予,并且是为了一个共同利益的目标,则代理人应对被代理人连带地承担义务。

第 149 条　代理权的撤销

代理权可随时被撤销。

第 150 条　数个被代理人

由数个被代理人为了共同利益之目标而授予的代理权,其撤销仅在由所有被代理人实施时才发生效力。

第 151 条　新代理人的委任

就同一行为或该行为的实施而由被代理人委任新的代理人,系对先前代理权的撤销。撤销自向原代理人通知之时起产生效力。

第 152 条　撤销之通知

凡参加法律行为或对此有利益者,均应对其为撤销之通知。

仅通知代理人的撤销,不得对抗不知该撤销而缔约的第三人,但撤销已被登记的除外。被代理人无妨对代理人主张其权利。

第 153 条　不可撤销的代理权

只要是为某一特别行为或就有限制的期间而约定代理权,或者是为了被代理人和代理人或第三人的共同利益而授予代理权,则代理权不可撤销。

第 154 条　代理人的辞任

代理人可以通知被代理人而辞去代理职务。除非有重大阻碍或正当事由,代理人有义务继续履行代理职务,直至出现其替代者。

在辞任被告知于被代理人后,经历 30 日的期限另加距离所需时间,代理人仍未被替换的,他可以离职。

第 155 条　特别代理权和一般代理权

一般代理权仅包括管理的行为。

特别代理权包括为其而授权的行为。

第 156 条　处分行为之代理权的公证

欲处分被代理人的所有权或使其财产承受负担,须以确证的形式并依公证书载明授权,否则承担无效之责。

第 157 条　代理的亲为性

代理人应亲自执行代理职务,除非已明确授予其有替代的权限。

第 158 条　代理人的替换和责任

代理人让被委任者替换执行职务的,免除全部责任。如果授权行为中未指明替换者,但代理人被赋予指定的权能,则代理人在对选任有不可宥之过失时承担责任。代理人对其向替换者所作的指示承担责任。

被代理人可直接起诉替换者。

第 159 条　替换的撤销

除非另有约定,替换可由代理人撤销,代理人由此恢复权限。

第 160 条　直接代理

代理人在被授予的权限内实施的法律行为,直接对被代理人产生效力。

第 161 条　越权之法律行为的不生效力

代理人超越或违反被授予之权限实施的法律行为,对被代理人不发生效力,但不影响由此而对被代理人和第三人承担的责任。

被认为有权而并无代理权的人实施的法律行为,对于被假想的被代理人也不发生效力。

第162条　被代理人对法律行为的认可

在第161条所规定的情形,法律行为可由被代理人认可,此时须遵守为其成立而规定的形式。

认可具有追溯力,但第三人的权利不受影响。

第三人和作为代理人而实施法律行为的人,在被认可之前可撤回该行为,但相应的损害赔偿不受影响。

追认的权能移转于继承人。

第163条　法律行为因意思表示之瑕疵而可撤销

代理人之意思表示有瑕疵的,法律行为可被撤销。但法律行为的内容全部或部分由被代理人预先确定的,仅在被代理人的意思表示就此等内容而言有瑕疵时,该行为可予撤销。

第164条　代理人资格的声明

代理人有义务在所有其实施的行为中表明其系以被代理人的名义,若被要求,尚须说明其权限。

第165条　代理之法律推定

在向公众开放的店铺工作的雇员,对于其在店铺中通常实施的行为,被推定拥有代理其负责人的权力。

第166条　自己代理者之法律行为的可撤销性

代理人以自己的名义或作为他人的代理人而与自己所为的法律行为可予撤销,但法律允许,或被代理人已就此特别授权,或法律行为的内容已被确定,由此排除了利益冲突之可能性的,除外。

此项诉权由被代理人行使。

第167条　对处分行为的特别授权

法定代理人欲就被代理人的财产实施以下行为的,需要明确的授权:

1. 处分此等财产或就其设定负担;
2. 成立和解;
3. 达成仲裁协议;
4. 成立法律或法律行为要求特别授权的其他行为。

第四题　法律行为的解释

第 168 条　客观解释

法律行为应当根据其中已表示的意思并依诚信原则被解释。

第 169 条　体系解释

法律行为的诸条款应以此条款对照彼条款进行相互解释,对有疑义的条款采所有条款整体上推导出的意义。

第 170 条　一体解释

有多重意义的表述,应按照最适合于该行为之性质和目的的意义进行理解。

第五题　法律行为之负荷[1]

第 171 条　法律行为因条件不当而无效

不合法的停止条件,以及在物理上或法律上不可能的停止条件,均使法律行为归于无效。

不合法的解除条件,以及在物理上和法律上不可能的解除条件,视为未被设立。

第 172 条　受制于债务人意思的法律行为无效

法律行为的效力从属于停止条件,而该条件取决于债务人之专属意思的,该行为无效。

第 173 条　取得人可实施的行为

停止条件尚未成就时,取得人可实施保存行为。

附解除条件取得某项权利者,在条件尚未成就时,可行使权利,但另一方当事人可采取保存行为。

债务人可在停止或解除条件成就前要求返还已为的给付。

第 174 条　条件的不可分性

条件的成就不可分,即使其由可分的给付组成。

条件部分成就的,除非有相反约定,债不得被主张。

第 175 条　消极条件

如果所附条件是在某一期限内特定事件不实现,则自期限届满时起,或自该事件已确定不能实现之时起,条件被认为已成就。

第 176 条　条件因恶意而成就或不成就

条件将不利于他而实现的一方恶意阻碍条件成就

---

[1] 所谓负荷,包括法律行为所附的条件、期限和负担。——译者注

的,条件视为已成就。

反之,将因条件成就而受益的一方恶意导致条件成就的,条件视为未成就。

第 177 条　条件之不可溯及性

除非有相反约定,条件的成就无溯及力。

第 178 条　停止期限和解除期限的效力

期限为停止期限的,在期限未届满时法律行为不产生效力。期限乃解除期限的,法律行为的效力到期则停止。

期限届满前,有权受领给付之人可行使有助于维护其权利的诉权。

第 179 条　停止期限的利益

停止期限被推定为乃为债务人的利益而设立,除非根据文书内容或其他情形,推导出系为债权人或双方利益而设立。

第 180 条　预先清偿的索回权

债务人在停止期限到期前清偿的,不得请求返还已为的清偿。但是,如果不知期限而为清偿,则有权请求返还。

第 181 条　期限利用之失权

下列情形下,债务人丧失利用期限之权利:

1. 债务人在债成立后无力清偿,但其为债务提供担保者除外。

如果在法院确定期限的 15 日内,债务人未为债务提供担保,或未指明在价值上足以履行其给付义务的、未附负担的财产,则推定债务人无力清偿。

2. 未向债权人提供所允诺的担保。

3. 担保物因债务人自己的行为而减损,或因不可归责于债权人的事由而灭失,但立即替之以等值物满足债权人的,除外。

前数项所指的期限利用权的丧失,由利害关系人请求并适用即决程序而予宣告。旨在确保债权之实现的预防措施,适用特别程序。

第 182 条　法官指定的履行法律行为之期限

如果法律行为未指明期限,但依其性质和情势推断本欲赋予债务人以期限,则由法官确定期限的长短。

期限长短的确定本取决于债务人或第三人的意思,但他们未予指明的,亦由法官确定之。

此请求适用即决程序。

第 183 条　期限之计算规则

期限的计算依公历,并遵循以下规定:

1. 按天数指定的期限依自然天数计算,但法律或法律行为规定依工作日计算的除外;

2. 按月指定的期限,计算至期限届满的当月以及该月与首月相对应的那一日。如果到期月并无对应日,则期限计算至该月的最后一日;

3. 按年指定的期限,依第 2 项设立的计算规则;

4. 期限不包括首日,但包括期满之日;

5. 期限的最后一日非工作日的,顺延至紧接着的第一个工作日到期。

第 184 条　扩展适用于法定或约定期限的规则

除非有不同的规定或约定,第 183 条的规则适用于一切法定的或约定的期限。

第 185 条　负担之履行的可主张性

负担的履行可以由负担设定人或受益人主张。负担的履行系为社会利益的,其执行可由相关机构主张。

第 186 条　由法官确定的负担之履行期限

负担之履行无期限的,应在法官指定的期限内履行之。

此请求适用即决程序。

第 187 条　负担的不可主张性

被设定负担者无义务履行超过慷慨行为之价值的负担。

第 188 条　负担的可转移性

为取得某项权利而履行设定之负担的义务,转移至被设定负担之人的继承人,但负担固属于被设定负担之人而仅可由其本人履行者除外。

在后一情形,如果负负担者死亡而未履行负担,权利的取得无效,财产应被返还给负担之设定人或其继承人。

第 189 条　负担之不可能和非法

如果构成负担的行为非法或不可能,或将会如此,则法律行为继续有效而不负负担。

第六题　法律行为之伪装

第 190 条　绝对的伪装

不存在成立一项法律行为之真实意思的,系通过绝对的伪装在表面上成立该法律行为。

第 191 条　相对的伪装

当事人欲成立的法律行为不同于表现于外部之行为的,只要被隐藏的行为同时符合实体和形式的要件,且不损害第三人的权利,则该行为在当事人之间有效。

第 192 条　部分伪装

法律行为中涉及不真实的信息,或行纪人参与该行为的,适用第 191 条之规范。

第 193 条　伪装行为无效之诉

主张伪装行为无效的诉权,可由任一当事人或依情形受到损害的第三人行使。

第 194 条　伪装的非对抗性

对于善意且有偿取得具有表见权源之权利的人,当事人和受损害的第三人均不得以(法律行为之)伪装对抗之。

第七题 法律行为之诈害

第 195 条 保利安之诉：要件

债务人通过无偿行为放弃权利，或减损其已知财产，且此等行为危害债权收取的，即使债权受制于条件或期限，债权人也可要求宣布此等行为对其无效。债务人的行为将导致不能完全清偿应为的给付，或债权收取的可能变得困难的，推定存在前述危害。

对于有偿行为，尚应满足以下要件：

1. 如果债权发生在财产减损行为之前，则须第三人已知晓债权人的权利受到危害，或根据具体情况，他对此等权利及其损害的最终发生，处于知晓或并非不知的合理情境；

2. 如果被申请无效的行为先于债权产生，则须债务人和第三人实施该行为时有损害将来债权人之债权实现的意图。债务人已书面告知将来债权人某财产的存在却对其加以处分的，推定他具有此意图。第三人知晓或能知晓将来之债权，且债务人缺乏其他登记的财产的，推定第三人具有该意图。

债权的存在由债权人负举证责任，本条第 1 项和第 2 项所规定要件的满足依其情形也由债权人举证。损害不存在之证明，或存在足以清偿债权之无负担财产的证明，由债务人和第三人负责。

第 196 条 担保的有偿性

为实现第 195 条的效果，如果担保先于被担保的债权或与之同时产生，则即使是为他人债务提供的担保，也被视为有偿行为。

第 197 条　对善意之次取得人的保护

诈害行为之无效宣告,不妨碍善意的作为第三人之次取得人有偿取得的权利。

第 198 条　不适于宣告无效

诈害行为涉及到期债务之履行的,如果文书中载明特定日期,则不能被宣告无效。

第 199 条　间接诉权

由债权人就无效行为所针对的财产行使的诉权,债权人亦可对第三取得人行使。

第三取得人对债务人享有债权,而此等权利有可能被宣告为无效的,取得人仅得在债权人获得清偿后,方可就作为无效行为之客体的财产的收益同时受偿。

第 200 条　无偿或有偿法律行为的无效

无偿行为的无效,适用即决程序;有偿行为的无效,适用普通审理程序。旨在避免不可弥补之损害发生的预防措施,适用特别程序。

与破产相关的规定不受影响。

第八题　意思瑕疵

第 201 条　错误之要件

错误若系实质性的且可被对方认知,则构成法律行为被撤销的原因。

第 202 条　实质性的错误

在以下情形,错误是实质性的:

1. 对法律行为之固有要素或其标的的品质发生错误,而依一般人的评价或联系具体情形,该要素或品质应被认为对意思表示具有决定性;

2. 对对方当事人之身份特质发生错误,但这些特质须为意思表示之决定性因素;

3. 对法的错误系该行为唯一的或决定性的缘由。

第 203 条　可被认知的错误

联系法律行为的内容、具体情形或当事人各方的能力,一个普通谨慎的人本可觉察到的错误,系可被认知的错误。

第 204 条　计算错误之法律行为的更正

计算错误不导致法律行为被撤销,仅导致其更正,但对数量发生错误,且数量在意思中具有决定性的,除外。

第 205 条　动机错误之法律行为的撤销

动机的错误,仅在该动机被明确地表示为法律行为之决定性的理由,且为对方当事人接受时,方使该行为罹于无效。

第 206 条　对更正之错误不适用撤销

陷于错误的当事人遭受损害之前,如果另一方当事人允诺按其本想成立之行为的内容和负荷履行,则前者不得请求撤销该行为。

第 207 条　对错误不适用损害赔偿

法律行为因错误被撤销,在当事人之间不产生损害赔偿。

第 208 条　表示错误致使法律行为罹于无效的情形

第 201 条至第 207 条的规定,就其所涉亦适用于以下情形:涉及法律行为之性质、意思表示之主要标的的表示错误;在人之同一性的考量系意思的决定性动因时,对该人发生表示错误;以及意思表示被负责传达的人不准确地传达。

第 209 条　表示错误不使法律行为罹于无效的情形

对人、标的物或行为属性的同一性或名称发生表示错误的,若依其文义或具体情形能认定为所指称的人、标的物或行为,则不使该法律行为罹于无效。

第 210 条　因欺诈而撤销

若非一方当事人的欺骗,另一方当事人即不会成立法律行为的,欺诈构成该行为的撤销事由。

欺骗系由第三人所为的,若从中受益的一方当事人知悉,则法律行为可被撤销。

第 211 条　附带的欺诈

欺骗对意思表示并未达到决定性程度的,法律行为有效,即便无此欺骗该法律行为会按不同的条件成立;但恶意欺诈的一方须承担损害赔偿责任。

第 212 条　欺诈性的不作为

欺诈性的不作为和欺诈性作为产生同样的效果。

第 213 条　互相欺诈

欺诈欲成为法律行为的撤销事由,须其未被双方当事人所用。

第 214 条　胁迫或恫吓导致的撤销

胁迫或恫吓,即使由未参与法律行为的第三人实施,亦为其撤销事由。

第 215 条　恫吓

使行为人产生有理由的恐惧,从而担心自己或其配偶、第四亲等之内血亲或第二亲等之内的姻亲在人身或财产上遭受巨大的和严重的不利益时,即被认为存在恫吓。

关涉的如果是其他的人或财产,由法官视情形决定是否撤销。

第 216 条 胁迫或恫吓的认定标准

认定胁迫或恫吓时,应虑及人的年龄、性别、条件以及其他可能影响其严重程度的具体情况。

第 217 条 非恫吓之设定

正常行使权利之威胁和单纯的敬畏,不导致法律行为被撤销。

第 218 条 放弃因意思瑕疵所生诉权无效

基于错误、欺诈、胁迫或恫吓而产生的诉权被预先放弃的,无效。

第九题　法律行为的无效

第 219 条　无效的事由
在下列情形,法律行为无效:
1. 欠缺行为人的意思表示;
2. 法律行为由绝对无能力人实施,但第 1358 条规定者除外;
3. 标的在物理上或法律上不可能,或不能确定;
4. 其目的非法;
5. 有绝对伪装之瑕疵;
6. 未遵守规定的、欠缺即无效的形式;
7. 法律宣布其无效的;
8. 序题第五条规定的情形,但法律规定不同罚则的除外。

第 220 条　无效之主张
第 219 条所涉之无效,可由有利害关系之人或检察官主张。
明显无效的,可由法官依职权宣告之。
无效不得通过确认予以补正。

第 221 条　可撤销之事由
法律行为可撤销的事由有:
1. 行为人的相对无能力;
2. 因错误、欺诈、胁迫或恫吓产生的瑕疵;
3. 法律行为的虚伪,其前提是包含该行为的真实行为损害第三人的权利;
4. 法律宣布其可撤销。

第 222 条　依判决无效的效力

基于宣告其无效的判决之效力,可撤销的法律行为自其成立之时起即为无效。

此项无效依当事人的请求而予宣告,并且仅得由法律为其利益而规定此项无效的人主张。

第 223 条　多方行为的无效

在数个行为人参与且每个人的给付均指向共同目的之实现的情形,关涉其中仅仅一方当事人的无效并不意味着法律行为的无效,除非根据具体情形,该人的参与应被视为必不可少的。

第 224 条　部分无效

只要法律行为的内容可分,则其中一个或一个以上内容的无效,并不影响其他内容。

单个的内容被强制性规范替代的,其无效不意味着法律行为的无效。

主义务的无效意味着从义务的无效,但从义务的无效并不导致主义务的无效。

第 225 条　行为和文书

不应混淆法律行为和用以证明该行为的文书。即使文书被宣告无效,法律行为亦可继续有效。

第 226 条　对自己有利的无能力

一方当事人的无能力不得由他方当事人作对其自己有利的主张,但普通之债①的权利标的不可分的,不在此限。

第 227 条　基于相对无能力的可撤销

年满 16 周岁未满 18 周岁的未成年人成立的债,若出自其未经必要的授权而实施的行为,可予撤销。

第 228 条　要求返还已向无能力人所为的清偿

任何人不得以债被宣告无效为由请求返还已向无能力人所为的清偿,但已转化为其利益的部分除外。

第 229 条　无能力人的恶意

无能力人为诱使成立法律行为,隐瞒其无能力而恶意行事的,则无论是他,还是其继承人或受让人,均不得主张无效。

---

① 指没有优先受偿权的债。——译者注

第十题　法律行为的确认

第 230 条　明示的确认

只要第三人的权利不受影响,可撤销的行为可由有撤销诉权的一方当事人通过文书予以确认,该文书应包含所欲确认之行为的指称、撤销事由以及确认之明确表示。

第 231 条　依全部或部分的履行而确认

享有撤销诉权的当事人若知悉撤销事由而仍然全部或部分地履行,或存在的事实无可置疑地表明其有抛弃撤销诉权的意图,则法律行为亦被确认。

第 232 条　确认的程式

确认文书的形式,应与为所确认的行为的生效而规定的程式相同。

第三编　家庭法

第一篇　一般规定

第 233 条　家庭的规制

家庭的法律规制以致力于家庭的巩固和加强为宗旨,且须与秘鲁政治宪法颁行的原则和规范协调一致。

第 234 条　婚姻的概念

婚姻是指法律上适合结合的一男和一女以营建共同生活为目的,遵守本法典的规定而自愿达成的结合。

夫和妻在家中享有相同的权威、尊重、权利、义务和责任。

第 235 条　父母和子女的义务

父母有义务根据其经济状况和可能性,谋求未成年子女的供养、保护、教育和培养。

所有子女都有平等的权利。

第 236 条　血亲

血亲,是指数人间基于一人为另一人所出或为共同祖先所出而存在的亲属关系。

亲等依代数而定。

旁系血亲中,亲等的确定为从一方亲属向上数至共同的祖先,再往下数至另一方。此亲属关系产生的民事效力仅及于第四亲等。

第 237 条　姻亲

婚姻使配偶与他方血亲之间产生姻亲关系。配偶所处的姻亲亲系和亲等,与他方在血亲中的亲系和亲等相同。

直系姻亲关系不因产生该关系的婚姻的解除而终止。在离婚的情形,且原配偶生存时,姻亲继续存在于旁系第二亲等之内。

第 238 条 因收养产生的亲属关系

在亲属制度范围内,收养系亲属关系的发生根据。

第二篇　夫妻共同体①

第一题　作为行为的婚姻

第一节　婚约

第239条　婚姻之相互允诺

婚姻之相互允诺并不产生缔结婚姻的法律义务,对于就未履行允诺的情形所约定的条款,也不产生应予遵守的法律义务。

第240条　结婚允诺破裂的效果

如果结婚允诺确定无疑地在法律上适于结婚的两人之间达成,而由于允诺人之一的单独过错未予履行,则其对于由此产生的对另一方或第三人的损害,有赔偿的义务。

此项诉权应自允诺破裂之时起在1年的期限内行使。

---

① 其直译为"夫妻合伙"。关于其法律性质,西语法学界历有争议:有人认为其为合伙合同;有人认为系法人,其权利、财产和义务独立于各配偶;有人认为其不过为总括的财产;另有人视其为与婚姻共同利益有关之财产的单纯总合;也有人认为其为共有,但不同于物权法上的共有。——译者注

在此期限内,任何受诺者均可撤销其基于所计划的婚姻而为他方利益所为的赠与。返还不能的,遵守第 1635 条之规定。

第二节 结婚之障碍

第 241 条 不得结婚

下列人不得结婚:

1. 青少年,双方至少已年满 16 周岁,且明确表示其结婚意愿的,法官可基于正当原因豁免此项障碍;

2. 患有慢性的、传染性且有遗传性之疾病者,或有会对卑血亲产生危险之缺陷者;

3. 长期患有精神性疾病,即使有神智清醒期的人;

4. 已被废除;

5. 已婚者。

第 242 条 相对的障碍

下列人相互之间不得结婚:

1. 直系血亲;判决向既未被认领也未在裁判上予以宣告的非婚生子女支付抚养费的,该判决亦产生本项所指的障碍;

2. 第二亲等和第三亲等的旁系血亲;存在重大理由时,第三亲等之障碍可由法官豁免;

3. 直系姻亲;

4. 旁系第二亲等的姻亲,此障碍存在的前提是产生该姻亲的婚姻因离婚而解除,且原配偶健在;

5. 收养人、被收养人以及其根据第 1 项至第 4 项所示亲系和亲等的亲属;

6. 参与故意谋杀夫妻一方而被处刑者或因此项事由受审者与生存的配偶;

7. 拐骗者和被拐骗的妇女,或其相反,此项障碍存在的前提是拐骗继续,或存在暴力拘禁。

第 243 条 特别之禁止

以下婚姻不被允许:

1.监护人或保佐人在履行职务期间,以及管理账目被法院通过之前,与未成年人或无能力人缔结的婚姻,但被监护或保佐者的父或母依遗嘱或公证书准许该婚姻的,不在此限。

违反此项禁止的监护人或保佐人,丧失其有权获得的报酬,且不影响其因免职而承担的责任。

2.鳏夫或寡妇的婚姻,只要他或她未证实在检察官的参与下,就其正在管理的子女之财产已在司法上作成清单,或者未经宣誓声明其并无处于其亲权之下的子女或子女无财产。

此规范的违反,使其丧失对上述子女之财产的法定用益权。

此项规定准用于其婚姻被宣告无效或因离婚而被解除的配偶,以及有非婚生子女处于其亲权之下的父或母。

3.寡妇在其夫去世不满300日缔结的婚姻,但其已经分娩的,不在此限。此项规定准用于已离婚或其婚姻已归于无效的妇女。

妇女经主管机关发放的医疗证书证实未怀孕的,不受此期限的限制。

违反本项之禁止的寡妇,丧失从其夫处无偿收受的财产。

此项禁止不适用于第333条第5项规定的情形。

针对新夫所作的父子关系之推定,适用于本项所指的情形。

第244条 未成年人的结婚要件

未成年人结婚,需要其父母的明示同意。父母间的意见分歧等于同意。

无父或母,或者父母之一绝对无能力或被剥夺亲权之行使的,仅须得到另一方的同意。

无双亲,或者父母均为绝对无能力人或均被剥夺亲权的,由祖父母和外祖父母给予同意。对立票数相等的,意见分歧相当于同意。

无祖父母和外祖父母,或者他们均为绝对无能力人或被解除监护职责的,由未成年人法庭的法官给予或拒绝给予替代许可。对于弃婴、被抛弃的未成年人或属于特殊司法管辖权的未成年人,其许可权亦归未成年人法庭的法官。

非婚生子女已获其父自愿认领的,仅需父之同意,或依其情形仅需祖父母的同意。同一规则适用于其母和外祖父母。

第245条 父母的拒绝

父母或尊血亲拒绝给予同意的,不需要理由。

针对该拒绝不存在任何救济。

第 246 条 拒绝之司法裁决

第 244 条所指的拒绝给予许可之司法裁决,应有理由支持,并且针对该裁决可提起兼有两种效力①的上诉。

第 247 条 未获许可的未成年人婚姻的效力

未获第 244 条和第 245 条所指的同意而结婚的未成年人,在其成年之前对其财产不享有占有、管理、用益之权,也无设定负担或处分的权限。

在其面前缔结婚姻的民事身份登记处之工作人员,承担不低于 10 个月的当地最低收入之罚款,且不妨碍其承担可能导致的刑事责任。

第三节 婚姻的缔结

第 248 条 民事婚姻程序

欲缔结民事婚姻者,应向其中任何一方住所地的省长或市(镇)长提出口头或书面的声明。

欲结婚者须附出生证明副本、住所证明,并附签发日期不超过 30 日的医生证明,以证实他们不存在第 241 条第 2 项和第 243 条第 3 项规定的障碍,或在当地没有官方和无偿医疗服务时,须附经宣誓的无此等障碍之声明。

他们亦须根据其各自的情形,附上不适婚之司法豁免,包含其父母或尊血亲之同意或者法官之替代性许可的文书,第三亲等旁系血亲关系之豁免,前配偶死亡证书的副本或者前婚之离婚判决或(婚姻)无效判决,独身或丧偶的领馆证书,以及其他所有依具体情形必须提交的文件。

每个欲结婚者还应提出两名至少认识他或她 3 年的成年证人,由他们经宣誓证明是否存在婚姻障碍。同一证人可以是欲结婚之双方当事人的证人。

---

① 指回转效力和中止效力(即阻止被上诉判决的执行)。——译者注

如果声明是口头的,则应出具一份记录,记录应由省长或市(镇)长、欲结婚者、给予同意的人和证人签名。

第249条　司法豁免

对于某些很难或不可能获得的文件,初审法官可以豁免欲结婚者提交的义务。

第250条　所计划婚姻的公示

市(镇)长应通过告示宣告所计划的婚姻,告示应在市(镇)政府办公室张贴8日,并在当地有报刊时,在报刊上刊登1次。

在无报刊的情况下,应通过结婚人选择的当地广播电台或距离当地最近的广播电台予以告示;公示的文本应经电台责任人签名并附其身份证号,移交给民事登记处负责人。

告示应注明结婚人的姓名、国籍、年龄、职业或工作、住所,婚姻缔结地点,以及所有知晓存在结婚障碍之人应予告发的通告。

第251条　住所地之布告

如果结婚人住所地不同,则应正式通知相应的市(镇)长,由其亦在其辖区内安排第250条规定的公示。

第252条　婚姻告示之公布的免除

如果有合理的理由,且第248条所要求的所有文件均被提交,则市(镇)长可以免除告示之公布。

第253条　第三人对缔结婚姻的异议

存在结婚之障碍的,一切有合法利益的人均可对此提出异议。异议应向公布告示之任一市(镇)长书面提出。

如果异议并非基于法定事由,市(镇)长可直接驳回,且不允许采取任何措施。若异议系基于法定事由,而欲结婚者否认其存在,则市(镇)长应将案卷送交法官。

第254条　检察官的异议

检察官知悉存在婚姻无效之事由的,应依职权对其提出异议。

第255条　第三人对婚姻障碍的告发

存在构成婚姻无效之原因的障碍时,任何知悉的人均可告发之。

告发可口头或书面提出,且应提交检察官,检察官查有根据的,应提出异议。

第256条　异议程序

婚姻之异议由婚姻缔结地的治安法官①审理。

异议之公文由市(镇)长寄送后,治安法官应要求异议者在15日内提起诉讼。检察官应自第250条规定的告示之公布或前条所指的告发之时起,于10日内提起诉讼。

前款所述期限届满而未起诉的,应予结案。

异议适用即决程序。

第257条　异议无依据之赔偿

如果异议被宣告并无依据,则提出异议者应负损害赔偿之责。尊血亲和检察官免除此项责任。如果告发是恶意的,则提出异议之人负同样责任。在两种情形,法官应虑及精神损害,审慎地确定赔偿额。

第258条　欲结婚人资格的宣告

如果规定的告示之公示期届满而无异议或异议被驳回,且市(镇)长未获任何婚姻障碍之消息,则应宣告欲结婚者有结婚资格,且可以在随后的4个月内缔结婚姻。

如果市(镇)长获悉存在障碍,或已提交的文件和产生的信息不能证实欲结婚者的资格,则应将案卷送交法官,法官应延请检察官,在3日期限内酌情作出裁决。

第259条　婚礼的举行

婚礼应在市(镇)政府,于收到声明的市(镇)长面前公开举行,结婚人须到场,且有两名成年证人和当地邻居在场。市(镇)长在诵读第287条、第288条、第289条、第290条、第418条和第419条后,询问每一结婚人是否坚持其缔结婚姻之意思,并在其双方作出肯定回答后,颁发婚姻证书,证书应由市(镇)长、结婚人和证人签名。

第260条　被授权主持婚礼的人

市(镇)长可以书面授权其他市(镇)政府主管、市(镇)政府官员、医院或同类机构的主管或负责人主持婚礼。

婚姻也可以在相应市(镇)长授权的当地牧师或主教主持下缔结。

在此情形下,牧师或主教应在不超过48小时的期限内,将婚姻证明寄送给相应的民事身份登记机构。

第261条　在不同辖区举办婚礼

---

① 审理轻微民刑事案件的法官。——译者注

由有管辖权的市(镇)长书面许可,婚礼可以在另一市(镇)政府的市(镇)长面前举行。

第262条 在农村公社和原住民公社举办婚礼

民事婚姻也可以在农村公社和原住民公社办理手续,并在由教化主管部门组建、相应公社的两名高层领导人参加的特别委员会面前举行婚礼。委员会的主席由社区的高层领导人之一担任。

第263条 登记机构负责人之主持婚礼的权限

在民事身份登记机构由特别工作人员负责的省会,其负责人行使本题赋予市(镇)长的权限。

第264条 婚姻代理

婚姻可由依公证书特别授权的代理人缔结,并由其验明与之结婚之人的身份,否则无效。后者必须出席婚礼。

如果授权人撤回授权或在举办婚礼前变得无能力,则即使代理人不知此等事实,婚姻亦告无效。撤回欲生效力,应通知代理人和结婚的另一方。

代理权自授予之时起经历6个月而失效。

第265条 在市(镇)政府外结婚

市(镇)长可例外地在市(镇)政府外主持婚礼。

第266条 结婚手续之免费

任何参与婚姻之办理和举行的官员或公共服务人员,皆不得收取任何费用。

第267条 对免费之违反者的制裁

违反第266条者应被免职,且无妨承担刑事责任。

第268条 濒临死亡之危险者的婚姻

如果结婚人一方处于临死之危险境地,婚礼的举行可以不遵守应予办理的程式。此等婚礼应在牧师或其他任何神职人员面前举办,但结婚人一方无能力的,不产生民事效力。

登记只需提交经证明的教区婚姻证之副本。

无论处于临死之危险境地的人是否存活,上述登记应在婚礼举办后1年内完成,否则无效。

第四节 婚姻的证明

第 269 条 婚姻的证明
为主张婚姻的民事效力,应提交经证明的民事身份登记机构婚姻证书之副本。
婚姻状态的持续占有,若与婚姻证书一致,可修补其任何纯粹形式上的瑕疵。

第 270 条 婚姻的替代性证明
登记簿或文书经证实缺失或遗失的,可采用其他任何手段证明。

第 271 条 作为婚姻证明的刑事判决
如果婚姻之证明来自刑事诉讼,则在民事身份登记簿上所作的判决登记,与婚姻证书有同样的证明力。

第 272 条 婚姻状态的持续占有
如果父母已经死亡,或者无法表达或提供信息,则其婚姻状态的持续占有构成证明婚姻的手段之一。

第 273 条 是否结婚之疑问
对婚姻之缔结存有疑问的,只要夫妻生活或曾经生活在婚姻状态之持续占有中,则应裁决为先前已结婚。

第五节 婚姻的无效

第 274 条 婚姻无效的原因
下列人的婚姻无效:

1. 精神病患者,即便疾病是在婚姻缔结之后显现,或患者有神智清醒期。尽管如此,患者已完全从障碍中康复的,此项诉权即专属于受损害的配偶,且自患者无能力终止之日起 1 年内未行使的,该诉权因除斥期间而消灭。

2. 不能以确定无疑的方式表达其意志的聋哑人、盲聋人和盲哑人。

但是,如果其学会明确无误地表达意志,则适用第1项的规定。

3.已婚者。但是,如果重婚者的前配偶已经死亡,或前婚已经无效或因离婚被解除,则只有重婚者的后一善意结婚之配偶可主张婚姻无效。此项诉权如果不在知悉前婚的存在之日起1年内提起,则归于消灭。

失踪人尚未被宣告死亡,而其配偶缔结新婚的,仅可由善意结婚之新配偶于不在状态存续期间否定新婚。

已被宣告死亡之人的配偶结婚的,适用第68条之规定。

4.直系血亲或直系姻亲。

5.第二亲等和第三亲等的旁系血亲。

但是,对于第三亲等的旁系血亲,如果在司法上获得亲属关系之豁免,则其婚姻被确认有效。

6.第二亲等的旁系姻亲,此项无效的前提是原婚姻因离婚而被解除,且原配偶活着。

7.第242条第6项中所指的参与故意谋杀夫妻一方而被处刑者与生存的配偶。

8.不遵守第246条至第248条规定的手续缔结婚姻的人。但是,如果双方当事人善意且补办了未办理的手续,则婚姻有效。

9.双方均有恶意而在不适格的公职人员面前举行婚礼的结婚人;此外,公职人员之行政责任、民事责任或刑事责任不受影响。此诉讼不得由结婚人提起。

第275条 无效之诉

无效之诉应由检察官提起,也可由任何对无效有合法和实际利益的人提起。

如果无效显而易见,则由法官依职权宣告。但是,婚姻被解除的,检察官不得提起或继续无效之诉,法官也不得依职权宣告其无效。

第276条 无效之诉权的不可消灭性

无效之诉权不因期间而消灭。

第277条 婚姻可撤销的事由:

下列人的婚姻可以撤销:

1.不适婚人。此项诉请可由嗣后将成年者本人提起,如果其尊亲属未对婚姻表示同意,则可由尊血亲提起,无尊血亲的,也可由亲属委员会提起。未成年人成年后,或妻已受孕的,不得请求撤销。即使已被宣告无效,成年的配偶双方亦可对婚姻进行确认。确认向配偶住所地的治安法官提起,并适用非讼程序。核准确认的裁决产生溯及力。

2. 依第241条第2项规定有结婚障碍的人。此诉权只能由患者的配偶提起,且自知悉其患病或缺陷之日起1年期限内未被行使的,因除斥期间而归于消灭。

3. 拐骗者和被拐骗者或因暴力拘禁结婚者。此项诉权专属于受害一方,且诉讼仅在拐骗或暴力拘禁停止之日起1年内提起方可被受理。

4. 由于暂时性的原因导致不能完全行使其思维能力的人。此项诉权仅可由本人在婚姻缔结后2年内行使,且必须在原因消失后6个月期间内未形成共同生活。

5. 基于对他方之身体同一性的错误而结婚者,或不知对方有致使共同生活无法忍受之实质性缺陷而结婚者。被视为实质性缺陷的有:不检点的生活、同性恋、吸毒、严重的慢性疾病、因故意犯罪而被处罚剥夺人身自由2年以上的、对无法生育或离婚的隐瞒。此诉权仅可由受害配偶在结婚后2年的期限内行使。

6. 遭受重大且迫近的不利益之威胁而结婚者,该威胁须能对受威胁者产生恐惧状态,且非处于此状态他就不会结婚。法官应对具体情形进行评估,尤其是该威胁是否指向第三人。此诉权属于受害配偶,且仅得在结婚后2年的期限内行使。单纯的敬畏不使婚姻可撤销。

7. 结婚之时即绝对无性能力者。此项诉权属于配偶双方,且只要无性能力继续存在即可被行使。配偶双方均不能房事的,不予撤销。

8. 在不适格的公职人员面前善意结婚者;这不妨碍该公职人员承担行政责任、民事责任或刑事责任。此项诉权专属于善意的配偶一方或双方,且应在婚姻缔结后6个月内行使。

第278条 无效和撤销之诉权的属人性

第274条第1、2、3项和第277条所限定的诉权不移转于继承人,但继承人可继续由原诉权人提起的诉讼。

第279条 其他情形下无效诉权的不可转移性

第274条规定的其他情形中属于配偶的无效诉权,也不转移于其继承人,继承人可继续由原诉权人提起的诉讼。不过,这并不影响此等继承人自己作为对无效有法律上利害关系的人所享有的诉讼权利。

第 280 条 无效之诉的代理

婚姻无效之诉请可由代理人提起,但代理人须通过公证书被明确授权,否则无效。

第 281 条 婚姻无效之诉的程序

婚姻无效之诉适用普通审理程序;就有诉因之分居或离婚程序所作的规定,在相关联的范围内也予适用。

第 282 条 因婚姻无效发生的亲权

宣告婚姻无效时,法官应遵守为离婚所作的规定,确定与亲权行使相关的事宜。

第 283 条 婚姻无效之损害赔偿

就离婚情形作出的规定,其涉及损害赔偿的,准用于婚姻无效。

第 284 条 无效婚姻的效力

若系善意结婚,则无效婚姻对于配偶双方和子女,产生与有效婚姻因离婚而解除一样的民事效力。

如果配偶一方为恶意,则婚姻产生对其不利的效力,但对对方和子女产生有利的效力。

对法律的错误,无碍于善意。

第 285 条 无效婚姻对第三人的效力

无效婚姻对于善意第三人,如同有效婚姻因离婚而被解除,产生同样的效力。

第 286 条 婚姻有效之情形

违反第 243 条而缔结的婚姻,有效。

第二题 配偶之间的人身关系

单节 产生于婚姻的义务和权利

第287条 夫妻共同的义务

夫妻基于结婚的事实相互有义务抚养和教育其子女。

第288条 忠诚和扶助义务

夫妻间应相互忠诚和扶助。

第289条 同居的义务

在夫妻住所构筑共同生活是夫妻双方的义务。此义务的履行对夫妻任何一方的生命、健康、荣誉或维持家庭生计之经济活动造成重大危险的,法官可以中止该义务。

第290条 家庭生活的平等性

夫妻双方均有义务和权利参与家庭管理,并携手促进家庭之发展。

夫妻双方平等地确定和变更夫妻住所,以及决定与家庭经济有关的问题。

第291条 供养家庭的单方义务

如果夫妻一方专门从事家务和照顾子女,则另一方有供养家庭的义务,但这并不妨碍夫妻双方应在两个分工范围互相帮助和合作。

夫妻中被扶养的一方无正当理由抛弃家庭且拒绝返回的,另一方对其扶养的义务终止。在此情形,法官可根据具体情形,为无过失的配偶一方和子女的利益,命令部分扣押弃家者的收入。夫妻双方均申请扣押的,扣押令不生效力。

第 292 条　夫妻共同体之代表

夫妻共同体之代表权由夫妻共同行使,且民事诉讼法的规定不受影响。但是,其中任何一方可以授权另一方全部或部分行使代表权。

就家庭之普通需要以及管理和维护行为而言,共同体由夫妻任何一方无差别地代表。

如果夫妻任何一方滥用本条所涉权利,治安法官可以全部或部分地对其进行限制。此项诉请适用简易程序。

第 293 条　夫妻工作自由

在征得另一方明示或默示同意后,夫妻各方均可从事法律允许的任何职业或行业,亦可在家庭之外从事任何工作。如果另一方不同意,则只要其符合家庭利益,法官可予以批准。

第 294 条　夫妻共同体之代表

在下列情形,夫妻一方管理并代表共同体:

1. 另一方因禁令或其他原因被禁治产;
2. 另一方行踪不明或身处远地;
3. 另一方抛弃家庭。

第三题 夫妻财产制

第一节 一般规定

第295条 夫妻财产制的选择

在婚姻缔结之前,未婚夫妻可自由选择从婚姻缔结时开始生效的所得共同制或分别财产制。

如果未婚夫妻选择分别财产制,应当作成公证书,否则无效。欲使该制度产生效力,应登记于身份登记簿。

若无公证书,则推定利害关系人选择所得共同制。

第296条 夫妻财产制的替换

在婚姻存续期间,夫妻得以一种财产制替换另一种财产制。为使协议有效,必须作成公证书且登记于身份登记簿。新的财产制自其登记之日起生效。

第297条 夫妻财产制的司法替换

在所得共同制有效的情形,夫妻任何一方均可在第329条所指的情形,向法官申请将该财产制替换为分别财产制。

第298条 夫妻财产制的清算

夫妻财产制终止效力后,必须着手其清算。

第299条 夫妻财产制之财产

夫妻财产制之财产,包括夫妻在财产制生效前拥有的财产,以及在其有效期间以任何名义取得的财产。

第300条 供养家庭的相互义务

无论采用何种财产制,夫妻双方均有义务根据其能力和收入分担家庭之供养。

在必要情形,法官应划定夫妻各自的分担份额。

第二节 所得共同制

第 301 条 所得共同制之财产

在所得共同制中,可以有夫妻各方的自有财产和共同体的财产。

第 302 条 自有财产

夫妻各方的自有财产包括:

1. 所得共同制开始时带来的财产;

2. 在上述财产制有效期间有偿取得的财产,此时须取得原因先于该财产制的生效;

3. 此财产制有效期间无偿取得的财产;

4. 基于事故或人寿保险取得的人身损害或疾病之赔偿,但须扣除由共同体财产先行支付的部分;

5. 著作权和发明权;

6. 用于执业或工作的书籍、器械和工具,但其附属于公司而不具个人财产之性质的除外;

7. 依公司财产重新评估而在股东中无偿分配的公司之股份和份额,但此等股份或份额须属于其个人;

8. 无偿的终身定期金,以及有偿的、约定的终身定期金,后者须其对待给付系个人财产;

9. 个人使用的衣服和物品,如证书、勋章、信件和家庭纪念物。

第 303 条 自有财产的管理

夫妻各方自由管理其自有财产,且可予以处分和设定负担。

第 304 条 慷慨行为之不可抛弃

未经他方同意,夫妻一方不得抛弃继承或遗赠,或者不接受赠与。

第 305 条 对他方自有财产的管理

如果夫妻一方不以其自有财产的孳息或收益分担家庭之供养,则另一方可以请求将此等财产全部或部分地转由其管理。在此情形,其有义务根据法官的审慎裁决,就受领之财产的价值提供抵押,若其欠缺自有财产,则有义务提供其他可能的担保。

第 306 条　作为管理人之配偶的权限

夫妻一方允许其自有财产全部或部分由另一方管理的,后者仅享有单纯管理之固有权限,且有义务在所有权人要求的任何时候返还之。

第 307 条　对所得共同财产制之前债务的清偿

夫妻各方在所得共同制生效之前的债务以其自有财产清偿,但为将来家庭的利益成立的债务除外,此等债务在债务人无自有财产时,以共同体财产清偿之。

第 308 条　夫妻另一方的个人债务

夫妻一方的自有财产,不对另一方的个人债务负责,但经证明系为家庭利益成立的债务除外。

第 309 条　配偶的非合同责任

配偶一方的非合同责任,不害及另一方的自有财产以及在清算情形应分配给他的夫妻共同财产之份额。

第 310 条　共同财产

一切未包含在第 302 条中的财产,包括夫妻任何一方依其工作、职业或行业取得的财产,均为共同财产;所有自有财产和共同体财产产生的孳息和收益,以及由著作权和发明权产生的收入,亦同。

由共同体财产承担费用、在配偶一方的自有土地上建成的建筑物,在向该配偶支付土地于偿付之时的价值后,也属于共同财产。

第 311 条　财产认定的规则

财产的认定应遵循以下规则:

1. 除非有相反的证据,所有财产均被推定为共同财产;

2. 被替换或被替代为其他财产的财产,视为与替换或替代此等财产的财产属于相同属性;

3. 某财产被出售而其价金未证实已被使用,尔后又购买其他等价物的,在无相反证据的情况下,推定系以在先之转让的收入实施嗣后的取得。

第 312 条　夫妻间合同的禁止

夫妻间不得就共同财产订立合同。

第 313 条　共同财产的共同管理

共同财产之管理,属于夫妻双方。然而,其中任何一方都可以授权另一方排他地管理全部或部分财产。在此情形,作为管理者的配偶应就其故意或过失行为所造成的损害,对另一方承担赔偿责任。

第314条 一方配偶对共同财产和他方自有财产的管理

在第294条第1项和第2项的情形下,共同财产和配偶一方的自有财产由另一方配偶管理。

如果配偶一方抛弃家庭,则共同财产由另一方配偶管理。

第315条 共同财产的处分

欲处分共同财产或对其设定负担,须夫妻共同参与。然而,如果配偶一方拥有另一方的特别授权,则可行使处分权。

前款规定不适用于动产取得行为,此等行为可由夫妻任何一方实施。在特别法酌定的情形,也不适用前款规定。

第316条 夫妻共同体的负担

夫妻共同体的负担如下:

1. 供养家庭和教育共同的子女;
2. 配偶一方依法有义务向他人提供的扶养费;
3. 夫妻双方向共同子女赠与之物或允诺之物的价额;
4. 对配偶自有不动产所为的单纯保存或维护性的必要改良和修缮,以及影响此等不动产的赋税;
5. 夫妻共同体经配偶一方同意而决定对该配偶之自有财产实施的有益改良和奢乐性改良;
6. 对共同财产所为的改良和修缮,以及影响此等财产的赋税;
7. 不问其所属期间,凡是由配偶自有财产和夫妻共同财产所承受之债务产生的欠款或利息;
8. 由夫妻各方之自有财产的用益权人承受的负担;
9. 共同财产之管理所导致的费用。

第317条 对共同体债务的责任

共同财产,以及无此等财产或此等财产不足时,夫妻双方的自有财产,应按比例对共同体负担的债务承担责任。

第318条 所得共同制的终止

所得共同制因下列事由终止:

1. 婚姻无效;

2. 分居；

3. 离婚；

4. 不在之宣告；

5. 夫妻一方死亡；

6. 变更夫妻财产制。

第 319 条 共同制的终止

就配偶间的关系而言，应认为所得共同制终止于一方配偶死亡之日，或者宣告死亡推定或宣告不在之日；在主张婚姻无效、离婚、分居或裁判上的财产分别等情形，则终止于此等诉请被送达通知之日；依双方同意而成立财产分别制的，所得共同制终止于公证书作成之日。在第 333 条第 5 项和第 12 项规定的情形，所得共同制自事实上分居之日起终止。

对第三人而言，所得共同制应被认为在相应的身份登记簿登记之日终止。

第 320 条 经估价的共同财产之清单

所得共同制终止的，应就全部财产立即制作经估价的清单。若夫妻双方或其继承人同意，可以采用经认证签字的私文书形式制作清单。在相反情形，应通过法院制作清单。

在第 318 条第 4 项和第 5 项的情形，属于不在之配偶或生存配偶的普通家用器物，不必包括在清单之内。

第 321 条 被排除于器物之外的财产

普通家用器物不包括：

1. 衣服和个人物品；

2. 金钱；

3. 有价证券及其他财产性文件；

4. 珠宝；

5. 纪念章、勋章、文凭和其他荣誉证书；

6. 武器；

7. 专业或职业使用的工具；

8. 科学或艺术收藏品；

9. 文化历史财产；

10. 书籍、档案及其容器；

11. 机动车；
12. 一般情况下非为家用的物品。

第 322 条　所得共同制的清算

财产清单一经作成，共同体债务和负担应予清偿，然后剩余的自有财产应返还给夫妻各方。

第 323 条　所得

第 322 条所列之行为实施后剩余的财产，为所得。

所得由夫妻双方或其相应的继承人平分。

所得共同制因一方配偶死亡或被宣告不在而终止的，家庭所居住的房屋以及家庭性质的农场、手工作坊、工业或商业设施，应优先析产给另一方配偶；价值超出其应得的，后者须返还超出部分。

第 324 条　所得之丧失

在发生事实上分居的情形，有过错的配偶依分居的存续期间，成比例地丧失其对所得的权利。

第 325 条　数个所得共同制的清算

同一个人先后缔结的两个或更多的婚姻须同时实施所得清算的，若在每一婚姻前未制作财产清单，则允许采纳一切证据确定各婚姻中的共同财产；在有疑问时，应将所得在不同的共同体之间进行分割，此时应虑及其各自的存续时间以及能证实相应配偶之自有财产的证据。

第 326 条　事实结合的效力

由一男和一女自愿实施和维持，且不存在婚姻之障碍的事实结合，只要其已至少连续 2 年存续，则为实现类似于婚姻的目标和履行类似于婚姻的义务而产生一个财产共同体，该共同体在能予适用的范围内遵守所得共同制的规定。

只要存在书面证据之端绪，则始自某大致日期的身份之连续占有，可以通过程序法允许的任何手段予以证明。

事实的结合因死亡、不在、相互同意或单方决定而终止。在后一情形，法官可依被抛弃者的选择，在其依所得共同制应享有的权利之外，另行判决一定数额的金钱赔偿或一笔扶养费。

对于不符合本条规定条件的事实结合，有利害关系的人在其情形可以提起不当得利之诉。

符合本条规定之各项条件的事实结合，相对于其成员而言产生类似于婚姻的继承权利和义务,据此,本民法典第725条、第727条、第730条、第731条、第732条、第822条、第823条、第824条和第825条的规定应按适用于配偶的各种条件,亦适用于事实结合中生存的成员。

第三节 分别财产制

第327条 分别财产制
在分别财产制中,夫妻各方皆对其现有的和将来的财产保留完全所有权、管理权和处分权,且此等财产的孳息和收益亦归属于他(她)。

第328条 个人债务
夫妻各方皆以其自有财产对其债务负责。

第329条 依受害配偶一方的申请设立分别财产制
除第295条和第296条所指情形外,也可在配偶一方滥用其享有的权限或者故意或有过失地行事时,由法官依受损害的另一方配偶的请求设立分别财产制。

请求一经提起,法官可依当事人请求或依职权,裁定采取保障请求人之利益的措施。为产生针对第三人的效力,此等措施和判决应登记于身份登记簿。自请求被送达通知之日起,分别财产制在夫妻间发生效力。

第330条 因宣告无清偿能力而成立分别财产制
宣告启动夫妻一方普通破产程序的,系依法当然确定将所得共同制替换为分别财产制,为使其对第三人产生效力,应依适格的破产程序委员会、债务人、其配偶的申请,或依破产管理人或清算人、债权人会议之主席或有利害关系的债权人的申请,在官方的身份登记处进行登记。

尽管有以上规定,但设若自然人破产程序启动之时另一相同性质的程序有效,而该程序依破产主题的法律已事先扩展适用于所构成的夫妻共同体,则在该程序进行之时,不发生前款规定的后果。

第331条 分别财产制的终止
在第318条第1项、第3项、第5项和第6项的情形,分别财产制终止。

第四题　婚姻关系的弱化和解除

第一节　分居

第 332 条　分居的效力

分居使与同床共居相关的义务中止,且终止所得共同制,但婚姻关系继续存在。

第 333 条　分居的事由

分居的事由如下：

1. 通奸；
2. 法官根据具体情形评估的身体或精神上的暴力；
3. 对配偶生命的侵害；
4. 使共同生活不能承受的重大侮辱；
5. 无正当理由抛弃婚姻家庭连续超过 2 年,或抛弃期间合并超过 2 年；
6. 使共同生活不能承受的丧廉耻行为；
7. 除第 347 条规定之外,习惯性且不合理地服用致幻剂或可能上瘾的物质；
8. 婚姻缔结之后罹患严重的性传播疾病；
9. 婚后同性恋；
10. 婚姻缔结后因故意犯罪被判处剥夺人身自由 2 年以上之刑罚；
11. 在诉讼程序中被充分证明不能共同生活；
12. 夫妻事实上分居经历 2 年期间者。如果夫妻有未成年的子女,则此期限为 4 年,在此等情形,不适用第 335 条的规定；

13. 婚姻缔结 2 年后协议分居。

第 334 条　分居之诉权人

分居之诉权属于夫妻。

如果夫妻一方因精神疾病或不在而无能力,则诉权一旦基于列明的事由而成立,即可由其任何一位尊血亲行使。若无尊血亲,则由特别保佐人代理无行为能力人行使。

第 335 条　禁止以事实本身主张分居

夫妻任何一方都不能以事实本身为据提出分居请求。

第 336 条　不适于因通奸主张分居

受害一方导致、同意或宽宥通奸的,不得提出分居。知悉通奸之后仍同居的,不得启动或继续分居之诉。

第 337 条　虐待、侮辱和丧廉耻行为的司法评定

虐待、重大侮辱和丧廉耻行为,应由法官虑及夫妻双方的教养程度、习惯和行为进行评定。①

第 338 条　不适于因婚前已知犯罪提起分居之诉

婚前知晓对方犯罪的,不得援引第 333 条第 10 项规定的分居事由。

第 339 条　诉权之除斥期间

基于第 333 条第 1 项、第 3 项、第 9 项和第 10 项的诉权,在受害人知悉事由 6 个月后因除斥期间而消灭,且在事由产生 5 年后,即使不知亦因除斥期间而消灭。基于第 2 项和第 4 项的诉权,在该事由产生后 6 个月后因除斥期间而消灭。在其他情形,只要导致事由产生的事实继续存在,诉权亦不受妨碍。

第 340 条　协议分居对子女的效力

子女应被托付给因特定事由而获准分居的配偶,除非法官基于子女的利益,决定将所有子女或某一子女托付给另一方配偶,或在有重大理由时托付给第三人。

上述指定应在可能和适当时,依序着落于祖父母、兄弟姐妹或叔伯之一。

---

① 根据由宪法法院签发的针对本条违宪之诉的判决(Exp. 018 - 96 - I/TC),由法官虑及夫妻双方教养、习惯和行为来评定虐待和丧廉耻行为已被废除,此项司法评定仅针对重大侮辱才有效。

如果夫妻双方都有过错,则满 7 岁之男童由父照管,未成年之女以及未满 7 岁之男童由母照管,但法官另有决定的除外。

受托照管子女之父或母对子女行使亲权。另一方被中止亲权之行使,但前者死亡或罹于法定障碍的,后者依法当然恢复亲权的行使。

第 341 条　基于子女利益的司法措施

在任何时候,法官均可依父母之一、成年兄弟姐妹或亲属委员会的请求,裁定采取为新的事实所需且其认为有利于子女的措施。

第 342 条　扶养费的确定

法官应在判决中指明父母双方或一方应当向其子女支付的扶养费,以及夫应支付给妻或妻应支付给夫的扶养费。

第 343 条　继承权的丧失

因其过错而分居的配偶,丧失其相应的继承权。

第 344 条　同意之撤回

申请协议分居的,任何一方当事人均可在听证后 30 个自然天数内撤回其同意。

第 345 条　协议分居中的亲权和扶养费

在协议分居或事实分居的情形,法官应在适当时考虑未成年子女和家庭的利益或者夫妻双方达成的合意,确定与亲权行使相关的制度以及子女和妻或夫的扶养费。

第 340 条末款和第 341 条的规定,准用于协议分居和事实分居。

第 345 - A 条　损害赔偿

欲援引第 333 条第 12 项之预设,原告应证实已按期清偿其扶养费之债务或其他依夫妻合意而约定的债务。

法官应关注因事实分居受损害一方及其子女的经济稳定。法官应在该配偶可能获得的扶养金之外,为其确定一笔包括人身损害赔偿在内的损害赔偿金,或将夫妻共同财产优先判归给他。

第 323 条、第 324 条、第 342 条、第 343 条、第 351 条和第 352 条之规定,在其相关的范围内,应有利于因事实分居受到更多损害的配偶而被适用。

第 346 条　夫妻和解的效力

分居的效力因夫妻的和解而终止。如果和解发生在诉讼中,则法官应终结诉讼程序。如果和解发生在判决生效之后,夫妻应将其提交给审理该诉讼的法官。

判决与其后发生的和解均应登记于身份登记簿。

夫妻和解后,可仅依新的或晚近知悉的事由重新提出分居请求。在此诉讼中,仅得在已被宽宥的行为有助于法官评判前述事由之价值时,方可援引此等行为。

第 347 条 同居义务之中止

在配偶一方患有精神疾病或传染性疾病的情形,另一方配偶可以请求中止共同生活之义务,但仍须继续履行其他配偶义务。

第二节 离婚

第 348 条 概念

离婚使婚姻关系解除。

第 349 条 离婚事由

可以基于第 333 条第 1 项至第 12 项规定的事由请求离婚。

第 350 条 离婚对于夫妻双方的效力

夫和妻之间的扶养义务因离婚而终止。

如果因夫妻一方的过错宣告离婚,且另一方配偶缺乏足够的自有财产或夫妻所得收益,或者不可能工作或通过其他手段补助其所需,法官应指定前者支付不多于其收入之 1/3 的扶养费。

原配偶可基于重大事由请求扶养费的资本化并移交相应的本金。

即使因其原因导致离婚,贫困者亦应受原配偶救助。

如果受扶养人缔结新的婚姻,则本条所指义务自动终止。必需之状态消失的,承担义务一方可以请求豁免,且可根据情形主张返还。

第 351 条 对无过错配偶的补偿

如果决定离婚的事实严重损害无过错配偶的合法人身利益,法官可以判给其一笔金钱,作为精神损害之补偿。

第 352 条 有过错之配偶对所得的丧失

因其过错导致离婚的配偶,对来源于另一方财产的(夫妻)所得丧失权利。

第 353 条 离婚夫妻之间继承权的丧失

已离婚的夫妻相互之间无继承权。

第354条 转化之期限

自协议分居之判决、市(镇)长决定或公证记录被送达之日起,或者自基于事实上的分居所作分居判决被送达之日起,经历两个月后,夫妻任何一方可基于上述文书,按其所属向原受理该事务的法官、市(镇)长或公证员请求宣告婚姻关系解除。

因特别列明的事由而对分居并无过错的配偶,可以行使同样的权利。

第355条 准用于离婚的规则

第334条至第342条所含规则,在其相关的范围内准用于离婚。

第356条 因和解而终结诉讼程序

在基于特别列明之事由的离婚诉讼程序中,如果夫妻达成和解,则法官应裁定终结诉讼。

第346条末款准用于本条之和解。

若诉请系将分居转化为离婚,则夫妻之和解,或请求转化之人的撤诉,使该诉请不再具有效力。

第357条 改变离婚请求

原告可在审理的任何状态改变其离婚请求,将其转化为分居之请求。

第358条 法官改变诉讼请求的权限

即使起诉或反诉乃以离婚为诉讼标的,只要夫妻和解仍有可能,法官亦可宣判分居。

第359条 判决的上报

宣告离婚之判决未被上诉的,应予上报,但基于协议分居之判决而宣告离婚的判决除外。

第360条 宗教义务的连续性

关于离婚和分居的法律规定,不扩用于其民事效力范围之外,且须保留宗教所设义务的完整性。

第三篇　亲子共同体

第一题　婚生亲子关系

第一节　婚生子女

第361条　父子关系的推定

在婚姻存续期间或婚姻解除后300日内出生的子女,以母之夫为其父。

第362条　婚生子女的推定

即使母宣称子女并非出自其夫,或母被处以通奸,子女也被推定为婚生子女。

第363条　父子关系之否认

在下列情形,夫不信自己为其妻之子女之父的,可否认之:

1. 子女在婚姻缔结后的180日之前出生;

2. 在子女出生前300日的前121日,根据具体情形明显不可能与其妻同居;

3. 在第2项所指的期间内由法院裁判分居的,但在此期间与其妻同居的除外;

4. 罹患绝对的性无能;

5. 通过DNA鉴定或者其他具有同等或更大确定性及科学效力的证据,表明不存在父子关系。若已通过基因的或其他具有同等或更大确定性及科学效力的方式予以证明,则法官可否定前数项的推定。①

第364条 异议之诉的期限

如果夫在本地,异议之诉应在分娩后90日的期限内提出,如果夫不在,则应在其返回之日起90日的期限内提出。

第365条 禁止否认将出生子女

不得对将出生子女的父子关系提出异议。

第366条 异议之诉之不宜

在下列情形,夫不得就第363条第1项和第3项情形下其妻分娩的子女否认父子关系:

1. 在婚姻缔结或和解之前,已知晓其怀孕;
2. 明确或默示地表示子女是他的;
3. 子女已经死亡,但对父子关系之澄清仍有合法利益者除外。

第367条 异议之诉的适格

父子关系异议之诉权属于夫。但是,如果夫在第364条规定的期限届满前死亡,则其继承人或尊血亲可以提起诉讼,若夫已起诉,则上述人员无论如何均可继续诉讼。

第368条 由无能力之夫的尊血亲提起异议之诉

在第43条第2项、第3项和第44条第2项的情形下,异议之诉权可由夫的尊血亲行使。若此等人未行使,夫可在其无能力终止后90日内行使之。

第369条 异议之诉中的被告

可针对子女和母亲一并起诉,在此情形应遵守第606条第1项之规定。

第370条 证明责任

在第363条第2项和第4项的情形,证明责任由夫承担。在第1项的情形,仅须提交经证明的出生证副本和婚姻证书;在第3项的情形,须提供分居之裁判和经证明的出生证副本。第363条第3项或第366条规定的各种情况是否出现,由妻依其相应情形予以证明。

第371条 对母子关系的异议

---

① 根据1999年1月6日公布的第27048号法律第1条,在本条所指的父子关系之否定情形,允许采用生物医学上的、基因上的或其他具有同等或更大确定性和科学效力的证据。

在假冒分娩或子女顶替的情形,母子关系可被提出异议。①

第 372 条　母子关系之异议的期限

母子关系异议之诉,须在发现诈害之日起 90 日内提起,且只能由假定之母提起。其继承人或尊血亲仅可继续其已经提起的诉讼。此项诉讼针对子女,依情形也针对以父之身份出现者。

第 373 条　亲子关系之诉

子女可以请求就其亲子关系进行宣告。此项诉权不罹于时效,且应针对父和母或其继承人一并起诉。②

第 374 条　亲子关系之诉的适格

在以下情形,亲子关系之诉权移转于子女的继承人:

1. 该子女在年满 23 岁之前死亡而未提出诉请;
2. 该子女在满上述年龄之前归为无能力,且在此种状态中死亡;
3. 该子女已经起诉。

在前两项情形,继承人有 2 年期限提起诉讼。

第 375 条　婚生亲子关系的证明

婚生亲子关系,以子女的出生证和父母的婚姻证书证明;或在第 366 条第 2 项规定的情形,以其他公文书证明;在第 363 条的情形,则以驳回诉请之判决证明。

无以上证据的,婚生亲子关系可以通过审理中已阐明身份之持续占有的判决予以证实,或只要存在来源于父母一方的书面证据之端绪,则可通过任何方式予以证实。

第 376 条　对婚生亲子关系的异议

身份之持续占有以及婚姻证书和出生证所赋予的资格均支持婚生亲子关系的,包括子女本人在内的任何人都不得对亲子关系提出异议。

---

① 根据 1999 年 1 月 6 日公布的第 27048 号法律第 1 条,在本条所指的母子关系之异议情形,允许采用生物医学上的、基因上的或其他具有同等或更大确定性和科学效力的证据。

② 根据 1999 年 1 月 6 日公布的第 27048 号法律第 1 条,在本条所指的亲子关系之诉的情形,允许采用生物医学上的、基因上的或其他具有同等或更大确定性和科学效力的证据。

第二节 收养

第 377 条 概念

依收养,被收养人取得收养人之子女的资格,且不再属于其血亲家庭。

第 378 条 收养的要件

欲收养,须：

1. 收养人具有良好的道德信用；
2. 收养人的年龄至少等于成年年龄和被收养子女之年龄的总和；
3. 收养人已婚的,尚需其配偶同意；
4. 如果收养人系第 326 条规定的(事实结合之)共同生活者,则须共同生活的另一方亦为同意；
5. 被收养人大于 10 周岁的,需其本人同意；
6. 被收养人处于父母亲权或监护之下的,尚需父母的同意；
7. 如果被收养人为无能力,则须听取其监护人或保佐人以及亲属委员会的意见；
8. 由法官批准,但特别法有规定的除外；
9. 如果收养人是外国人,且被收养人未成年,前者须亲自向法官认可其收养之意愿。如果未成年人由于健康原因身处国外,可以免除此项要件。

第 379 条 收养手续

收养手续,依情形分别按《民事诉讼法典》《儿童与青少年法典》、第 26981 号法律、关于裁判上宣告的被遗弃之未成人收养之行政程序法或第 26662 号法律、公证职能法中的规定处理。

程序结束后,办理收养的法官、收养机构之适格的工作人员或公证员,应正式通知进行出生登记的民事身份登记处,以便签发新证替代原始出生证,后者的空白处应记录收养。

新出生证中应指定收养父母为声明人,并由其签名。禁止提及收养的任何信息,否则登记人员应负其责。

原始出生证仅对于婚姻障碍之效力保持有效。

第380条　收养的不可撤销

收养不可撤销。

第381条　收养行为的无条件

收养不得附加任何负荷。

第382条　禁止多人收养

除非被夫妻收养，或者被本法典第326条所指的事实结合者收养，任何人不得被一人以上收养。

第383条　被监护和被保佐之人的收养

监护人和保佐人仅得在其管理的账目获得通过且账目所生亏空被清偿后，收养其受监护人和受保佐人。

第384条　被收养人的财产清单

如果拟被收养之人有财产，则在财产未被制作清单并经司法评估，且收养人未依法官的判断提供足够担保时，不得实施收养。

第385条　依被收养人的请求终止收养

已被收养的未成年人或无能力之成年人，可在其成年后的次年内或其无能力消失之日起的次年内，请求收养归于无效。法官应无需其他手续即宣告之。

在此情形，血亲亲子关系和相应的出生证无溯及力地恢复效力。相应的民事身份登记处应依法院命令登记该情形。

第二题　非婚生子女

第一节　非婚生子女之认领

第386条　非婚生子女
婚外受孕和出生的子女,为非婚生子女。

第387条　非婚生亲子关系的证明方式
父子关系或母子关系的承认和宣告判决,系证明非婚生亲子关系的唯一方式。
上述父子关系或母子关系之承认和宣告判决,要求必须按照相关签发程序建立新的出生证或记录。

第388条　非婚生子女之认领
非婚生子女可由父母共同认领,或仅由其中一人认领。

第389条　由祖父母认领
在其父或母死亡的情形,或在其父母处于第43条第2项和第3项、第44条第2项和第3项或第47条包括的情形时,或在父母未满14周岁时,非婚生子女可由祖父母或外祖父母认领。在最后一种假设中,一旦该少年年满14周岁,即可认领其子女。

第390条　认领的方式
认领应记载在出生登记簿、公证书或遗嘱中。

第391条　出生登记簿中的认领
登记簿中的认领,可以在出生登记之时或随后的宣告中,通过由认领者签字、相应工作人员认证的文书为之。

第 392 条　父母一方的认领

已被废除。

第 393 条　认领的资格

所有非第 389 条所指的无能力人且至少已满 14 周岁的人,均可认领非婚生子女。

第 394 条　已故子女之认领

遗有卑血亲的已故子女可被认领。

第 395 条　认领的不可撤销

认领不得附负荷①,且不可撤销。

第 396 条　已婚女性之非婚生子女的认领

已婚女性的子女,仅在其夫否认该子女并获得判决支持之后方可被认领。

第 397 条　同意非婚生子女在夫妻之家庭生活

被夫妻一方认领的非婚生子女,未经他方同意不得生活在夫妻之家庭。

第 398 条　认领成年子女的效力

对成年子女的认领,并不使其获得继承权和受扶养权,除非该子女对自己持续占有该身份或同意认领。

第 399 条　对认领的否认

在不与第 395 条之规定相抵触的前提下,认领可以被未参与其中的父或母否定,也可由子女自己否定,或在子女已死亡时由其卑血亲否定,此外还可由有合法利益者否定。

第 400 条　否定认领的期限

否定认领之期限,为认领行为被知晓之时起 90 日。

第 401 条　无能力终止后对认领的否定

未成年子女或无能力之子女,在其成年后或无能力终止后次年内,可以不问情形否定对其所为的认领。

---

① 所谓负荷,包括附条件、附期限和附负担。——译者注

第二节　非婚生亲子关系的司法宣告

第 402 条　非婚生父子关系之司法宣告的依据
在以下情形,可由法院宣告非婚生父子关系:
1. 存在父亲承认父子关系之确定无疑的书面记载;
2. 经父或其亲属的直接行为证实,子女在诉请之前持续占有非婚生子女之身份长达 1 年;
3. 被推定之父在母怀孕期间与之非婚同居;为此效果,若一男和一女未结婚而营造夫妻生活,应被认为存在非婚同居;
4. 妇女遭受强暴、拐抢或暴力羁押,而犯罪时间与怀孕时间相吻合;
5. 在受孕之同时段,以确定无疑之结婚允诺实施诱奸;
6. 通过 DNA 或其他基因证据,或者其他具有相等或更大确信度的科学证据,证明在推定的父亲和子女之间存在父子关系。
已婚妇女之夫尚未否认父子关系的,对其子女不适用本项规定。
已进行基因证明,或者已进行其他具有相等或更大确定性之科学证明的,法官应否定前述各项之推定。

第 403 条　不宜行使诉权
已被废除。

第 404 条　已婚妇女之子女的父子关系的司法宣告
如果妇女系于怀孕期间结婚,仅在其夫对父子关系提出异议且获得胜诉判决的情形,方可受理非婚生父子关系司法宣告之诉。

第 405 条　在出生之前提起诉讼
本诉权可在子女出生之前行使。

第 406 条　父子关系司法宣告之诉中的被告
本诉讼系针对父亲而提起,或在其死亡时,针对的是其继承人。

第 407 条　本诉之诉权人
本诉权仅属于子女。然而,即使母未成年,亦可在子女未成年期间以子女名义行使诉权。监护人和保佐人则分别须取得亲属委员会的许可。

本诉权不移转于子女的继承人。然而,其卑血亲可以继续其已经提起的诉讼。

第408条 有管辖权的法官

本诉讼可向被告或原告住所地的法官提起。

第409条 非婚生母子关系的司法宣告

出生事实和子女身份得以证明的,也可在司法上宣告非婚生母子关系。

第410条 本诉权的不可消灭

非婚生亲子关系宣告之诉权并不消灭。

第411条 补充性规定

第406条至第408条的规定准用于母亲和其继承人。

第412条 非婚生亲子关系判决的效力

宣告非婚生父子关系或母子关系的判决产生与认领相同的效力。但不会在任何情形下赋予父或母受扶养权和继承权。

第413条 生物学上的和基因的证据

在非婚生父子关系或母子关系的司法宣告程序中,可采信生物学上的、基因上的或其他具有相等或更大确信度且有科学效力的证据。

在第402条第4项之情形,若存在数个侵权行为人,亦可应原告方的请求采用。仅在上述证据排除了其他行为人的可能性时,方可宣告被告中的一人存在父子关系。如果被告中的一人拒绝接受上述证明,则在测试排除了其他被告时,应宣告其有父子关系。

拒绝接受上述证明之人,应对扶养义务负连带责任。

第414条 母对父或其继承人的个人诉权

在第402条的情形,以及在父已认领子女时,母有权请求分娩前70日和后70日的扶养费,以及因分娩和怀孕产生的费用。在滥用职权之情形,或在以确定无疑之婚姻允诺诱奸的情形,或者在侵权性同居或母于受孕时尚未成年之情形,母也有权主张赔偿精神损害。

此等诉权专属于个人,应在子女出生之前或在其出生1年内行使。该诉讼针对父或其继承人,可向被告或原告住所地的法官提起。

第三节 受扶养的子女

第415条 受扶养子女的权利

除第402条规定的情形外,非婚生子女仅可向在其母怀孕期间与母发生性关系的人主张其直至18周岁的扶养费。如果子女在成年后因身体或精神上的无能力而不能自谋生活,该扶养费继续有效。被告可申请采用生物学上的、基因上的或其他具有相等或更大确信度且有科学效力的证据。如果此等证据给出否定性的结论,则本条规定不予适用。

同样,如果通过生物学上的、基因上的或其他具有相等或更大确信度且有科学效力的证据,证明其并非父亲,被告可向曾审理扶养案件的同一法官提起终止扶养义务之诉。

第416条 第403条之准用

已被废除。

第417条 本诉的权利人和对象

本诉权专属于第415条情形下的子女个人,可以由其法定代理人行使,且针对的是被推定之父或其继承人。但是,上述继承人须向该子女支付的,不多于当子女被认领或获得司法宣告时作为继承人本应受领的份额。

第三题　亲权

单节　亲权的行使、内容和终止

第418条　亲权的概念

依亲权,父母对其未成年子女人身和财产的照管负有义务且享有权利。

第419条　亲权的共同行使

在婚姻存续期间,亲权由父和母共同行使,子女的法定代理权归属于父母双方。

如有异议,由儿童与青少年法官根据即决程序解决。

第420条　亲权的单方行使

在分居、离婚或婚姻无效的情形,亲权由受托照顾子女的配偶行使。与此同时,另一方中止亲权的行使。

第421条　非婚生子女的亲权

对非婚生子女的亲权,由认领该子女的父或母行使。

如果父母都认领该子女,则由未成年人法官根据子女的年龄和性别、父母共同或分别生活之具体情形以及必须考虑的未成年人之利益,决定亲权的归属。

本条规范适用于即便未成年之母。但是,若父无亲权,法官可在子女利益有此要求时指定一名保佐人照管子女的人身或财产。

第422条　与未处于亲权下之子女的人身关系

在任何情况下,对于未处于其亲权下的子女,父母均有权与之保留具体情形所表明的人身关系。

第 423 条 行使亲权的义务和权利

行使亲权之父母的义务和权利为:

1. 供养并教育子女;

2. 引导子女之教育进程,培养其符合自己爱好和技能的工作能力;

3. 已被废除;

4. 在虑及子女的年龄和状态,且不损害其教育的前提下,利用子女的服务;

5. 使子女处于其陪伴下,且在子女未经其同意而处于某处所时使其归家,必要时可求助于职权部门;

6. 代理子女在民事生活中的行为;

7. 管理其子女的财产;

8. 对其子女的财产享有用益权。至于产物,依第 1004 条之规定。

第 424 条 对成年子女的生计扶养

年满 18 周岁的单身子女若在 28 周岁之前正学有所成地致力于学习某一职业或技艺,或者单身子女因业经证实的身体上的或精神上的无能力而不能自谋生计,则为此等子女提供生计的义务继续存在。

第 425 条 不属于法定管理的财产

赠与或遗嘱留给子女的财产,若附其父母不得管理之条件,则被排除于法定管理之外;子女经其父母同意而工作、执业或从业所取得的财产,或为其从事此等活动而移交给他们的财产,亦被排除。

第 426 条 对法定管理权的担保

父母对其管理责任无担保义务,除非法官依亲属委员会的请求,基于子女利益的要求,裁定父母应提供担保。在此情形,该担保的范围应包括:

1. 动产的价值;

2. 财产在一年期间产生的收益;

3. 未成年子女的任何营业在一年内可能获得的收益。

第 2 项和第 3 项适用于父母对所管理的财产无用益权的情形。

第 427 条 法定管理中作成账目的义务

父母仅在管理结束时有义务就其管理作成账目,除非法官依亲属委员会的申请,另行作出裁定。

第 428 条　担保和账目的更改或中止

法官依亲属委员会的请求,可以在任何时间更改或中止依第 426 条和第 427 条采取的措施。

第 429 条　父母和其子女之间协议的禁止

子女成年后,在法官核准最终账目前不得与其父母订立协议,但司法豁免者除外。

子女为其父母利益所为的,由其自由处分的 1/3 部分负担的意定继承或遗赠,若不具备上述要件,亦无效力。

第 430 条　不利于父母之逆差的法定利息

自亲权终止后 1 个月起,不利于父母的逆差开始产生法定利息。此项义务为连带责任。

第 431 条　有利于父母之顺差的法定利息

如果发生有利于父母的顺差,法定利息仅自未成年人收受其财产之时起计算。

第 432 条　相互支付之诉

基于亲权的行使发生的父母和子女的互相扶持之诉,在最终账目被核准 3 年后消灭。

本条不适用于由上述账目发生的差额清偿之诉,该诉权的时效为对人诉权所定期限。①

第 433 条　新的婚姻情形下的管理

父或母若欲缔结新的婚姻,应在缔结前请求法官召集亲属委员会,以便法官决定其继续管理前婚子女的财产是否妥当。

在获得肯定裁决的情形,新的夫妻应负连带之责。在否定的情形,以及在父或母被豁免管理子女财产时,亲属委员会应指定一名保佐人。

第 434 条　第 433 条的补充适用

非婚生子女的父母亦受第 433 条规定约束。

第 435 条　管理未成年人财产的保佐人

---

① 指第 2001 条规定。——译者注

在以下情形,法官可以委任一名保佐人,全部或部分地管理处于父母单方亲权下的子女财产:

1. 单方行使亲权之父母本人指明保佐人人选,从而请求委任;
2. 未行使亲权之父母在其遗嘱中指定,且法官认为合适。此项指定可指向法人。

第 436 条 不享有法定用益权的财产

以下财产为法定用益之例外:

1. 赠与或遗嘱留给子女的财产,且所附条件为其用益不属于父母;
2. 为使其孳息用于特定目的而赠与或遗嘱留给子女的财产;
3. 因父母不配继承或被剥夺继承权而转由子女继承的财产;
4. 父母移交给子女、使其从事某一工作、职业或行业的财产;
5. 子女经其父母同意而工作、执业或从业所取得的财产;
6. 第三人以子女名义存放于储蓄账户的款项。

第 437 条 由法定用益权承受的负担

由法定用益权承受的负担为:

1. 一切用益权人均须承担的义务,但提供担保的义务除外;
2. 第 472 条所包括的子女之花销。

第 438 条 适用法定用益权之企业的亏损

如果适用法定用益权的企业在某年亏损,则接下来数年的获利归属于子女,直至该亏损得到补足。

第 439 条 法定用益权的冻结

法定用益权可因父母的行为或债务而被冻结,但为满足第 437 条所指义务而有必要者除外。

第 440 条 法定用益权的不可转让

父母不得转让其用益权,但可抛弃之。

第 441 条 通过法院对子女财产制作清单

行使亲权的配偶在婚姻解除后,有义务通过法院对其子女的财产制作清单,否则丧失法定用益权。

未履行该义务者,不得缔结新的婚姻。

第 442 条 父母对用益财产的责任

对于用益权所包含的财产,父母在用益权存续期间仅对所有权承担责任。

第 443 条　管理和用益权因破产而终止

法定管理和法定用益权因破产宣告而终止。

第 444 条　管理和用益权因新的婚姻而丧失

父或母未履行第 433 条和第 434 条所设义务而结婚的,丧失对前婚子女以及非婚生子女之财产的管理和用益权,且新婚夫妻作为监护人承担连带责任。

第 445 条　管理和用益权的恢复

第 444 条情形下的父或母,在该婚姻被解除或无效时,恢复对其子女财产的管理和用益。

第 446 条　法定管理和用益权的丧失

行使亲权时将子女财产置于危险之中者,丧失法定管理和用益权。

第 447 条　禁止父母转让子女财产和为之设定负担

除非基于必需或效用之正当化事由,且得到法院事先许可,父母不得对子女的财产进行转让和设定负担,也不得以子女的名义承担超出管理范围的债务。法官可依其情形,在子女利益有此要求时,命令以事先评估和拍卖的方式出售。

第 448 条　以未成年人名义所为行为之司法许可

父母以未成年人名义实施以下行为,亦须获得法官许可:

1. 出租其财产超过 3 年;
2. 非裁判上的财产分割;
3. 和解、约定仲裁条款或提交仲裁;
4. 放弃继承、遗赠或赠与;
5. 成立合伙合同或继续已设立的合伙;
6. 对构成其总括财产一部分的企业进行清算;
7. 出借或借入金钱;
8. 超出管理之必要而修筑建造物;
9. 接受附负担的赠与、遗赠或意定继承;
10. 同意(他人)诉讼请求。

第 449 条　子女对处分其财产的意见

在第 448 条规定的第 2 项、第 3 项、第 7 项的情形,第 987 条、第

1307条和第1651条亦予适用。此外,在第447条和第448条所指的情形,若有可能,法官应在给予许可之前,听取年满16周岁之未成年人的意见。此项许可之授予,应符合民事诉讼法典针对未成年人财产之转让和设定义务而规定的各项程序。

第450条　父母所为行为之无效诉权

对于违反第447条、第448条和第449条而实施的行为,下列人按以下规定可以请求其无效:

1. 子女在其成年后2年内可以请求;

2. 若子女在成年之前死亡,其继承人自其死亡后2年内可以请求;

3. 若在子女未成年期间,父母一方或双方的亲权终止,则子女的法定代理人可以请求。在此情形,期限自亲权终止之时开始计算。

第451条　子女金钱存放于银行

子女的金钱,在按第453条之规定被投资时,应以子女的名义,依被认为是适当的条件存入信用机构。

第452条　提取金钱的司法许可

未经司法许可,不得提取第451条所指的金钱。

第453条　未成年人金钱的投资

未成年人的金钱,不问其来源,应投资于不动产或抵押债券。若欲进行其他投资,父母须获得司法许可。在子女利益有此要求或需要时,应予许可。

第454条　子女的义务

子女有服从、尊重和崇敬其父母的义务。

第455条　未成年人无偿接受财产的权利

只要是单纯的赠与、遗赠和意定继承,有识辨能力的未成年人均可接受之,其父母不得干预。未成年人亦可行使严格由其亲为的权利。①

第456条　许可未成年人承担义务

在不妨碍第1358条规定的情况下,只要其行使亲权的父母明示

---

① 指未成年人无须许可或经许可可以自己行使的权利,前者如根据第1358条的规定订立其日常生活中必不可少的合同,后者如第457条和第532条第4项所规定者。——译者注

或默示地许可其行为或予以追认,已满16周岁的未成年人可以承担义务或放弃权利。

其行为未经许可也未被追认的,未成年人须返还已转化为其所得的款项。未成年人故意为之的,应对其给第三人造成的损害和损失承担责任。

第457条 许可未成年人工作

有识辨能力的未成年人可由其父母许可,致力于一项工作、职位、专业或职业。在此情形,未成年人可实施上述活动之通常执行所必需的行为,管理依此目的而赋予他的财产或作为上述活动的产物而取得的财产,并可对此等财产进行用益或处分。此项许可可基于合理理由予以撤销。

第458条 未成年人的责任

有识辨能力的未成年人对其引起的损害和损失承担责任。

第459条 未成年人对其父母管理行为的同意

若有可能,父母应就重要的管理行为征求已满16周岁之未成年人的意见。未成年人的同意并不使父母免责。

第460条 特别保佐人的指定

只要父或母有与其子女相反的利益,即应为子女指定一名特别保佐人。

法官应依父或母、检察官、其他任何人的请求,或依职权,赋予应由其担任法定监护的亲属以保佐职务。若无此人选,则由亲属委员会推选其他亲属或一位家外人。

第461条 亲权消灭的原因

亲权因下列事由而终止:

1. 父母或子女死亡;
2. 子女的无能力依第46条而终止;
3. 子女年满18周岁。

第462条 亲权丧失的原因

亲权因被处刑罚或遗弃子女达连续6个月而丧失,或在遗弃期间总计超过该期限时丧失。

第463条 褫夺亲权之事由

依下列事由,父母可被褫夺亲权:

1. 下达堕落性指令和建议,树立颓败榜样,或使其子女乞讨为生;

2. 虐待子女;

3. 拒绝扶养子女。

第 464 条　法官对亲权的限制

已被废除。

第 465 条　法官许可子女与其父母分居

法官可基于重大事由许可子女与其已结婚之父或母分居,并由他人照管该子女。

法官应确定该他人行使职权的范围。

第 466 条　亲权中止之原因

亲权因下列事由中止:

1. 父或母因民法属性的事由①导致禁治产;

2. 父或母在司法上被宣告不在;

3. 业已证实父或母事实上有行使亲权的障碍;

4. 第 340 条规定的情形。

第 467 条　指定诉讼代理之保佐人

在第 446 条、第 463 条、第 464 条和第 466 条第 3 项规定的情形,亲属委员会应为子女提供一名保佐人,以代理其参与相应的诉讼。

第 468 条　法官指定保佐人

在亲属委员会不履行第 467 条之规定,或在可能产生损害的情形,法官应依当事人的请求或依职权,按照《民事程序法典》的相关规范,为子女指定一名保佐人,谋求其人身和财产安全。

第 469 条　亲权丧失、褫夺、限制和中止的后果

亲权丧失、褫夺、限制和中止的效力,扩及于宣告后出生的子女。

第 470 条　父母义务的不可改变

亲权的丧失、褫夺、限制或中止,不改变父母对其子女的义务。

第 471 条　亲权的恢复

被褫夺亲权或被限制行使亲权的父母,在决定性原因终止时,可请求恢复之。

此诉仅可在相应判决作出 3 年内提起。法官应根据未成年子女

---

① 所谓民法属性的事由,区别于自然属性的事由。——译者注

的利益,全部或部分地恢复亲权。

在亲权丧失和中止的情形,若导致其产生的事实消失,则父母重新行使亲权;但因实施侮辱或伤害子女之故意犯罪行为,或因实施《刑法典》第107条、第108-B条、第110条、第125条、第148-A条、第153条、第153-A条、第170条、第171条、第172条、第173条、第173-A条、第174条、第175条、第176条、第176-A条、第177条、第179条、第179-A条、第180条、第181条、第181-A条、第183-A条和第183-B条规定的任何犯罪行为,或因实施第25475号法律(该法规定了恐怖主义犯罪行为的刑罚以及调查、处理和审判程序)规定的犯罪行为,而被判决有罪,由此被宣告丧失亲权的,除外。

第四篇　家庭之庇护

第一题　扶养和家庭财产

第一节　扶养

第 472 条　扶养的概念

依家庭之情状和能力,就生计、居住、衣装和医疗救助而言所不可或缺者,被理解为扶养。

被扶养人未成年的,扶养尚包括其教育、指导和工作技能培训。

第 473 条　成年人的扶养

已满 18 周岁的成年人,仅在因业经证实的身体或精神上的无能力而无法自谋生计时,享有被扶养的权利。

如导致其处于该状态的原因出自其自己的不道德,其仅得要求提供严格必需的生活品。

被扶养人系扶养义务人之尊亲属的,前款规定不予适用。

第 474 条　相互扶养之义务

下列人应相互扶养:

1. 夫妻;
2. 尊血亲和卑血亲;
3. 兄弟姐妹。

第 475 条　扶养义务人的先后顺序

扶养义务人为两个或两个以上的人时,应由其按以下顺序提供扶养:

1. 配偶;
2. 卑血亲;
3. 尊血亲;
4. 兄弟姐妹。

第 476 条　基于法定继承顺序的序位

在卑血亲和尊血亲之间,(其扶养义务的)序位遵循此等人对被扶养人之法定继承的顺序。

第 477 条　按比例分摊扶养费

扶养义务人为两个或更多的人时,抚养费之支付在所有义务人之间,依其相应的能力按比例予以分摊。然而,在有急迫需要和特别情况下,法官可强制其中一人支付,该人则有权要求其他义务人偿付其各自的份额。

第 478 条　亲属之扶养义务

如若考虑到作为扶养之债务人的配偶尚有其他债务,依其情状扶养金义务的代为履行将使得其维持生计置于危险之中,则根据其情形,配偶的亲属有义务为其给予扶养金。

第 479 条　尊血亲与卑血亲之间的扶养义务

在尊血亲与卑血亲之间,相互扶养的义务因应提供扶养费者的贫困而转由位列其后的义务人承担。

第 480 条　对受扶养子女的义务

依第 415 条的规定,父对其未被认领也未经法院宣告亲子关系的非婚生子女的给付扶养费的义务,不扩及于父系的卑血亲和尊血亲。

第 481 条　确定扶养金的标准

扶养费由法官根据请求人之必需和给付义务人的能力,并虑及双方的个人情况尤其是债务人所负的债务决定。

对于应给付扶养费之人,不必严格调查其收入金额。

第 482 条　扶养费的增减

扶养费依被扶养人之必需和给付义务人能力的增减而增减。扶养费之金额系依义务人薪酬之百分比而定时,无须以新判决调整之。

调整依上述薪酬的变化自动发生。

第483条　扶养之豁免事由

如果其收入减少,以致非危及其自己的生计则不能顾及抚养费,或者被扶养人必需之状态已经消失,则给付扶养金之义务人可请求豁免。

对于未成年子女,若父或母依司法裁决向其支付扶养金,该裁决在子女成年时不再有效。

但是,若必需之状态因业经适当证明的身体上或精神上之无能力而继续存在,或被扶养人正有成效地寻求一项职业或事业,其可以请求扶养义务继续有效。

第484条　给付扶养费的不同方式

义务人可请求允许其以不同于支付扶养金的方式履行扶养义务,只要有特别原因表明该方式合理。

第485条　对不配之被扶养人的限制

被扶养人若不配继承或被扶养义务人剥夺继承权,仅得请求维持生活之严格必要费用。

第486条　扶养义务的消灭

在不妨碍第728条之规定的前提下,扶养费之给付义务因义务人或被扶养人的死亡而消灭。

在被扶养人死亡的情形,其继承人有义务支付丧葬费。

第487条　受扶养权的属性

请求扶养的权利不得转让、不得放弃、不得和解且不得抵销。

第二节　家产

第488条　家产的属性

家产不可扣押、不可出让,但可依继承而移转。

第489条　家产所涉财产

以下财产可成为家产的对象:

1. 家庭住房;
2. 用于农业、手工业、工业或商业的不动产。

家产不得超过受益人居住或维持生计之必需。

第 490 条　家产之设立的后果

家产的设立,不使设立人的财产所有权移转于受益人。受益人仅取得此等财产的享用权。

第 491 条　处分家产之司法许可

家产所涉财产,仅在困难之情势,经法官许可始可短暂地予以出租。

为保障家庭生计而必得出租部分不动产的,亦须获得司法许可。

第 492 条　家产孳息的扣押

仅得为保障产生于刑事判决、财产税和扶养金的债务,扣押家产的孳息至其 2/3 部分。

第 493 条　可设立家产之人

下列人可就以下财产设立家产:

1. 夫妻中任意一人就其所有之财产;

2. 夫妻就共同体财产合意设立;

3. 已丧偶或离婚之父或母就其个人财产;

4. 单身父亲或母亲就其所有之财产;

5. 任何人在其能以遗嘱自由赠与或处分的限度内。

第 494 条　设立家产的根本要件

欲行使设立家产的权利,未负有其清偿有损于家产之设立的债务系根本要件。

第 495 条　家产的受益人

家产的受益人,仅得为夫妻、子女和其他未成年或无能力的卑血亲,处于困难状态的父母和其他尊血亲,以及设立人之未成年或无能力的兄弟姐妹。

第 496 条　设立家产的要件

欲设立家产,须:

1. 设立人向法官提交设立家产的正式申请,申请中应载明其姓名、年龄、婚姻状况和住所;具体列明拟设为家产的不动产;提供该不动产上无已被登记的抵押、不动产质押或扣押之证明文件;指定受益人,并精确说明其与设立人相联系的家庭关系;

2. 将家产设立之许可所要求的设立记录附于申请中;

3.当地有报刊的,在两个出刊日发布申请概要,当地没有报刊的,在法院地以通知发布之;

4.依非诉程序的规定获得法官许可;

5.将记录提交公证;

6.登记于相应的登记簿。

在家产之设立、变更或消灭的诸情形,法官在签发决定之前应听取检察官的意见。

第497条　家产的管理

家产由设立人或其指定的人管理。

第498条　受益人资格的丧失

下列人在以下情形不再为家产受益人:

1.配偶不再为配偶或死亡;

2.未成年或无能力之子女以及未成年或无能力之兄弟姐妹死亡或成年,或无能力的情形消失;

3.父母和其他尊血亲死亡,或困难之状态消失。

第499条　家产消灭的事由

家产因下列事由消灭:

1.所有受益人依第498条不再是受益人;

2.未经法官许可,受益人持续1年未居住于住房或不运营不动产;

3.存在必要情形或出现重大事由,法官应受益人之请求宣告其消灭;

4.作为家产的不动产被征收。在此情形,征收之收益应存入信用机构,以设立新的家产。在1年期内,被存入的估定价金不得被扣押。任何受益人可在前6个月内,请求将之设立为新的家产。如果在上述年度结束时尚未设立或谋求设立其为新的家产,则该笔金钱应被移交给被征收财产的所有者。

该规定同样适用于不动产毁损而产生赔偿金的情形。

第500条　法院宣告家产的消灭

家产的消灭应由法官宣告,并登记于公共登记簿。

第501条　家产的变更

家产可依具体情形予以变更,其遵循设立家产的同一程序。

第二题　家庭庇护之补充制度

第一节　监护

第 502 条　监护的目的

应为未处于亲权之下的未成年人指定监护人,以照管其人身和财产。

第 503 条　指定监护人之权限

下列人有权在遗嘱中或通过公证书指定监护人:

1. 健在的父或母为处于其亲权下的子女指定监护人;

2. 祖父或祖母为处于其法定监护下的孙子女指定监护人;

3. 任何遗嘱人在其设立为继承人或受遗赠人之人欠缺父或母指定的监护人和法定监护人,且遗产或遗赠的数额足以扶养该未成年人时,有权为之指定监护人。

第 504 条　父母一方指定监护人

如果父母一方无能力,则即使另一方先死亡,其对监护人的指定亦为有效。

第 505 条　数个监护人

如果在遗嘱或公证书中指定 2 名或更多的监护人,依指定之顺序履行监护职责,但有相反安排者除外。在后一情形,如果设立人未确定分工行使监护职责的方式,则由数位监护人共同行使之。

第 506 条　法定监护人

无遗嘱或公证方式指定的监护人时,由祖父母和其他尊血亲依以下先后顺序履行监护职责：

1. 亲等近者优先于亲等远者；

2. 同亲等中最合适者。

此先后顺序由法官听取家庭会议的意见后决定之。

第 507 条　非婚生子女的监护

第 506 条所涉监护仅在由法官确认时，始对非婚生子女产生效力。

第 508 条　指派的监护人

无遗嘱或公证方式指定的监护人和法定监护人时，家庭会议应指定一名居住于未成年人之住所地的人为指派监护人。

家庭会议依法官的命令或应亲属、检察官或任何人的请求而召集。

第 509 条　确认指派之监护人的期限

指派的监护人应由家庭会议每 2 年在任期届满之日起 30 日期限内确认。家庭会议在该期限内未宣布的，相当于确认。

第 510 条　国家监护

弃儿由国家或其私人庇护者监护。

国家之监护由相应机构的负责人执行。

第 511 条　丧失家庭保护之未成年人的监护

儿童与青少年丧失家庭庇护，或者被遗弃或处于危险之中，或者其父母已被中止或丧失亲权的，其监护按亲等较近者优先于亲等较远者的顺序，强制性地由其亲属承担，亲等相同的，则由最能胜任者承担。

有利害关系的亲属可通过向家事法官或混合管辖权的法官提出家庭接纳而申请监护，此等法院判决应以上级法院多部门团组的报告为基础而作出。

在监护调查程序正在进行，且尚未发现生父母或生父母无能力承担亲权义务的情形，有管辖权的法官应依本条第 1 款的规定确定（承担监护的）亲属。在父母一方被宣告中止或丧失亲权，而另一方不能胜任的情形，家事法官亦应依本条第 1 款裁决。

此外，在能予适用的范围内，尚应遵循《儿童与青少年法典》的相关规定。

第512条　授予监护职务的权利

监护人有义务请求授予监护职务。若其未请求,法官应依职权,或应亲属、检察官或任何人的请求,命令授职。

第513条　依嗣后授职而生效

执行监护职责后的授职,并不使监护人此前的行为无效。

第514条　预防措施

尚未指定监护人或授职的,法官应依职权或检查官的请求,采取一切必要的措施,照管未成年人之人身并保障其财产安全。

第515条　担负监护之障碍

下列人不得成为监护人:

1. 未成年人;若其系以遗嘱或公证方式被指定,则应在成年时行使监护职责;

2. 受保佐者;

3. 未成年人之数额较大的债权人或债务人,以及此等债权人、债务人的保证人,但未成年人的父母明知此等情形依然指定的除外;

4. 自己或其尊血亲、卑血亲或配偶有与未成年人利益相反之诉讼者,但未成年人父母知晓而仍为指定者除外;

5. 与未成年人或其尊血亲或兄弟姐妹敌对者;

6. 被父或母排除监护者;

7. 破产者以及进入破产程序者;

8. 因谋杀、故意伤害、寻衅滋事、堕胎、遗弃遇险人员、改变或涂销他人之民事身份,或因财产犯罪或违反公序良俗而被处刑罚者;

9. 行为显著卑劣者,或无为人所知之生活方式者;

10. 曾被褫夺亲权者;

11. 曾被解除监护职务者。

第516条　对监护人之指定的异议

任何利害关系人和检察官,均可对违反第515条而为的监护人之指定提出异议。

如果在授予监护职务之前提出异议,应适用《民事诉讼法典》的规定。

第517条　监护人之当为性

监护人职责具有当为之强制性。

第518条 可被豁免担任监护人职务之人

下列人可被豁免担任监护人职务：

1. 家外人，其前提是在当地有合适的血亲；
2. 文盲；
3. 患有慢性疾病不能履行监护义务之人；
4. 年过六旬者；
5. 因其活动而无固定住所者；
6. 远离履行监护地而居住之人；
7. 有超过4名以上的子女处于其亲权之下者；
8. 是或已经是他人之监护人或保佐人的人；
9. 担任被认为与行使监护相冲突的公职者。

第519条 豁免监护职务的期限

监护人应自知晓其被指定为监护人之日起，或在履行职责时自豁免事由出现之日起，于15日之期限内主张其豁免。该期限届满则不得提出。

第520条 行使监护的先决条件

以下是行使监护的先决条件：

1. 通过法院对未成年人的财产编制财产清单，未成年人年满16周岁的，须其参与。此项工作完成前，财产应予寄托。
2. 如果监护人不能提供抵押、质押或保证之一种，则应设定抵押、质押或保证之担保，以为其管理责任提供保障。至于法定监护人，应适用第426条之规定。
3. 授予监护职务。授职时，监护人须承诺忠实照管未成年人的人身和财产；并宣告是否为其债权人及其债权额度，否则丧失债权；或是否为其债务人或债务人之保证人。

第521条 未成年人之有价证券存入金融机构

有价证券依法官判断不应由监护人管控的，应以未成年人名义存入信用机构。

第522条 被监护人的金钱存入银行

受监护之未成年人的金钱准用第451条的规定。

第523条 提取有价证券和金钱之许可

第521条和第522条所指的有价证券和金钱，未经司法授权不得从信用机构中提取。

第 524 条 未成年人金钱的投资

未成年人的金钱,不论其来源,应按第 453 条之规定予以投资。

第 525 条 监护人对法定利息的责任

监护人有义务打理的金钱因其疏忽而超过 1 个月无收益的,监护人应对其法定利息承担责任,且这并不免除第 522 条和第 524 条对其设定的义务。

第 526 条 监护人的义务

监护人应根据未成年人的特性扶养和教育之,并保护和捍卫其人身。

此等义务遵循亲权之相关规定,并受亲属委员会的监督。

未成年人无财产或财产不足的,监护人应请求支付扶养金。

第 527 条 被监护人之代理

除依法律规定可由未成年人自行实施者外,监护人代理其一切民事行为。

第 528 条 受监护之未成年人的能力

受监护之未成年人的能力,与处于亲权下的未成年人相同。

第 529 条 勤勉管理义务

监护人有义务以普通之勤勉管理未成年人的财产。

第 530 条 诉诸法官的权利

已满 14 周岁的未成年人和任何利害关系人,均可针对监护人的行为诉诸法官。

第 531 条 处分被监护人财产之许可

未经法院基于必要性或效用性之考虑,且对亲属委员会进行听证后给予许可,不得出让未成年人的财产,或为之设立负担。孳息在其为未成年人之扶养和教育所必需的范围内,不受本条规定的约束。

第 532 条 需要司法许可的行为

实施下列行为,亦须事先取得经听证亲属委员会而授予的司法许可:

1. 实施第 448 条所指的行为;
2. 不动产中所为的非常态开销;
3. 清偿未成年人的债务,但其数额较小者除外;

4.在第457条所指的范围内,允许具有识辨能力的未成年人致力于某项工作、职位、技艺或职业;

5.订立劳务租赁合同;

6.订立有偿的人寿保险或终身定期金合同;

7.所有与监护人的配偶、任何其亲属或其合伙人有利益关联的行为。

第533条 未成年人参与须获得司法许可之行为

在第531条和第532条规定的情形,若未成年人年满16周岁,法官应在可能时,于给予许可之前听取其意见。

第534条 第449条的补充适用

第449条的规定准用于司法许可。

第535条 拍卖之外的出售

在未成年人之利益有要求时,可由法官核准并事先听取检察官意见,例外地不通过拍卖进行出售。

第536条 未经司法许可实施的行为

未经第531条和第532条要求的司法许可而由监护人实施的行为,仅在第456条第2款的限度内对未成年人有约束力。

第537条 被监护人对未经许可之行为的无效之诉

未成年人请求宣告监护人未经程式成立的行为无效的无效诉权,因2年时效而消灭。该期限自无能力终止之日起算。

第538条 监护人之禁止行为

禁止监护人为下列行为:

1.购买或承租未成年人的财产;

2.取得任何针对未成年人的权利或诉权;

3.无偿处分未成年人的财产;

4.出租未成年人的财产3年以上。

第539条 监护人报酬的司法确定

监护人有权取得报酬,该报酬由法官虑及未成年人财产的分量和监护人在各时期的管理所要求的工作予以确定。

上述报酬不得超过消费的净收入或收益的8%,也不得超过资本化的净收入或收益的10%。

第540条 监护人作成账目的义务

监护人有义务按以下时间就其管理作成账目：

1. 一年一度；

2. 在监护结束或职责终止之时。

第541条 法定监护人作成账目之豁免

对于法定监护人,就其第540条第一段所设义务而言,遵守第427条之相关规定。

第542条 提交账目和不核准账目的程序

账目之提交,乃依监护人或亲属委员会的申请,发生于简易程序之判决执行中。账目之提交以书面形式为之,同时附加其合理文件之副本或提出其他证明手段,法官应为此规定听证,年满14周岁的未成年人应到场。听证时,监护人应对被申请解释的事项作出解释。

请求不核准账目的,应视情形在账目被移交后60日的除斥期间内提起,并适用普通审理程序。

第543条 监护人提交账目的期限

第一年账目被提交后,法官可以裁定只要不是实质性的管理,此后的账目每2年、3年或5年提交一次。

第544条 监护人担保的增减

监护人提供的担保在其行使监护期间可予增减。

第545条 有利于被监护人之顺差用于存款和投资

年度账目中产生的有利于未成年人之顺差,适用第451条和第453条的规定。

第546条 账目提交前被监护人之禁止行为

未成年人已成年的,在最终账目被法官核准前,不得与其原监护人订立任何协议。未成年人所为有利于监护人的遗嘱处分,在未满足上述要求时亦属无效,但与特留份相关的遗嘱处分除外。

第547条 不利于监护人之逆差的法定利息

第430条所含规定,准用于最终账目之逆差的利息。

第548条 免除监护人义务之禁止

本节对监护人设定的义务不得被免除。

第549条 监护的终止

监护因下列事由终止：

1. 未成年人死亡；

2. 未成年人年满 18 周岁；

3. 未成年人的无能力依第 46 条而终止；

4. 第 580 条情形下的父或母其无能力终止；

5. 未成年人转入亲权之下。

第 550 条　监护人职务消灭的原因

监护人职务因下列事由终止：

1. 监护人死亡；

2. 其辞职被接受；

3. (自然人)破产之宣告；

4. 职务未被确认；

5. 职务之解除。

第 551 条　监护人死亡的效力

监护人的继承人若有能力，有义务继续被继承人的管理，直至任命新的监护人。

第 552 条　指派的监护人的辞职权

已履行 6 年职责的指派之监护人可以辞职。

第 553 条　监护的继续

辞去监护的监护人，以及其任命被提出异议的监护人，在被替换前应履行其职责。

第 554 条　监护人被解职的原因

下列人应被解除监护职务：

1. 有第 515 条任何一种情形而不辞职者；

2. 使未成年人的人身或利益受损者。

第 555 条　监护人之暂时停职

法官在解除请求被提交后，可在延迟可能存在危险时，暂使监护人停职。

第 556 条　诉讼中对未成年人及其财产的保护

遗嘱设立的或法定的监护人的诉请被证讼①后，在诉讼期间，应由一名法定监护人，或无法定监护人时，由一名指派的监护人对未成年

---

① 证讼渊源于罗马诉讼制度，其详细介绍可参见周枏：《罗马法原论》(下册)，商务印书馆 2004 年版，第 936 页、第 970—971 页。在现代法上，证讼一词的使用，应指诉讼已正式成立。——译者注

人及其财产履行职责。

第557条 应被监护人请求解除监护人职务

已满14周岁的未成年人可向法官请求解除其监护人的职务。

第558条 申请解除监护人职务的义务

未成年人的亲属和检察官有义务请求解除监护人职务。

第559条 告发监护人

任何人均可基于导致其解职的事由告发监护人。

第560条 亲属委员会的召集

法官若知悉监护人对未成年人的任何损害,均应依职权召集亲属委员会,以根据具体情形为未成年人的利益而行使其职权。

第561条 被监护人和监护人的相互之诉

被监护人和监护人的相互之诉,适用第432条之规定。

第562条 对法官之诉的时效

针对法官的补充责任之诉权,自可以提起诉讼之日起经历6个月的时效而消灭。

第563条 职务监护人

负责未成年人事务的人,应负监护人之责。该责任可由检察官依职权或依任何人的请求要求其承担。

法官依检察官的申请,可命令就监护进行规范化。若系不可能,则应安排职务监护人承担指派监护人之职责。

第二节 保佐

第564条 受保佐者

第43条第2项和第3项、第44条第2项至第8项所指之人,受保佐之约束。

第565条 保佐之目的

保佐之设立系为:

1. 无能力的成年人;
2. 财产的管理;
3. 特定事项。

第 566 条　保佐之必要条件

未经禁治产之司法宣告,不得为无能力者任命保佐人,但第 44 条第 8 项规定的情形除外。

第 567 条　临时保佐人

法官在任何诉讼状态,均可暂时剥夺已被申请禁治产之人对民事权利的行使,并为其指定一名临时保佐人。

第 568 条　准用于保佐的补充规定

有关监护的规定,经本题所作修改,亦适用于保佐。

第 568 – A 条　指定其本人之保佐人的权限

一切能行使其民事权利的完全能力之成年人,为防将来在司法上被宣告禁治产,可在两位证人在场的情况下,以公证书指定其保佐人或替补保佐人,该文书应记载于国家公共登记局之身份登记簿。

负责审理禁治产的法官为核实指定的存在,可要求就登记进行证实。本人实施的指定对法官有约束力。

同样,成年人可限定何人不应属于此等指定之范围,也可确立被指定之保佐人所享有的职权范围。

第 569 条　法定保佐之顺位

无依第 568 – A 条指定的保佐人时,第 43 条第 2 项和第 3 项、第 44 条第 2 项和第 3 项所指之人的保佐应由下列人承担:

1. 未在司法上或依公证方式分居,且符合第 289 条之规定的配偶;

2. 父母;

3. 卑血亲,其中亲等较近者优先于亲等较远者,同亲等中最合适者优先;此优先顺序由法官听取家庭会议的意见后决定之;

4. 祖父母和其他的尊血亲,其指定受前项规范;

5. 兄弟姐妹。

第 570 条　法定之临时保佐人

对于无能力的被收容者,庇护所的主管系其法定的临时保佐人。

第 571 条　无能力之评估标准

欲使第 569 条所指无能力之人受保佐之约束,必须受保佐人不能治理其事务,不能不依靠长久的照顾和援助,或者危及他人安全。

第 572 条　由父母指定保佐人

对于第 569 条所包含的无能力之子女,父母可以在如果他们是未成年人即可为其指定监护人的一切情形,通过遗嘱或公证方式为其任命保佐人,但存在第 569 条所述之人的,除外。

第 573 条　由亲属委员会指定保佐人

无法定保佐人和遗嘱设立的或公证设立的保佐人时,由亲属委员会指定之人负责保佐。

第 574 条　财产清单之豁免和账目的提交

若保佐人系配偶,则豁免其依第 520 条第 1 项和第 540 条第 1 项所负之义务。

第 575 条　父母保佐

由父母负责保佐的,适用关于亲权的规定。

第 576 条　保佐人的职责

保佐人保护无能力人,尽可能地谋求其恢复(能力),在必要的情形谋求其安置于适当的机构;且根据其无能力的程度,代理或帮助其处理事务。

第 577 条　保佐人对孳息和财产的使用

无能力人财产之孳息应主要用于维持其生活和谋求其恢复(能力)。在必要情形,经法官授权亦应使用本金。

第 578 条　将无能力人置于特殊机构之司法许可

欲将无能力人置于特殊机构,保佐人须获得司法许可,为此须事先由 2 名医学专家出具意见,若无医学专家,则须听取亲属委员会的意见。

第 579 条　担保之豁免

除第 426 条规定者外,法定保佐人就其管理被豁免担保义务。

第 580 条　无能力人之子女的监护

无能力人有未成年子女的,其保佐人应为此等子女的监护人。

第 581 条　保佐的范围和限制

法官在宣布无能力人禁治产时,应根据其无能力的程度确定保佐的范围和限制。

对保佐的限制存在疑问的,或者保佐人认为有必要扩张保佐的,法官应遵守为禁治产之宣告而规定的程序予以解决。

第 582 条　禁治产之前的行为的撤销

禁治产之前的行为，只要在其实施之时即存在众所周知的禁治产事由，可予撤销。

第583条　有权申请禁治产之人

无能力人的配偶、亲属和检察官可以请求其禁治产。

第584条　浪费人

有配偶或必要继承人却超出其可处分之份额而挥霍财产者，可被宣告为浪费人。

第585条　因管理不善而被宣告无能力

有配偶或必要继承人之人因管理不善而损失其一半以上财产者，可因此项事由被宣告为无能力人。

管理不善之评估，由法官审慎裁量之。

第586条　酗酒者和嗜毒成瘾者的保佐人

对于因其习惯性酗酒或者使用可能上瘾之物质或致幻之麻醉品，而使其自己或其家庭陷入困境，需要长期帮助或危及他人安全之人，应为其提供一名保佐人。

第587条　有权为浪费人或管理不善者申请保佐之人

仅其配偶或必要继承人可为浪费人或管理不善者申请保佐，在其配偶或必要继承人未成年或无能力时，检察官可例外地依职权或依亲属的请求为其申请保佐。

第588条　有权为酗酒者和嗜毒成瘾者申请禁治产的人

仅其配偶、依赖其生存的家人可请求习惯性酗酒者和嗜毒成瘾者禁治产，在前者未成年或无能力时，或在后者危及他人安全时，检察官可例外地自行或依亲属的请求申请其禁治产。

第589条　指派的保佐人

第584条、第585条和第586条所指的无能力人的保佐，由法官在听取亲属委员会的意见后指派之人负责。

第590条　对习惯性酗酒和嗜毒成瘾者的保护

习惯性酗酒和嗜毒成瘾者的保佐人应按第576条、第577条和第578条所含规则，谋求该无能力人之人身保护、治疗和最终康复。

第591条　禁治产人之禁止行为

浪费人、管理不善者、习惯性酗酒和嗜毒成瘾者在未经保佐人特别同意时，不得提起诉讼，也不得实施单纯的财产管理之外的行为。

法官在设立保佐时,亦可将禁治产人的能力限制于特定的管理行为。

第 592 条　由保佐人代理无能力人的子女

第 591 条所指的无能力人的保佐人,依法代理该无能力人的未成年子女并管理其财产,但此等子女处于父母另一方的亲权之下或有监护人者,除外。

第 593 条　无能力人行为的有效和无效

浪费人、管理不善者在被请求禁治产之前实施的行为,不得以禁治产为由而被提出异议。

习惯性酗酒和嗜毒成瘾者在被请求禁治产之前实施的行为,若彼时该无能力之原因已众所皆知,则可以因该事由而被提出异议。

第 594 条　禁治产人之禁止行为的撤销之诉

可提起禁治产宣告之人以及保佐人,可请求撤销违反第 591 条而实施的财产行为。

第 595 条　罪犯的保佐

附带民事禁治产的刑事判决一旦被执行,检察官应在 24 小时之内请求为罪犯任命保佐人。若检察官未任命,应对随后发生的损害和损失承担责任。

检察官也可请求任命禁治产人的配偶和亲属为保佐人。

第 596 条　法定保佐的顺位、限制和职能

第 595 条所指的保佐,依第 569 条规定的顺序予以指定,且仅限于管理获刑者的财产和代理其诉讼。

保佐人亦有义务看护由禁治产人照管的未成年人或无能力人的人身和财产,直至为后者设立监护人或另一保佐人。

第 597 条　不在者或失踪者财产的保佐

某人不在或自其住所地失踪,而依第 47 条规定不知其行踪者,应依第 569 条和第 573 条之规定为其提供财产之临时保佐。欠缺符合此两条规定之人的,由法官指定之人实施保佐。

第 598 条　遗腹子财产的保佐

将出生者之父死亡而其母被剥夺亲权的,应依任何利害关系人或检察官的请求,将应归属于他的财产委托给一名保佐人。此项保佐由其父为子女之监护或其财产之保佐而指定之人负责,无指定之人的,则由法官指定之人负责,但在其母已被宣告为无能力人的情形,母之保佐人亦应为遗腹子的保佐人。

第 599 条　财产之特别保佐

初审法官依职权,或者依检察官或任何有合法利益之人的请求,应对无人照管的财产谋求管理,特别是在以下情形,应设立保佐:

1. 继承权不确定;

2. 社团或委员会因任何原因无法继续运营,而在相应的章程中未对此提出任何解决方案;

3. 非经任命保佐人,则某人无能力自行管理其财产或选择受托人。

第 600 条　被设定用益权之财产的保佐

用益权人不依第 1007 条规定之义务提供担保的,法官应依财产所有权人的请求指定保佐人。

第 601 条　有管辖权的法官和数个保佐人

第 597 条至第 600 条所指的保佐,应由所有财产或多数财产所在地的法官设立。

财产之管理要求数个保佐人的,保佐人可以是复数的。

第 602 条　由财产保佐人实施的法定代理

财产保佐人仅得行使照管和保存之管理行为,以及收取债权和清偿债务之必要行为。然而,被禁止之行为的必要性或效用若确属合理,且法官在事先听取亲属委员会的意见后予以许可,则此等行为有效。

第 603 条　由保佐人所为之代理

诉讼之代理由财产保佐人行使。对财产享有债权之人可向相应的保佐人主张之。

第 604 条　保佐之程序性规范的适用

依第 599 条第 1 项和第 2 项、第 600 条设立的保佐人,亦受民事程序法典①之规定的约束。

第 605 条　法官指定之保佐人的职能和义务

只要不违反第 603 条和第 604 条的规定,任命保佐人的法官可以指定其职权和义务,根据具体情形依为监护人所作的规定规范之。

---

① 此处的民事程序法典应理解为《民事诉讼法典》。——译者注

第 606 条　需特别保佐人之情形

在下列情形,应任命特别保佐人:

1. 子女的利益与其行使亲权的父母的利益相悖;
2. 子女取得管理权不属于其父母的财产;
3. 父母丧失对其子女的财产的管理权;
4. 受监护或保佐者的利益与其监护人或保佐人的利益相反,或与共同处于某一监护人或保佐人约束下的其他未成年人或无能力人的利益相反;
5. 未成年人或无能力人有远离其住所地的财产,不便由监护人或保佐人对其进行管理;
6. 存在需要特别知识的事务,而监护人或保佐人并不具备此等知识,或存在其管理需要独立于监护人或保佐人之管理的事务;
7. 受监护或保佐之人取得财产时附有不得由监护人或一般保佐人管理之条款;
8. 法定代理人有行使其职权之障碍;
9. 有能力之人无法处理某紧急事项,也无法指定代理人。

第 607 条　由婚外父亲指定保佐人

婚外父亲可在遗嘱中或以公证方式指定保佐人,以管理其留给子女的财产,排除母亲或母亲指定之监护人的管理。婚外母亲有相同权限。

第 608 条　特别保佐人的职权

为特定财产而被指定的特别保佐人,负责按指定其为保佐人之遗嘱人或赠与人所确定的时间和方式管理上述财产。

第 609 条　特别保佐人的指定

在第 606 条第 1 项和第 9 项之情形,由法官指定保佐人。在其他情形,由亲属委员会指定。

第 610 条　因能力恢复而终止保佐

依第 43 条第 2 项和第 3 项以及第 44 条第 2 项至第 7 项设立的保佐,因解除禁治产之裁判上的宣告而终止。

能力的恢复可以由保佐人和任何有利害关系的人提出请求。

第 611 条　被处刑罚者的保佐期间

被处刑罚者若附带民事禁治产,其保佐与其被剥夺自由的时间一致。

假释者继续处于保佐之下。

第 612 条　无能力人之能力恢复

第 43 条第 2 项和第 3 项、第 44 条第 2 项和第 3 项所指情形下被宣告为无能力者,仅在法官直接或通过专家检查证实其原由业已消失时,方被授予能力恢复。

第 613 条　习惯性酗酒者、浪费人、嗜毒成瘾者和管理不善者的能力恢复

第 44 条第 4 项至第 7 项所指情形下被宣告为无能力者,仅在至少 2 年期间内未因导致保佐之同类行为而招致任何禁治产之告发,方可申请恢复能力。

第 614 条　无能力之成年人的保佐人的解职

无能力之成年人的保佐人非其配偶、尊血亲或卑血亲者,若在 4 年后辞职,应予解职。

第 615 条　财产保佐人的终止

财产的保佐因财产的灭失或导致保佐的原由消失而终止。

第 616 条　失踪人财产保佐的终止

失踪者财产的保佐,在其重新出现或被宣告不在或推定死亡时终止。

第 617 条　胎儿财产之保佐的终止

胎儿财产的保佐因其出生或死亡而终止。

第 618 条　特别保佐的终止

导致特别保佐之事项结束时,此种保佐终止。

第三节　亲属委员会

第 619 条　设立亲属委员会的依据

为保证无父母的未成年人和无能力之成年人的人身和利益,应有亲属委员会之存在。

在本法典指明的情形,即使父或母健在,亦应有亲属委员会。

第 620 条　监护人不受亲属委员会约束

未成年人的法定监护人若对该未成年人的父或母行使保佐,则仅在父母亦应遵从亲属委员会的情形遵从之。

第 621 条 请求组成亲属委员会的义务

依遗嘱或公证方式指定的监护人,被召唤担任法定监护的尊血亲和亲属委员会的当然成员,有义务依情形分别告知未成年人法官或治安法官有必要组成亲属委员会之事实,否则承担损害赔偿责任。

第 622 条 由法官成立亲属委员会

未成年人法官或治安法官,依其情形可依职权、检察官或任何人的请求,裁定组成亲属委员会。

第 623 条 亲属委员会的构成

亲属委员会由父母中最后一位有子女处于其亲权或保佐之下者以遗嘱或公证书指定的人构成;无此等人员时,由祖父母或外祖父母中最后一位有未成年人或无能力人处于其监护或保佐之下者指定的人构成。

无上述人员的,亲属委员会由未成年人或无能力人的祖父母、外祖父母、叔舅、姑姨、兄弟姐妹构成。

无能力之成年人的子女非其保佐人的,系为该成年人组成的亲属委员会的当然成员。

第 624 条 父母参与亲属委员会的情形

父母未管理其子女之财产的,应成为所构成的亲属委员会的当然成员。

第 625 条 兄弟姐妹加入亲属委员会

在有资格组成亲属委员会的人中,若同父同母的兄弟姐妹少于半血缘兄弟姐妹,则二者参加亲属委员会的人数应相等,其中未成年兄弟姐妹应予排除。

第 626 条 组成亲属委员会的顺位

如果在应组成亲属委员会之地,或在 50 公里的范围内,无 4 名当然成员,未成年人法官或治安法官应根据情形召唤其他的血亲补足该数额,其中亲等较近者优先于亲等较远者,如为同一亲等,则年长者优先。

无当然之成员时,应遵循相同的规则召唤堂表兄弟姐妹。

亲属委员会缺少必要的人数时,不予设立,其职权由法官听取本有之当然成员的意见而行使。

第 627 条 无义务参与组成亲属委员会的人

未居住在亲属委员会运作地 50 公里之内的人,无义务参与组成亲属委员会;但此等人接受职务的,即成为其成员,为此,如果其居住在法官的管辖范围内,法官应当传唤之。

第 628 条 为非婚生子女成立的亲属委员会

仅在非婚生子女被认领时,父或母的亲属才为其组成亲属委员会。

第 629 条 对亲属委员会组成中违法行为的宽恕

违反第 623 条至第 628 条的,若非出于故意,且未对处于监护或保佐下的人身或财产产生损害,法官可宽恕之。在相反情形,亲属委员会的组成无效。

第 630 条 不宜为非婚生子女设立亲属委员会

其父或母在遗嘱中或以公证方式禁止设立的,不应为非婚生子女设立亲属委员会。在此情形,未成年人法官或治安法官应相应地听取本有之当然成员的意见,承担亲属委员会的职能。

第 631 条 弃婴和孤儿机构之上级机构的职权

弃婴和孤儿机构的上级部门,对此等儿童享有亲属委员会的一切职权。

第 632 条 不得加入亲属委员会的人

下列人员不得成为亲属委员会的成员:

1. 监护人和保佐人;

2. 不得成为监护人和保佐人的人;

3. 已被父或母、祖父母或外祖父母在其遗嘱中或以公证方式排除担任此项职务的人;

4. 因亲权之滥用而加入亲属委员会之人的子女;

5. 在其有生之年组成亲属委员会的情形,父母不得成为成员,但第 624 条之规定除外。

第 633 条 职务的无偿性和不可推脱性

亲属委员会成员之职务是无偿的和不可推脱的,且应当亲自履行,除非法官基于被证实合理的事由授权由受托人代理。

受托人不得代理 1 个以上的亲属委员会成员。

第 634 条 组成亲属委员会的程式

申请组成亲属委员会的人，必须明确应当组成会议之人的姓名。法官应命令在报刊或海报上公布此等申请和姓名。

在公布后的 10 日内，任何有利害关系的人可以指出其组成或排除之不当。法官应依据所附证据在 5 日内作出决定。

除非法官有相反处理，前款请求并不妨碍亲属委员会开始或继续履行其职责。

如果申请人未明确应当参与亲属委员会之人的姓名，则通知仅限于召唤依法被认为应参加之人。法官应裁定公布出席者的姓名，并且，本条第 2 款和第 3 款的规定应予遵守。

第 635 条 亲属委员会的设立

第 634 条规定的期限届满后，如果没有产生任何异议，或异议已被解决，法官应着手正式设立亲属委员会，并记载于纪要中。

第 636 条 延请亲属委员会成员

亲属委员会设立后，于必要时其成员应以通知而被延请。

第 637 条 亲属委员会成员的替换

因死亡、嗣后障碍或不在且无受托人，而仅余 4 位有资质的成员参加亲属委员会时，其人数应遵循亲属委员会组成之相同规则予以补足。

第 638 条 为不在者成立的亲属委员会

也可成立亲属委员会，为不在者的利益而行使其职权。

第 639 条 亲属委员会之主持

为监督监护人或为监督父母的情形而成立的亲属委员会，由未成年人法官主持。为成年的无能力人成立的亲属委员会，由治安法官主持。

法官执行亲属委员会的决议。

第 640 条 亲属委员会的召集

依监护人、保佐人或任何亲属委员会成员的申请，以及依其判断未成年人或无能力人有此需要时，法官应召集亲属委员会。

第 641 条 法定人数和多数决

未经除法官外至少 3 名成员出席讨论和投票，且未获得出席会议的多数票支持的，亲属委员会不得通过决议。法官仅在票数相等的情形投票。

第 642 条　缺席之罚款

只要在当地的成员无正当理由不参加亲属委员会的会议,法官即应处以不多于最低月生活收入之 20% 的罚款。此罚款不可上诉,且应用于慈善机构。

第 643 条　不参加会议之正当理由

如果亲属委员会的任一成员提出的不参加会议的理由是正当的,则只要法官认为妥当且不损害未成年人或无能力人的利益,可以将会议延至他日。

第 644 条　不得出席和投票

当涉及的事项与其本人、卑血亲、尊血亲或配偶有利害关系时,亲属委员会的任何成员既不得出席会议也不得参与投票,但亲属委员会如果认为合适,可以听取其意见。

第 645 条　无权投票的监护人和保佐人出席会议

当被延请时,监护人和保佐人有义务出席亲属委员会的会议。亲属委员会依其申请而召开会议的,此等人也可出席会议。在两种情形下,此等人均无投票权。

第 646 条　被保佐人的出席

年满 14 周岁的被保佐人可以出席亲属委员会的会议并发言,但无投票权。

第 647 条　亲属委员会的权限

以下权限属于亲属委员会:

1. 根据本法典任命一般的或特殊的指派之监护人或指派之保佐人;

2. 接受或拒绝其任命的指派之监护人和保佐人的职务豁免或辞职;

3. 宣布其任命的指派之监护人和保佐人无能力,且依其判断解除其职务;

4. 对于法定的、依遗嘱或公证方式指定的以及法官指定的监护人和保佐人,向法院提出免职;

5. 在未成年人或无能力人之财产的管理中,若父母未确定收入或产物中应当用于该人扶养的部分,则由亲属委员会基于财产清单决定之；

6. 接受向未成年人或无能力人实施的附负担之赠与、遗产或遗赠；

7. 在绝对有必要且法官核准时，授权监护人或保佐人自担责任聘用一个或多个特别管理人；

8. 确定一个额度，监护人或保佐人自该额度起，开始有义务根据情形将未成年人或无能力人之收入或产物的多余部分用于投资；

9. 指定在必要情形或基于明显效用而应予出售的财产；

10. 行使本法典和民事诉讼法典所授予的其他权限。

第 648 条 由治安法官主持的亲属委员会的决议的上诉

以下人对治安法官主持的亲属委员会作出的决议，可上诉于一审法官：

1. 表决时不赞同多数人意见的任何成员；

2. 监护人或保佐人；

3. 未成年人的任何亲属；

4. 任何其他对决议有利害关系的人。

除第 650 条之规定外，上诉的期限为 5 日。

第 649 条 由未成年人法官主持的亲属委员会的决议的上诉

对于未成年人法官主持的亲属委员会的决议，第 648 条明列之人在同样的期限并依相同之例外，可上诉于最高法院之民事庭。

第 650 条 对亲属委员会决议的反对之诉

亲属委员会之决议宣告监护人或保佐人无能力、同意其解职或驳回其职务之豁免的，可依情形在 15 日的期限内向法官或最高法院民事庭提起反对之诉。

第 651 条 亲属委员会成员的连带责任

亲属委员会的成员对受监护或保佐者因欺诈或过失遭受的损害和损失连带地承担责任，但对导致损害的决议表示反对者除外。

第 652 条 会议记录

每次亲属委员会会议的纪要应记载于法院的亲属委员会之簿册，以及由亲等最近的亲属保存的特别簿册中。出席会议的所有成员应签名于两个簿册。如果其中一人不能或不愿签署会议纪要，则应记载该事实。

第 653 条　治安法官不履行职责之制裁

治安法官对一切由其行使的与亲属委员会相关的职权不履行、推阻或失职的，未成年人、成年之无能力人或不在者的任何亲属，可以请求初审法官履行此等职责，或请求其指定应履行此职责的治安法官。

法官只要获得治安法官的陈述报告，即应即刻排除所有不当，并应根据具体情形对其处以不超过月最低生活收入 30% 的罚款。

对于未成年人法官，由最高法院民事庭排除不当、处以罚款。

在以上两种情形，罚款并不免除有过错的法官承担职务责任。

第 654 条　法官和民事庭的特殊权限

亲属委员会的组成发生迟延，或存在阻碍会议召开或审议的障碍时，依其情形亦由初审法官或最高法院的民事庭在紧急状态下指令采取有利于未成年人、成年之无能力人或不在者的人身或利益的措施。

第 655 条　有管辖权的法官

在无治安法官的省会城市，初审法官行使本法典所指的监护职权。

第 656 条　上诉

对治安法官的裁决，可以上诉于初审法官；对未成年人法官的裁决，可上诉于最高法院民事庭。

第 657 条　亲属委员会成员之职务的终止

亲属委员会成员的职务因死亡、宣告破产或解职而终止。

因嗣后发生的履职之法定障碍而辞职的，其职务亦终止。

导致监护人解职的原因适用于亲属委员会成员。

第 658 条　亲属委员会的终止

亲属委员会终止的情形与监护或保佐终止的情形相同。

第 659 条　由法官解散亲属委员会

不存在为履行其职责所必要之成员人数时，法官应解散亲属委员会。

第四编　继承法

第一篇　继承之一般规定

第一题　依继承发生的移转

第660条　依法当然发生继承移转

自某人死亡之时起,构成其遗产的财产、权利和义务移转至其继承人。

第661条　遗产限度内之责任

继承人仅在遗产范围内对遗产债务和负担负责。继承人对超过部分负举证责任,但有通过法院制作的财产清单的除外。

第662条　遗产限度外的责任

有以下情形的,继承人丧失第661条所赋予的利益:

1. 故意隐匿继承财产;
2. 虚构债务或处分被继承人遗留的财产,损害遗产债权人的权利。

第663条　对继承有管辖权的法官

被继承人在本国有其最后住所之地的法官,有权受理非讼程序以及和继承有关的案件。

第二题　遗产回复请求权

第 664 条　遗产回复之诉

继承人若未占有其认为应归属于他的财产,有权请求遗产之回复,此项权利应针对以继承名义全部或部分占有上述财产者,其目的是对其予以排斥或与之共同继承。

如果已由法院宣告了继承人,而请求人认为该宣告遗漏了其作为继承人的权利,则可在前款所指的请求之外,一并请求宣告其为继承人。

本条所指请求权不受时效限制,且适用普通审理程序。

第 665 条　继承财产返还之诉

非善意第三人与占有继承财产之表见继承人订立有偿合同,依此取得继承财产的,可对其提起返还之诉。

对于已登记的财产,如果在合同成立之前,在相应登记簿中已妥为登记曾保护表见继承人并表明向其移转所有权的权源,且未记录影响所记载之权利的诉请和保全措施,则取得人被推定为善意。在其他情形,真正的继承人有权向无偿取得或无原因取得遗产之人提起返还之诉。

第 666 条　因继承财产之转让发生的返还和补偿

转让继承财产的善意占有人有义务向继承人返还其价金,若其成为债权人,则收取债权之权利应移转于继承人。在所有的情形下,恶意占有人有义务向继承人补偿财产及其孳息的价值,并赔偿对其造成的损害。

第三题　不配

第667条　因不配而排除继承

下列人因不配而被排除作为继承人或受遗赠人对特定人的继承：

1. 故意谋害被继承人或其尊血亲、卑血亲、配偶之生命的主犯和从犯，或者未遂者，此不配原因不因赦免或刑事追诉时效而消灭；

2. 因对被继承人或前款所指任何人实施故意犯罪而被判有罪者；

3. 诬告被继承人实施犯罪行为之人，而法律对该犯罪行为有剥夺自由之处罚；

4. 为阻碍被继承人订立遗嘱，或为强迫其订立遗嘱，或为使其全部或部分撤销已订立之遗嘱，而使用欺诈或胁迫之人；

5. 毁损、隐匿、伪造或修改被继承人之遗嘱者，以及故意利用伪造之遗嘱的人；

6. 不止一次在凌辱被继承人的家庭暴力案件中被生效判决处罚之人；

7. 父母在子女未成年期间未自愿认领的，或者即便在子女成年后，父母在其不能自谋生计时，未依其经济能力提供抚养费和帮助的，不配对子女进行继承。有继承资格的亲属或配偶在依法有义务向被继承人提供帮助和抚养费，且已通过司法途径被作出此等安排时，却未予提供的，也不配继承。

第668条　依判决排除不配者

因不配而排除继承人或受遗赠人的，应依判决而宣告,此诉讼可由被召领继承者向缺席或到场的不配者提起。

此诉权于不配者占有遗产或遗赠物1年后因时效而消灭。

第669条 因不配而剥夺继承权和对不配的宽恕

被继承人可依剥夺继承权之规范,以不配为由剥夺其必要继承人的继承权,也可依此等规范宽恕不配者。

第670条 不配之人身属性

不配具有人身性。不配之继承人丧失的继承权移转于其卑血亲,后者代位继承之。对于其未成年之卑血亲由此原因取得的财产,不配者无用益权和管理权。

第671 宣告不配的效力

不配者被宣告排除继承的,有义务将继承财产返还于遗产并归还孳息。如果已将继承财产转让,则取得人之权利的有效性依第665条规定处理,其补偿义务依第666条第二段之规定。

第四题　遗产的承认和抛弃

第 672 条　遗产承认的方式

明示承认可以公文书或私文书为之。如果继承人占有遗产,或实施其他确定表明其承认之意愿的行为,则发生默示的承认。

第 673 条　遗产承认之推定

继承人在共和国境内经历 3 个月之期限,或其在国外经历 6 个月之期限,未抛弃遗产者,则推定遗产已被承认。上述期限不因任何原因而中断。

第 674 条　遗产和遗赠的抛弃

可自由处分其财产之人,可以抛弃遗产和遗赠。

第 675 条　抛弃的程式

抛弃应以公证书或在有权审理该继承的法官面前作成的文书形式作出,否则无效。文书必须入册。

第 676 条　债权人对抛弃的反对

如果抛弃对抛弃者的债权人产生损害,则债权人可在知悉抛弃后 3 个月内提起反对之诉,以使损害其权利的部分被宣告为无效。基于诉请所宣告的裁决应根据财产的性质,决定进行司法管理抑或公开拍卖,以清偿抛弃者的债务。若有剩余财产,则转移至受益于抛弃的继承人。

反对之诉请适用即决程序。

第 677 条　承认和抛弃的性质

遗产之承认和抛弃不得是部分的、附条件或附期限的。二者不可撤销,且其效力追溯至继承开始之时。

第 678 条　将来之遗产

不存在对将来之遗产的承认或抛弃。

第679条 遗产承认或抛弃之权利的可转移性

承认或抛弃遗产的权利转移至继承人。在此情形，第673条之期限自前继承人死亡之日起计算。

第680条 不意味着承认或抛弃的行为

在第673条之期限尚未届满期间，继承人对遗产实施的临时管理行为和保存行为，不意味着承认，亦不妨碍抛弃的成立。

第五题　代位继承

第 681 条　代位继承人

基于代位继承,卑血亲有权取代其尊血亲之地位和亲等,受领后者若生存本归属于他的遗产或者后者所抛弃的或因不配、被剥夺继承权而丧失的遗产。

第 682 条　直系之代位继承

在直系卑血亲,代位继承不受限制,且无差别地有利于子女之卑血亲而发生。

第 683 条　旁系之代位继承

在旁系亲属,仅在对某兄弟姐妹进行继承时,为使先死之兄弟姐妹的子女在第 681 条规定的情形对其享有的代位继承权能实现而与其他生存之兄弟姐妹一起参与继承,才发生代位继承。①

第 684 条　代位继承的效力

基于代位继承而参与继承的人,按房(株)取得其所代位之继承人本应取得的遗产。

第 685 条　法定继承和遗嘱继承中的代位

在法定继承中,代位继承适用于第 681 条至第 684 条所指诸情形。在遗嘱继承中,代位继承一视同仁地适用于直系卑血亲,对旁系亲属则适用第 683 条的规定,但遗嘱人另有处分者除外。

---

① 例如,在兄弟姐妹甲、乙、丙之间,若甲先于乙死亡,则在对乙继承时,甲的子女若属于第 681 条规定的代位继承之情形,则该子女基于代位继承和在世的丙一起对乙进行继承。　译者注

第二篇 遗嘱继承

第一题 一般规定

第 686 条　依遗嘱继承

一个人可依遗嘱就其死亡后而全部或部分处分其财产,并在法律规定的范围,依法律指定的形式决定其自己的继承内容。

遗嘱所包含的非财产性处分,即使遗嘱仅以此为限,亦为有效。

第 687 条　订立遗嘱之无能力

下列人无订立遗嘱的能力:

1. 未成年人,但第 46 条规定的情形除外;

2. 第 43 条第 2、3 项和第 44 条第 2、3、6、7 项规定之人;

3. 订立遗嘱时,由于任何原因(纵为短暂)欠缺为订立遗嘱所必要的清醒心智和自由的人。

第 688 条　遗嘱处分之无效

遗嘱处分有利于在其面前订立遗嘱之公证员、其配偶或第四亲等之内的血亲和第二亲等之内的姻亲的,以及有利于遗嘱证人的,无效。

第 689 条　准用关于法律行为之负荷的规范

关于法律行为之负荷的一般规定,适用于遗嘱处分;违反法律之强制性规定的条件和负担,均视为未被订立。

第 690 条 遗嘱行为之人身属性

遗嘱处分应为立遗嘱者意志之直接表达,立遗嘱者不得授权他人订立遗嘱,也不得将其处分委诸第三人认定。

第二题　订立遗嘱之程式

第一节　共同规定

第 691 条　遗嘱的类型

普通遗嘱有：以公证书订立的遗嘱、密封遗嘱和亲笔遗嘱。特殊的遗嘱为军人遗嘱和海上遗嘱，此等仅在本题规定的情形被允许。

第 692 条　文盲的遗嘱

文盲仅得以公证书订立遗嘱，并遵循第 697 条规定的额外程式。

第 693 条　盲人的遗嘱

已被废除。

第 694 条　哑人、聋哑人和其他人之遗嘱的程式

已被废除。

第 695 条　遗嘱程式

一切遗嘱的程式均包括书面形式、订立日期、遗嘱人的姓名及其签名，但第 697 条另有规定的除外。各类型遗嘱的特别程式不得适用于其他类型的遗嘱。

第二节　公证遗嘱

第 696 条　公证遗嘱的程式

公证遗嘱的必要程式为：

1. 遗嘱人、公证员和 2 名有资格的证人自始至终参

与唯一的一次行为;

2. 遗嘱人通过向公证员口述其遗嘱,或亲自向其书面提交遗嘱应包含之处分,以自行表达其意思;

3. 公证员在其公证书登记簿中亲笔书写遗嘱;

4. 遗嘱的每一页均由遗嘱人、证人和公证员签名;

5. 遗嘱应由公证员、遗嘱人或其选择的证人清晰诵读;

6. 诵读遗嘱期间,应在结束每一条款时,验证所含内容是否为其意思表示;如果遗嘱人系听力或语言有障碍之人,可直接或通过翻译表达其同意或意见;

7. 公证员应记录遗嘱人在诵读后可能作出的指示,并修正任何已发生的错误;

8. 遗嘱人、证人和公证员在同一文书中签署遗嘱。

第 697 条　应其所请的遗嘱证人

遗嘱人若系文盲,应向其诵读两次遗嘱,一次由公证员诵读,另一次则由遗嘱人指定的遗嘱证人诵读。遗嘱人若系视力有障碍之人,遗嘱可由其自己利用技术帮助予以诵读,或者可由公证员或遗嘱人指定的遗嘱证人诵读。遗嘱人若为听力或语言有障碍之人,遗嘱应由其自己诵读,记录于公证员登记簿,或借助于翻译进行诵读。如果遗嘱人不会或不能签名,则由其指定的遗嘱证人,应其请求就遗嘱中一切应予提及的事项进行签署。

第 698 条　遗嘱订立的中止

若因任何事由,遗嘱的订立被中止,则应记录该情形,并由遗嘱人签名,若系可能,证人和公证员亦应签名。若欲继续订立遗嘱,应当重新召集遗嘱人以及可能的情况下相同的公证员和证人,或在不可能的情形召集其他公证员或证人。

第三节　密封遗嘱

第 699 条　密封遗嘱

密封遗嘱的必要程式为:

1. 记录遗嘱的文件由遗嘱人在每一页签名,若由其本人手书,则仅需其在最后一页签名；并将其置于适当密封之信封或封闭之封皮内，以便非经破损或改造封皮即不能取出遗嘱。

至于由有视力障碍之人制作的遗嘱，则可依盲文作成，或者利用其他媒介或替代的交流手段作成，每页应有其指纹和签名，遗嘱应放入符合第1款规定的各项条件的信封中；

2. 遗嘱人在两位有资质的证人面前，亲自把前述密封文件移交于公证员，并告知内有其遗嘱。若遗嘱人为哑人或不能言语，则应在封面上书面告知；

3. 公证员在遗嘱的封面上记载包含由遗嘱人订立遗嘱以及公证员受领的记录，该记录应由遗嘱人、证人和公证员签名，公证员则将其载入其登记簿，并由此等人员签名；

4. 第2项和第3项所指程式，由遗嘱人、证人和公证员集中于唯一的一个行为完成，公证员应向遗嘱人签发业经证明的上述记录之副本。

第700条　密封遗嘱的撤销

密封遗嘱由公证员保存。遗嘱人可在任何时候请求返还该遗嘱，公证员应在2名证人在场时返还之，并在其登记簿记录移交之事实，遗嘱人、证人和公证员应在记录上签名。此项返还产生撤销密封遗嘱的效力，即使其内部文件因满足第707条第一部分所指的要件可以作为亲笔遗嘱而有效。

第701条　密封遗嘱的保管和向法院提交

由其保管密封遗嘱的公证员应以必要的安全措施保存之，直至遗嘱人死亡后，有管辖权的法官依证实遗嘱人已死亡和存在遗嘱的利害关系人的请求，指令公证员提交遗嘱。有管辖权的法官应在传讯预设的继承人或受遗赠人后作出裁定。

第702条　密封遗嘱的开启

密封遗嘱被提交后，法官在传讯第701条所指之人后，应按照《民事诉讼法典》①处理。

第703条　密封遗嘱变更为亲笔遗嘱

如果法官证实密封遗嘱的封面被损坏，以致包含遗嘱的密封函件可能已被改动，则在该文件符合第707条第一部分所规定的要件时，

---

① 此处的《民事程序法典》应被理解为《民事诉讼法典》。

应裁定其作为亲笔遗嘱而有效。

第四节　公证员和遗嘱证人的资质障碍

第 704 条　公证员之资质障碍

公证员若为遗嘱人第四亲等内的血亲或第二亲等内的姻亲,不得参与订立公证遗嘱或核准密封遗嘱。

第 705 条　不得成为遗嘱证人者

下列人不得成为遗嘱证人:

1. 无订立遗嘱能力的人;

2. 已被废除;

3. 文盲;

4. 遗嘱中其本人及其配偶、尊血亲、卑血亲和兄弟姐妹被设立为继承人和受遗赠人的人;

5. 与遗嘱人存在前项所指之亲属关系的人;

6. 仅能以遗嘱声明证明其债权正当性的遗嘱人之债权人;

7. 公证员之配偶,其第四亲等内的血亲或第二亲等内的姻亲,以及其本人或其他公证员的从属人员;

8. 同一遗嘱中的夫妻。

第 706 条　有资质障碍之证人参与订立的遗嘱的有效

遗嘱证人的资质障碍在其参与订立遗嘱时不为人知的,只要共识认为其有证人资质,则视其为有资质。

第五节　亲笔遗嘱

第 707 条　亲笔遗嘱的程式

亲笔遗嘱的必要程式为:由遗嘱人本人书写全部内容、标注日期并签名。若系视力有障碍之人制作,则应符合第 699 条第 1 项第二段的规定。

为产生其效果,亲笔遗嘱应在遗嘱人死后最多 1 年的期限内预先经过法院验证予以入册。

第 708 条　向法官提交亲笔遗嘱

亲笔遗嘱的保存者有义务在知悉遗嘱人死亡之后 30 日内将亲笔遗嘱提交给有管辖权的法官,否则对其延迟导致的损害承担责任;尽管如此,第 707 条最后一款的规定仍须遵守。

第 709 条　由法院开启亲笔遗嘱

在提交亲笔遗嘱以及经证明的遗嘱人之死亡文书副本或法院的死亡推定之宣告后,法官经传唤假定的继承人,应在亲笔遗嘱被密封的情形开启之,并依《民事诉讼法典》之应予适用的规定,对遗嘱的每一页签署全名和加盖法院印章,并采取必要措施以鉴定的方式验证遗嘱人之笔迹和签名的真实性。

仅在欠缺鉴定之要素时,法官可裁定由熟悉遗嘱人之笔迹和签名的 3 位证人进行核实。

在遗嘱乃以盲文或者其他媒介或替代的交流方式制作的情形,应核实遗嘱人的签名和指纹。

第 710 条　亲笔遗嘱之官方翻译

如果遗嘱并非以西班牙语书写,法官应指定一位官方翻译。此外,如果遗嘱人系外国人,则在其国籍国有领事时,翻译应听取领事意见。同样,如果遗嘱系以盲文或者其他媒介或替代的交流方式制作,法官亦可指定一名翻译。译本应附加于原文,且由译者附签其名,其签名须由法院书记员认证。法官亦应通过签署全名和加盖法院印章认证该文件。

此规定亦适用于密封遗嘱之认证。

第 711 条　遗嘱的入册

遗嘱的真实性及其形式要件之符合一经证实,法官应将文件入册。

第六节　军人遗嘱

第 712 条　军人遗嘱

武装部队和武装警察的成员若在战时因被部署或参与军事行动

而驻扎于国内或国外,可以订立军人遗嘱;随军或军队服务人员,以及被上述军事力量控制的战俘,有同样的权利。

依据国际公约,被敌军控制的俘虏也有同样的权利。

第 713 条　可在其面前订立军人遗嘱之人

军人遗嘱可以在 1 名军官面前订立;或者在遗嘱人所属分队的指挥官面前订立,即使该指挥官并无军衔;或者在遗嘱人受伤或患病时对其进行救助的医师或牧师面前订立;此外,尚须 2 名证人在场。

此等遗嘱的程式为:书面记载,且由遗嘱人、在其面前订立遗嘱之人和证人签名。

第 714 条　对军人遗嘱之开启有管辖权的法官

军人遗嘱应被尽可能便捷地通过规定渠道送达于相应总部,此总部应载有在其面前订立遗嘱之人的军衔或委任书。遗嘱继而应寄送给相关部门,再由其寄送至遗嘱人最后住所所在省的省会的初审法官。

如果第 712 条所指之人死亡时在其衣物内发现亲笔遗嘱,则依照相同的程序处理。

第 715 条　军人遗嘱的失效

自遗嘱人不再征战,且到达能订立普通遗嘱的本国领土之时起满 3 个月,军人遗嘱失效。

失效期限自认证遗嘱人回归的正式文件签发之日起算,但在途期间不予计算。

如果遗嘱人在规定的失效期限前死亡,其假定的继承人或受遗赠人应向保管遗嘱的法官请求,对遗嘱依第 707 条第 2 款至第 711 条的规定进行司法鉴定和公证入册。

如果在第 712 条所指情形下订立的遗嘱符合亲笔遗嘱之要件,则在遗嘱人死亡后 1 年失效。

第七节　海上遗嘱

第 716 条　可以订立海上遗嘱之人

秘鲁军舰上的舰长、职员、船员和任何其他人,可以在水上航行期间订立遗嘱。

在过境或从事沿海贸易、悬挂秘鲁国旗的商船上的，或以工业或科学研究为目的的船只上的职员、船员、乘客和任何其他人，在航海期间享有同样的权利。

第717条　海上遗嘱的程式

海上遗嘱应在舰船的指挥官或其授予此职权的职员面前订立，此外应有2名证人在场。军舰司令官或商船船长的遗嘱应在仅次于其职位者面前订立。

此等遗嘱的程式为：书面写明，且由遗嘱人、遗嘱在其面前被订立之人和证人签名。此外，尚须制作一份与原件有着同样签名的副本。

海上遗嘱应记录于航海日志中，此情形亦应记载于已由船舰指挥者批阅的2份遗嘱文本中，且应与该指挥者的文件一同保存。

第718条　海上遗嘱的保护

如果船舰在返回秘鲁之前抵达有领事办事处的外国港口，当值的指挥官或船长应将其中一份遗嘱文本交予该办事处。为达成第719条所指的目的，如果遗嘱系在军舰上被订立，则办事处应将遗嘱寄送给海军部，或如果遗嘱乃于商船上订立，则寄送给港务总局。

第719条　海上遗嘱的手续

舰船返回秘鲁时，如果其为军舰，则2份文本或第718条情形下剩余的文本应交予海军部；或如果其为商船，则应将其交予抵达港的港务局，以便其转交港务总局。在前述任一情形下，相应机构应寄送一份遗嘱文本至遗嘱人最后住所所在省的初审法官，另一份则应归档。如果遗嘱人为外国人且在秘鲁无住所，则将一份文本交至外交部。

在遗嘱人航行期间死亡的情形，则应在每份遗嘱中附加一份业经证明的死亡证书之副本。在相同的情形，如果在死者衣物中发现亲笔遗嘱，则应随同舰船上的其他文件一同保存，并附加业经证明的死亡证书副本，对此应遵守前款规定的同一程序。

第720条　海上遗嘱的失效

海上遗嘱自遗嘱人确定地上岸3个月后失效。如果遗嘱人在该期限届满前死亡，其假定的继承人或受遗赠人应向保管遗嘱的法官请求，对遗嘱依第707条第2款至第711条的规定进行司法鉴定和公证入册。

如果在第 716 条所指情形下订立的遗嘱符合亲笔遗嘱之要件,则于遗嘱人死亡后 1 年失效。

第八节 在外国订立的遗嘱

第 721 条 在外国订立的遗嘱:程式

在国外定居或居留的秘鲁人可以在秘鲁领事工作人员面前,根据第 696 条至第 703 条之相关规定,订立公证遗嘱或密封遗嘱。在此等情形,由领事工作人员充任公证员。

上述秘鲁人亦可订立亲笔遗嘱,即使所在国的法律不承认此种遗嘱,其在秘鲁亦为有效。

第 722 条 在外国订立的遗嘱的有效

在其他国家由秘鲁人或外国人在被授权之公职人员面前,根据相关国家法律规定的程式订立的遗嘱,在秘鲁就其形式而言是有效的,但共同遗嘱、口头遗嘱以及与秘鲁法律相抵触的遗嘱负荷[①]除外。

[①] 所谓遗嘱负荷,含遗嘱所附条件、期限和负担。——译者注

第三题　特留份和可处分的份额

第 723 条　特留份的概念
特留份为遗嘱人有必要继承人时不得自由处分的遗产部分。

第 724 条　必要继承人
子女和其他卑血亲、父母和其他尊血亲以及配偶、事实结合中生存的成员,为必要继承人。

第 725 条　自由处分的 1/3 部分
有子女或其他卑血亲或配偶者,可以自由处分其财产的 1/3。

第 726 条　自由处分的 1/2 部分
仅有父母或其他尊血亲的人,可以自由处分其财产的一半。

第 727 条　自由处分
无配偶也无第 725 条和第 726 条所指之亲属者,可自由处分其全部财产。

第 728 条　可处分份额承受的负担
如果遗嘱人有义务根据第 415 条支付扶养费,可处分份额须在履行该义务所必要的范围内承受负担。

第 729 条　必要继承人的特留份
每一位必要继承人的特留份与其在法定继承中应占份额相等,且其共同继承、(继承之)参与或(继承之)排除同样适用法定继承的规定。

第 730 条　配偶的特留份
配偶的特留份,独立于其在婚姻共同财产之清算中就所得①享有的权利。

第731条 生存配偶的终生居住权

如果生存配偶与其他继承人共同继承,而其以特留份和所得之名义所享有的权利没有达到若将夫妻原居住之房屋判归他(她)的必要价值,则该配偶可以选择就该住房以无偿和终身的形式获得居住权。此项权利以该房屋价值和其以特留份及所得名义所获权利之价值间存在的差额为基础。

该价值间的差额应由被继承人自由处分的份额承受,若有必要,由留存给其他继承人的份额按其继承权之比例来承受。

在此情形,其他财产应排除生存的配偶而在其他继承人之间分配。

第732条 生存配偶的用益权

在第731条之情形,生存的配偶若无允许其维持住房费用的经济条件,可经法院许可将其出租,为自己收取租金,并就该房屋价值和其以特留份及所得名义所获权利之价值间存在的差额,行使专属于用益权人的其他权利。如果租赁消灭,生存的配偶可依其单方意思重新取得第731条所指的居住权。

在承受居住权或用益权期间,上述房屋依其情形应有家产之法律地位。

如果生存的配偶再婚、非婚同居或死亡,则本条和第731条赋予他(她)的权利消灭,财产的分割应迅速进行。生存配偶放弃此等权利的,其亦告消灭。

第733条 特留份的不可侵犯性

遗嘱人仅得在法律明确规定的情形下剥夺其必要继承人的特留份,遗嘱人也不得就特留份设定任何负担、负荷或替补。除规定的情形外,遗嘱人也不得剥夺其配偶依第731条和第732条获得的权利。

---

① 关于所得,参见第323条。——译者注

第四题　继承人和受遗赠人的设立和替补

第734条　继承人或受遗赠人的设立

除第763条规定者外,继承人或受遗赠人的设立应指向遗嘱人以明确的方式指定的特定之人,且设立仅应以遗嘱为之。

第735条　概括继承和单一物继承

继承人的设立为概括继承,其包括构成遗产或财产份额的财产整体、权利和义务。受遗赠人的设立是单一物继承,除第756条规定者外,其以特定的财产为限。遗嘱人就继承人还是受遗赠人发生的名称错误,不改变其处分的性质。

第736条　设立必要继承人的形式

必要继承人的设立,应以单纯和绝对的形式为之。遗嘱人课加的负荷视为未设立。

第737条　意定继承人的设立

无必要继承人的遗嘱人,可以设立一个或数个意定继承人,且可以对其中每一位指定遗产份额。如果没有指定份额,则此等继承人均等继承。

第738条　对受遗赠人的可处分财产

遗嘱人如果有必要继承人,可以其可处分财产部分设立受遗赠人,如果无必要继承人,可以其财产之全部设立受遗赠人,并指定分配给每一位受遗赠人的财产。

遗嘱人可以对意定继承人和受遗赠人课加不违背法律、善良风俗和基本权利之自由行使的条件和负担。

第739条　属于法定继承人的剩余部分

如果没有必要继承人的遗嘱人未设立意定继承人,且仅就其部分财产施以遗赠,则剩余部分属于其法定继承人。

第 740 条 意定继承人和受遗赠人的替补人

遗嘱人可以指定意定继承人和受遗赠人的替补人,以应对被设立者先于遗嘱人死亡之情形,或被设立者抛弃遗产或遗赠之情形,或其因不配而丧失继承或遗赠之情形。

第 741 条 替补人和被设立者之间条件和负担的平等性

替补的意定继承人和受遗赠人须遵守与被设立者相同的条件和负担,但遗嘱人另有规定,或所课加的条件和负担依其性质固属于被设立者之个人的,除外。

第五题　继承权的剥夺

第 742 条　继承权剥夺的概念

依继承权之剥夺,遗嘱人对具备法律规定之任何事由的必要继承人,可剥夺其特留份。

第 743 条　剥夺继承权之事由的示明义务

剥夺继承权之事由应在遗嘱中示明。继承权之剥夺未示明事由的,或无法律规定之事由的,或附有条件的,无效。继承权之剥夺立基于虚假事由的,可予撤销。

第 744 条　直系卑血亲被剥夺继承权的事由

直系卑血亲被剥夺继承权的事由为：

1. 在行动上虐待或严重且多次伤害直系尊血亲或其配偶(如果也是行为人的直系尊血亲)；

2. 无正当理由拒绝扶养直系尊血亲,或者当其身患重病或生活不能自理时将之遗弃；

3. 无正当理由剥夺其自由；

4. 直系卑血亲采用丧廉耻或不道德的生活方式。

第 745 条　直系尊血亲被剥夺继承权的事由

直系尊血亲被剥夺继承权的事由为：

1. 无正当理由拒绝扶养其直系卑血亲；

2. 直系尊血亲遭遇使其丧失或被剥夺亲权的任何事由。

第 746 条　配偶被剥夺继承权的事由

第 333 条第 1 项至第 6 项规定的事由,亦为剥夺配偶继承权的事由。

第 747 条　因不配而被剥夺继承权

遗嘱人可依据第 744 条至第 746 条列举的特定事

由以及第667条规定的不配之事由而剥夺继承权。

第748条 免于被剥夺继承权的人

不得剥夺未成年人的继承权,也不得剥夺有丧失识辨能力之事由的成年人的继承权。此等人也不得因不配而被排除在继承之外。

第749条 剥夺继承权的效力

继承权之剥夺的效力及于特留份,但不扩及于被继承人可予撤销的、向继承人作出的赠与和遗赠,也不扩及于法律规定的扶养费和其他因遗嘱人死亡而属于继承人的权利。

第750条 对继承权之剥夺的反对之诉

反对剥夺继承权的权利属于被剥夺者或其接替者,且在2年后消灭,此期限自遗嘱人死亡或被剥夺者知悉该遗嘱内容之时起算。

第751条 被继承人证明其剥夺继承权之决定合理的诉讼

欲剥夺他人继承权之人可以针对被剥夺继承权之人就其决定的合理性提起诉请。该诉请适用简易程序。所宣判的判决可以阻止对继承权之剥夺的反对。

第752条 继承人就其被剥夺继承权负证明责任

在遗嘱人未为其剥夺继承权之决定的合理性提起诉讼的情形,如果被剥夺者或其接替者反对该决定,应由遗嘱人之继承人证明剥夺继承权之原因。

第753条 继承权之剥夺的撤销

剥夺继承权的撤销,可以通过设立被剥夺者为继承人为之,或者依遗嘱或公证书中的明确表示为之。在此情形,此前用以证明剥夺之合理性的诉讼不产生效力。

第754条 继承权之剥夺的更新

继承权之剥夺一旦被撤销,仅得因嗣后发生的事实被更新。

第755条 被剥夺者的代位继承人

被剥夺继承权之人的卑血亲如果没有被排除继承,可以代位继承属于被剥夺者的特留份。其为未成年人或无能力人的卑血亲依此原因取得的财产,被剥夺者对其既无用益权亦无管理权。

第六题 遗赠

第 756 条 遗赠处分之权能

遗嘱人可在其自由处分之权限内实施慷慨行为,以遗赠名义处分其一个或多个财产或者财产之一部。

第 757 条 遗赠的无效

遗赠特定财产的,如果该财产在遗嘱人死亡时非其所有,则遗赠无效。

第 758 条 不特定财产之遗赠

遗赠不特定动产的,即使该财产在遗产中并不存在,遗赠亦为有效。除非遗嘱人另有不同处分,其选择权属于对该遗赠有清偿之责的人,该人应虑及遗产之可处分份额和受遗赠人的需要,通过给付品质既不低于也不高于该动产的财产而履行之。

第 759 条 遗赠部分属于他人的财产

遗赠的财产仅部分属于遗嘱人,或遗嘱人就该财产享有其他权利的,遗赠仅就属于遗嘱人的部分或权利而有效。

第 760 条 遗赠被设定负担的财产

遗嘱人若遗赠被设定担保物权的财产,则该财产连同已有的负担移转于受遗赠人。为债务本金和利息之清偿而设定的供役,由遗嘱人负担至其死亡之日。

第 761 条 遗赠受使用权、用益权和居住权约束的财产

如果遗赠的财产受到有利于第三人的用益权、使用权或居住权的约束,受遗赠人应尊重此等权利,直至其消灭。

第762条 债权之遗赠和债务免除之遗赠

债权之遗赠,仅对于该债权在遗嘱人死亡之时仍存在的部分具有效力。继承人有义务向受遗赠人移交所遗赠之债权的证书。债务免除之遗赠,包括继承开始之日的负债。

第763条 为社会目的之遗赠

为有利于贫困者或文化或宗教之目的而实施的,应由继承人移交给遗嘱人指示之人的遗赠,有效。未指定的,第一种遗赠应移交给公共慈善机构;第二种遗赠移交给国家文化机构或在这样那样的情形下代理其职能的组织;第三种遗赠移交给遗嘱人所信奉宗教的有权机关。

第764条 不动产之遗赠

如果遗赠的是不动产,则遗嘱人在订立遗嘱后增添的土地和新构造物不构成遗赠之一部,但在该不动产上所做的改良,不论其等级如何,均予包括。

第765条 金钱之遗赠

金钱之遗赠应以该种金钱进行支付,即使遗产中并无金钱。

第766条 扶养费之遗赠

遗赠扶养费的,如果遗嘱人未确定其数额和支付方式,则根据第472条至第487条的规定分配给受遗赠人一份扶养费。

第767条 报酬性质的遗赠

报酬性质的遗赠,就受益人因其为遗嘱人提供的服务而应合理归属于他的部分而言,被视为清偿,就其超出部分而言则视为慷慨行为。

第768条 受负荷约束的遗赠

遗赠附停止条件或受制于期限之届满的,若条件未成就或期限届满,则受遗赠人并不取得该遗赠。在此期间,受遗赠人可就其权利采取预防措施。附负担的遗赠,遵循受此种负荷约束之赠与的规定。

第769条 特定财产之遗赠

特定财产之遗赠未附条件或期限的,受遗赠人依该财产在遗嘱人死亡时所处状态取得之。自彼时起,遗赠财产的孳息归属于受遗赠人,财产灭失或损坏的风险亦由其承担,但财产处于其支配之下的人故意或有过失者除外。

第770条 遗赠之缩减

如果数遗赠的价值超过遗产之可支配部分的价值,则按比例予以缩减,但遗嘱人已确定应予支付之顺序者除外。

对任何共同继承人实施的遗赠无须被缩减,但遗产不足以清偿债务者除外。

第771条　意定继承人的1/4份额权

如果可自由处分其财产的遗嘱人设立意定继承人和受遗赠人,则属于意定继承人的份额不应少于遗产的1/4,为达成此项目的,在必要时诸遗赠应按比例缩减。

第772条　遗赠的失效

在下列情形,遗赠失效:

1. 受遗赠人先于遗嘱人死亡;

2. 受遗赠人因其过错而由法院裁判与遗嘱人离婚或分居;

3. 遗嘱人让与遗赠的财产或该财产在继承人无过错的情形下灭失。

第773条　遗赠的接受和抛弃

第677条的规定准用于遗赠。

第七题　添加权

第 774 条　共同继承人之间的添加权

如果就财产之整体设立数个继承人而未确定其份额,或其份额相等,且其中之一不愿或不能受领其份额,则除代位继承权外,该份额添加到其他人的份额内。

第 775 条　共同受遗赠人的添加权

如果同一财产被遗赠给数个受遗赠人而未确定份额,且其中之一不愿或不能受领属于其的份额,则该份额应添加到其他人的份额内。

第 776　遗赠重新并入继承财产

遗赠因任何事由不生效力,或受遗赠人不愿或不能受领时,该遗赠应被重新并入继承财产。

第 777 条　添加权之不宜适用

遗嘱中有遗嘱人不同之意思的,不发生添加权。

第八题　遗嘱执行人

第 778 条　遗嘱执行人的指定
遗嘱人可以委托一个或数个人,指定其为遗嘱执行人,履行其遗嘱处分。

第 779 条　指定的程式
遗嘱执行人的指定,应记载于遗嘱中。

第 780 条　数位遗嘱执行人
若有数位指定的遗嘱执行人共同执行职责,则其所有人共同实施的,或由其他人许可的一人实施的,均为有效。存在分歧时,多数人决定者有效。

第 781 条　遗嘱执行人的连带责任
共同执行职务的数位遗嘱执行人承担连带责任,但遗嘱人另有规定者除外。

第 782 条　遗嘱执行人的共同执行或相继执行
如果遗嘱人未规定遗嘱执行人共同履职,也未将特定职责赋予其中的每一位,则其中一些执行人在其他执行人缺位时,应按照其被指定的顺序相继履行职责。

第 783 条　不得担任遗嘱执行人的人
有第 667 条、第 744 条、第 745 条和第 746 条之情形者,不得成为遗嘱执行人。

第 784 条　由法人担任遗嘱执行人
由法律或其章程授权的法人可以成为遗嘱执行人。

第 785 条　遗嘱执行人的推辞和辞职
遗嘱执行人可以推辞接受该职务,但如果其接受之,则仅得基于由法官判断的正当原因而辞职。

第 786 条　接受职务之期限

在遗嘱执行人尚未接受或推辞职务期间,有权审理该继承的法官,应依利害关系人的申请,为接受该职务确定一个合理的期限,期限经过后应被视为拒绝。

第787条 遗嘱执行人的义务

遗嘱执行人的义务为:

1. 在不违反第13条规定的情形下,依遗嘱人之要求埋葬或火化其尸体;

2. 为保障继承财产,行使裁判上的或非裁判上的诉权;

3. 延请其所知的继承人、受遗赠人和债权人出席,对构成遗产的财产通过法院制作清单;

4. 管理未被遗嘱人析产的遗产,直至其被移交给继承人或受遗赠人,但遗嘱人有不同规定的除外;

5. 在继承人知情的情形下,清偿遗产之债务和负担;

6. 支付或移交遗赠;

7. 为清偿遗产之债务和遗赠而必需时,经遗嘱人、继承人或法官的明示许可而出售遗产;

8. 处理遗产的分割;

9. 执行遗嘱人之特别托付;

10. 在被提起的反对之诉中支持遗嘱的有效性,但继承人在此情形下的出庭不受影响。

第788条 遗嘱执行人的特定代理人身份

遗嘱执行人并非关于遗嘱的起诉和应诉之代理人,而是就遗嘱人之托付,对属于他(她)的管理以及第787条第10项之情形进行代理。

第789条 职务之人身属性

遗嘱执行人之职责不可被代理;但在合理的情形下,可依遗嘱执行人的命令并由其承担责任,由代理人执行某项职责。

第790条 由遗嘱执行人占有遗产

如果遗嘱人未设立继承人,而只是设立受遗赠人,则继承之财产由遗嘱执行人占有,直至遗产债务和遗赠被清偿为止。

第791条 遗嘱执行人的保管行为

继承人或受遗赠人可请求遗嘱执行人采取必要措施,以保持继承之财产完好无损。

第 792 条 法官指定的遗嘱执行人

如果遗嘱人未指定遗嘱执行人,或指定的遗嘱执行人不能或不愿履行职务,其职责应由继承人执行,若继承人意见不一致,则应请求法官指定遗嘱执行人。

第 793 条 遗嘱执行人的报酬

遗嘱执行人之职务应计酬,但遗嘱人指明为无偿的除外。

报酬不应超过遗产之净额的 4%。

遗嘱人未确定报酬的,法官应确定之,其亦应确定其指定之遗嘱执行人的报酬。

第 794 条 遗嘱执行人账目之提交

即使遗嘱人免除其此行义务,遗嘱执行人亦应在其职务终止后 60 日内,就其管理向继承人提供书面报告和可能存在的相应账目,并附加该情形中的文件,或提供其他证明手段。账目就其内容不需要遵循特别程序,仅须描述经整理的收支关系。

在民事法官应任何继承人的请求而有此命令时,遗嘱执行人在其履职期间亦应履行此项义务,其频率不少于每 6 个月一次。此项请求适用非讼程序。

报告和账目如果在提交后 60 日内未被向法院申请不予核准,以启动普通审理程序,则被视为核准。

本条规则亦补充适用于所有其他有提交收支账目或管理报告之法定或约定义务的情形。

第 795 条 遗嘱执行人的解职

遗嘱执行人在遗嘱人死亡、遗嘱入册或相应地由法院指定为执行人后 90 日内,或者在继承人以公证方式要求其制作遗产清单的 30 日内,不开始制作清单的,可申请以即决程序解除其职务。

第 796 条 遗嘱执行人职务之终止

遗嘱执行人的职务因下列事由终止:

1. 自其接受职务之时起已历时 2 年,但遗嘱人指定更长期限,或法官征得大多数继承人同意后授予更长期限的,除外;

2. 已完成其职责;

3. 经法官核准而辞职;

4. 发生阻碍其履行职务之法律上的或身体上的无能力;

5.依有充分理由之当事人的请求而被法官解职；

6.死亡、失踪或宣告不在。

第797条 遗嘱执行人履行遗嘱人之意思的义务

遗嘱执行人在履职期间,且在其履职后的任何时间,有权要求履行遗嘱人之意思。遗嘱执行人辞职或被解职的,失去此权限。

第九题　遗嘱的撤销、失效和无效

第一节　撤销

第 798 条　遗嘱的撤销

遗嘱人有权随时撤销其遗嘱处分。一切相反的意思表示,无效。

第 799 条　撤销的形式

遗嘱之明示撤销,无论是全部或部分的,抑或某些处分的撤销,仅得通过任何形式的其他遗嘱为之。

第 800 条　在先遗嘱的效力恢复

如果撤销先前遗嘱的遗嘱被另一在后的遗嘱撤销,则最先的遗嘱之处分恢复效力,但遗嘱人明确表示相反意思的除外。

第 801 条　遗嘱之部分撤销

未由在后遗嘱全部且明确撤销的遗嘱,仅就其与前者相容的处分继续有效。

第 802 条　密封遗嘱的撤销

如果遗嘱人从保管之公证人处撤回密封遗嘱,则该遗嘱被撤销。

第 803 条　密封遗嘱被视为亲笔遗嘱而有效

在第 802 条规定的情形,以及在遗嘱人对其启封的情形,如果密封遗嘱之内封函件得以保管,且其符合第 707 条第一部分规定的诸程式,则其视同亲笔遗嘱而有效。

第 804 条　亲笔遗嘱的撤销

如果遗嘱人破损、毁坏或以其他方式废弃亲笔遗嘱,则该遗嘱被撤销。

第二节 失效

第 805 条 遗嘱的失效
在下列情形,遗嘱就继承人之设立而言失效:
1. 遗嘱人遗漏其订立遗嘱之时虽未拥有但如今生存的必要继承人;或遗漏其死亡之时已孕且出生时为活体的必要继承人;
2. 该继承人抛弃遗产,或在遗嘱人之前死亡且无代位继承人,或者该继承人系配偶,且因本人的过错而被法院宣告分居或离婚;
3. 继承人因被宣告不配或剥夺继承权而丧失遗产,且未遗留可代位继承的卑血亲。

第 806 条 必要继承人之遗漏
遗漏一个或多个必要继承人的,在被遗漏者应得的特留份所受影响的范围内,继承人之设立无效。在此等特留份被支付后,可处分之份额归属于被不恰当地设定为继承人者,其法律地位为受遗赠人。

第 807 条 遗嘱处分的缩减
损害继承人之特留份的遗嘱处分,应依其请求,在其超额的范围内予以缩减。

第三节 无效

第 808 条 遗嘱的无效和撤销
无能力的未成年人和患有精神疾病、已被宣告为禁治产的成年人所订立的遗嘱,无效。第 687 条规定的其他无能力人所订立的遗嘱,可予撤销。

第 809 条 遗嘱因意思瑕疵而无效
因胁迫、恫吓或欺诈而订立的遗嘱,可予撤销。遗嘱处分乃因遗嘱人对事实或法律的实质错误而订立的,在该错误出现于遗嘱中,且为遗嘱人决定其处分之唯一动机时，该遗嘱亦可撤销。

第 810 条 因继承人虚假死亡而无效

某遗嘱之订立若明确将先前另一遗嘱中设立的继承人之死亡作为原因，则在该继承人之死讯实乃虚假时，先前的遗嘱有效，嗣后的遗嘱视为未被订立。

第 811 条 因欠缺形式而无效

如果遗嘱违反第 695 条的规定或第 696 条、第 699 条以及第 707 条的分别规定，则除第 697 条规定者外，该遗嘱因欠缺形式而依法当然无效。

第 812 条 因欠缺形式而可撤销

如果遗嘱人选择的遗嘱类型所规定的其他程式未被遵守，则该遗嘱因欠缺形式而可被撤销。在此情形，自愿执行遗嘱之人不得行使撤销诉权，且诉权自继承人知悉该情形之日起 2 年消灭。①

第 813 条 特别遗嘱的无效和可撤销

特别遗嘱若欠缺书面形式、遗嘱人或有权收受遗嘱之人的签名，依法当然无效。在第 812 条的情形，遗嘱可被撤销。

第 814 条 共同遗嘱的无效

由两个或更多人共同订立的遗嘱，无效。

---

① 此期间为除斥期间。——译者注

第三篇　法定继承

第一题　一般规定

第 815 条　法定继承诸情形

在下列情形,遗产属于法定继承人:

1. 被继承人未立遗嘱而死亡;所立遗嘱被全部或部分宣告无效;遗嘱因无法院核准而失效;继承权之剥夺被宣告无效;

2. 遗嘱未设立继承人,或其设立继承人之处分被宣告失效或无效;

3. 必要继承人先于遗嘱人死亡,抛弃继承,或由于不配或被剥夺继承权而丧失继承权,且无直系卑血亲;

4. 意定继承人或受遗赠人先于遗嘱人死亡;或遗嘱人设立的条件未成就;或者此等继承人抛弃继承,或被宣告为不配而未指定其替补人;

5. 无必要继承人或在遗嘱中未设立意定继承人的遗嘱人,未在遗赠中处分其所有财产,此情形下的法定继承仅针对其未处分的财产而实施。

法院就全部或部分的法定继承所作的继承人之宣告,不妨碍被此项宣告遗漏之人利用第 664 条所赋予的权利。

第 816 条　继承的顺序

子女和其他直系卑血亲为第一顺序继承人;父母和其他直系尊血亲为第二顺序继承人;配偶或事实结合中生存的一方,为第三顺序继承人;第四、五、六顺序之继承人,分别为第二、三、四亲等的旁系血亲。

配偶或事实结合中生存的一方,亦作为继承人与本条规定的前二顺序之继承人一起参与继承。

第 817 条 继承之排斥

直系卑血亲排斥直系尊血亲。除代位继承外,亲等更近的亲属排斥亲等较远者。

第二题　直系卑血亲继承

第818条　子女继承权的平等性

所有子女对其父母享有平等的继承权。此规定包括婚生子女、被自愿认领或依判决宣告的非婚生子女对父或母以及父母之亲属的继承,也包括收养的子女。

第819条　按人头和房数的继承

继承权的平等性亦适用于其他直系卑血亲之继承。如果仅由此等卑血亲一起继承,则按人头继承其尊血亲,当其与被继承人子女共同参与继承时,则按房数继承之。

第三题　直系尊血亲继承

第 820 条　父母继承

无子女或其他直系卑血亲的,由父母等份继承。如果仅存单亲,则遗产归属之。

第 821 条　祖父母、外祖父母继承

若无父母,则按照第 820 条所指的方式由祖父母、外祖父母继承。

第四题　配偶继承

第 822 条　配偶和直系卑血亲共同继承

与继承人之子女或其他直系卑血亲共同参与继承的配偶,与子女享有相同的继承份额。

第 823 条　配偶选择用益权

在第 822 条的情形,配偶可以选择对遗产的 1/3 部分享有用益权,但其已获得第 731 条和第 732 条所赋予权利的,除外。

第 824 条　配偶和直系尊血亲共同继承

与被继承人之父母或其他直系尊血亲共同参与继承的配偶,与其中之一享有相同的继承份额。

第 825 条　配偶的排他性继承

如果被继承人无享有继承权的直系卑血亲和直系尊血亲,遗产归属于生存配偶。

第 826 条　配偶不宜继承

配偶之一在结婚之时罹患疾病且在随后的 30 日之内死亡的,不宜由鳏夫或寡妇进行继承,但婚姻之缔结乃为正常化某种事实状态的,不在此限。

第 827 条　善意之配偶的继承权

因与存在结婚障碍者结婚而使婚姻无效的,其无效不影响善意结婚一方的继承权利,但前者在后者之后死亡的除外。

第五题　旁系亲属继承

第 828 条　旁系亲属继承

若无有继承权的直系卑血亲、直系尊血亲和配偶,则遗产归属于第四亲等内的旁系亲属,其中亲等更近者排斥亲等较远者,但依第 683 条的规定,由侄甥代位其父母而与其叔舅姑姨进行共同继承的权利不受限制。

第 829 条　单系兄弟姐妹的共同继承

在同父同母之兄弟姐妹和单系兄弟姐妹共同继承的情形下,前者继承的份额为后者的 2 倍。

第六题　国家和公共慈善机构之继承

第 830 条　国家和公共慈善机构之继承

欠缺遗嘱继承人或法定继承人的,审理案件或处理法定继承的法官或公证人,应将继承财产判归被继承人在本国最后住所地的慈善组织,或在无该组织时,判归该地的社会基金委员会,或被继承人定居于国外的,则判归大利马市慈善会。

如果被继承人有债务,则被判归者有义务在所判财产价值的范围内清偿之。

所判财产之净值的 10% 归属于继承程序或法定继承手续之经办人,该份额应由相应机构以出售上述财产之所得予以缴纳,或采用将其一部分判归经办人所有的方式缴纳。

第四篇　遗产

第一题　合算

第831条　合算的概念

必要继承人以任何名义从被继承人处收受的赠与或其他恩惠，为应予合算之效果而被视为预支遗产，但其被免于合算的除外。

第832条　免于合算之限制

合算之豁免仅限于可处分份额范围之内，且应由遗嘱人在遗嘱或其他公文书中明确表示。

第833条　财产的合算

财产之合算依合算人之选择为之，由其对遗产返还该笔财产或补偿其价值。如果该财产已被转让或被设定抵押，也应就其价值进行合算。在这两种情形下，合算财产的价值应为其在继承开始时所具有的价值。

第834条　实物之合算

实物之合算者应为其利益扣减已为之改良的价值，且应对遗产补偿合算财产因其过错而遭受的损害之价值。

第835条　金钱、债权或有价证券之合算

若系金钱、债权或有价证券方面的恩惠行为，则应根据其具体情形进行公平的重新调整，以确定其在继承开始之时应予合算的价值。

继承人之间存在分歧时,应由有权审理该继承的法官附带地确定其价值。

第 836 条 不予合算的财产

在继承开始之前因不可归责于继承人的事由而灭失的财产,不予合算。

第 837 条 不予合算之费用

用于扶养继承人的费用,或为其提供职业、技艺或工作而开销的费用,不予合算。其他为继承人之利益而支出的费用,只要和支出者之地位以及习惯相符,也不予合算。

第 838 条 不得对保险金和已支付的保险费要求合算

继承人受益之人身保险金,以及由第 837 条第二部分包含的、支付给承保人的保险费,不予合算。

第 839 条 不得对所得收益要求合算

继承人因和被继承人缔结的合同获利的,只要该合同在缔结之时未对其他继承人的权利产生影响,则该收益不予合算。

第 840 条 法定利息和孳息的合算

由应予合算之金钱和其他财产产生的法定利息和孳息,自继承开始之时起并入遗产。

第 841 条 代位继承人之合算

在代位继承的情形,继承人应对其被代位人收受的财产进行合算。

第 842 条 可处分财产之超出部分的合算

特留份之抛弃并不使继承人免于返还其收受的财产,但其返还范围仅限于被继承人可处分份额之超出部分。

第 843 条 合算之专属利益

合算仅惠及继承人,不惠及受遗赠人或继承之债权人。

第二题 不分割和分割

第一节 不分割

第844条 继承人的共同所有权

如果存在数个继承人,则其中每一位均按其有权继承之份额的比例,成为继承财产的共同所有人。

第845条 共有规范的补充适用

本节未予规定的,遗产之不分割适用与共有相关的规定。

第846条 营业之不分割的期限

遗嘱人可将任何包含在遗产中的营业规定为不予分割,其期限可达4年,但继承人不妨正常分配收益。

涉及农业和畜牧开发的,应适用该主题之法律的规定。

同样,若继承须遵守国家立法规定的任何破产程序,则自公布和登记遵守该程序之日起,遗嘱继承或法定继承之遗产应不予分割。

第847条 继承人之间约定的不分割

继承人可约定在第846条所规定的相同期限内就遗产的全部或部分不予分割,也可更新之。

第848条 不分割的登记和效力

不分割仅自其登记于相应的登记簿之日起具有对抗第三人的效力。

第849条 向反对不分割的继承人支付

在不分割的情形,对于不接受的继承人,应向其支付遗产份额。

第 850 条　在期限之前的司法分割

若突发严重情形证明分割合理,则法官可依任一继承人的请求,命令在不分割之期限届满前,就遗产进行全部或部分分割。

第 851 条　未分割之遗产的管理

在未分割期间,遗产应由遗嘱执行人管理,或由所有继承人共同指定的受托人或一名法官指定的管理人管理。

第二节　分割

第 852 条　遗嘱分割

遗嘱人已在遗嘱中作出分割的,不(再)发生分割,在此情形,仅可请求对超过法律允许的部分予以缩减。

尽管有前款之规定,只要继承属于不得分割之情形,而其须遵守的破产程序一直生效,即绝不允许分割。

第 853 条　分割的程式

所有继承人均为有能力人且同意分割的,应对登记于公共登记簿的财产,以公证书的方式进行分割。在其他情形,以私文书进行分割即为已足,但该文书须有经公证员认证的签名。

第 854 条　有资格提起分割之诉的人

如果不存在不得分割之法律制度,则下列人可向法院申请分割遗产:

1. 任何继承人;
2. 继承的任何债权人或任何继承人的债权人。

第 855 条　司法分割的事由

在以下情形,必须由法院进行分割:

1. 存在无能力之继承人,此情形下由其代理人申请;
2. 存在被宣告不在的继承人,此情形下由被赋予对其财产进行临时占有的人申请。

第 856 条　因胚胎中之继承人的参与而中止

分割涉及胚胎中之继承人的权利的,应中止至其出生。在此期间,其母在有扶养费之需要时,可从相应的遗产中收取之。

第 857 条　依协议或司法裁决而中止分割

立即分割可能对遗产产生显著损害,或有必要保障债务或遗赠之清偿的,亦可由所有继承人一致同意,或依司法裁决,对相应财产的全部或一部推迟或中止分割,但其期限不得多于 2 年。

第 858 条　附担保的分割

如果继承人之间对于其中之一的权利、合算之义务或应予合算之财产的价值存有分歧,则应在分割时为可能提起的诉讼的结果提供担保。

第 859 条　分析遗产的方式

遗产可以实物形式分析给各继承人。如若不能,则以金钱方式向其支付其份额的价值。

第 860 条　出售遗产以析产

若无第 859 条所指支付之所需金钱,则应事先获得多数继承人的同意和法官许可,着手出售必要的遗产。

第 861 条　可分财产的分割

如果遗产中存在可便利分割的财产,则应对其进行物质性分割,各继承人分得其相应的财产。

第 862 条　按比例缩减分割中的超过部分

遗嘱人指定的分割份额相加超过遗产之全部的,应按比例缩减,但遗嘱人另有规定者除外。

第 863 条　债权遗产的分割

构成积极遗产部分的债权,应在继承人之间按照其在遗产中拥有的份额之比例进行分割。

第 864 条　遗漏财产的分割

分割中任何财产的遗漏,不成为分割不予继续、分割不发生效果或请求分割无效的理由。遗漏之财产应被补充分割。

第 865 条　分割因遗漏继承人而无效

遗漏任何继承人的遗产分割,无效。此项诉请不罹于时效,且适用普通审理程序。

无效不影响第三人善意且有偿取得的权利。

第 866 条　分割中的追夺担保

继承人在就分配给他(她)的财产被追夺的诉讼中败诉的,其共同继承人应按比例向其赔偿此等财产在被追夺之时所具有的价值。如果其中一人无力清偿,则其责任由有清偿能力的和被请求的继承人承担。

第 867 条 追夺担保之不适用

追夺诉讼若源自于被明确排除在分割之外的事由,或该事由发生在分割之后,或可归因于继承人自己的过错,则不发生追夺担保。

第 868 条 无清偿能力之担保的不适用

某债权判归继承人之一的,其债务人的无清偿能力若在分割后发生,也不导致担保的发生。

第三题　遗产之负担和债务

第一节　负担

第869条　遗产的负担
以下为遗产的负担：
1. 丧葬费用，在火化的情形，应优先支付该费用；
2. 被继承人最后罹患疾病所支出的费用；
3. 管理费用。

第870条　与被继承人共同生活者之受益期限
居住于被继承人之房屋者，或由其承担费用而被供养者，可请求遗嘱执行人或继承人允许其在3个月内，继续由遗产承受负担而享受此等利益。

第二节　债务

第871条　由遗产承受的债务
遗产未予分割的，被继承人之债务的清偿义务由遗产承受；但遗产已分割的，则各继承人按其继承份额之比例对债务负责。

第872条　被继承人之债权人的优先受偿
相对于继承人之债权人，被继承人的债权人优先以遗产受偿。

第873条　遗产分割之前的债务清偿
继承人可请求已被适当证明但欠缺物权担保的遗

产债务在分割之前被清偿,或被担保获得清偿。

第 874 条　扶养费之债务的清偿

第 728 条所指的扶养费系遗产债务,该债务在必要的范围内,由遗产之可处分部分为被扶养人的利益而承受,且应依情形按以下方式予以清偿:

1. 依遗嘱人之处分或由继承人一致同意,由某一继承人承担扶养义务,其清偿可通过抵押或其他担保予以保障;

2. 计算距离其消灭所余期间的扶养费之总额,将代表扶养费的本金移交给被扶养人或其法定代理人。

前两项方案的选择权属于继承人;如果继承人之间存在分歧,则由法官决定其清偿方式。

第 875 条　债权人对遗产分割的反对

遗产的债权人在未被偿清债务或获得清偿之保障时,可以反对遗产分割和遗赠的清偿或移交。

反对通过诉请而被提出,或作为既有诉讼中有利害关系的第三人而被提出。此等程序性权限取决于其权利的性质。

债权人也可就其尚未到期的权利请求预防性保护。此诉请适用简易程序。

第 876 条　分割对于债权人无效

如果即使有第 875 条规定的反对,却仍然进行了分割,而未清偿债务或未对其清偿提供担保,则在其涉及反对者之权利的范围内,视为未予分割。

第 877 条　对于继承人清偿债务之补偿

已对被适当证明之遗产债务进行清偿的继承人,或因该债务已被执行的继承人,有权要求其共同继承人就其中各人应承担的比例予以补偿。

第 878 条　共同继承人承受无偿债能力所致损失

某继承人已清偿遗产债务,或因该债务而遭受查封的,若对其有补偿义务的任何共同继承人在该债务被清偿之时即已无偿债能力,则其无能力所致损失由清偿者和其他应负责的共同继承人按比例承受。

第 879 条　不得要求受遗赠人清偿遗产债务

除遗嘱人有相反处分外,受遗赠人无义务清偿遗产债务。如果受遗赠人已清偿被适当证明且具体由遗赠财产负担的债务,则应由继承人补偿其已为的清偿。

第 880 条 继承人或受遗赠人之债权权利的保留

继承人或受遗赠人系被继承人之债权人的,保留其源于债权的权利,且不妨发生混同。

第五编　物权

第一篇　一般规定

第 881 条　物权的概念
由本编和其他法律规定的权利,为物权。
第 882 条　转让或设定负担之禁止
除非法律允许,不得通过合同约定禁止转让或设定负担。
第 883 条　农地物权应适用的法律
已被废除。
第 884 条　调整无体财产的规范
无体财产由其特别法调整。

第二篇　财产

第一题　财产的种类

第 885 条　不动产
以下为不动产：
1. 土地、底土和地表；
2. 海洋、湖泊、河流、泉水、溪流和活水或静水；
3. 矿藏、采石场和石油矿；
4. 已被废除；
5. 堤坝和码头；
6. 已被废除；
7. 开发公共服务之特许权；
8. 私人取得的采矿特许权；
9. 已被废除；
10. 在应登记于登记簿的不动产上设定的权利；
11. 由法律授予此种性质的其他财产。

第 886 条　动产
以下为动产：
1. 任何类型的陆上车辆；
2. 可予管控的自然力；
3. 为临时目的而在他人土地上修建的建筑物；
4. 未与土地结合的建筑材料或被拆除材料；

5. 任何有价证券,或者记载债权或个人权利的文书;

6. 作者、发明者、专利、名称、商标或其他类似者之财产性权利;

7. 任何种类的年金或抚恤金;

8. 公司或社团每一位社员享有的股份或股金,即使其中包含不动产;

9. 其他可以从一地携带至另一地的财产;

10. 其他未被第 885 条包含的财产。

第二题　组成部分和从物

第887条　组成部分的概念

不毁坏、破坏或改变财产即不能被分离者,为组成部分。

组成部分不能成为单一物权利①的客体。

第888条　从属财产(从物)的概念

不失其个性,但为了另一财产而永久地服务于某经济性或装饰性目的的财产,为从属财产。

上述服务仅可由主财产的所有权人或有权处分者实施,但第三人取得的权利须予尊重。

从属财产可作为单一物权利的客体。

为了另一财产的经济性目的而对某财产暂时进行利用,不使其具有从属之性质。

为服务于另一财产的经济性目的而使从属财产暂时分离的,不使其丧失从属之性质。

第889条　组成部分和从物

某财产的组成部分及其从物遵从该财产之品质,但法律或合同允许其区分或分离者除外。

---

① 所谓"单一物权利",是指在单个物上成立的权利。——译者注

第三题　孳息和产物

第890条　孳息的概念
某财产未被改变或未损害其本体而产出的可再生利益,为孳息。

第891条　孳息的种类
孳息有天然孳息、加工孳息和法定孳息。无须人力干预而产自某财产的孳息,为天然孳息。财产因人力介入而产出的孳息,为加工孳息。财产因某种法律关系而产生的孳息,为法定孳息。

第892条　加工孳息和法定孳息之形成
天然孳息、加工孳息和法定孳息分别归属于所有权人、生产者和相关权利人,但已取得的权利不受影响。
天然孳息在采集时取得,加工孳息在提取时取得,法定孳息在收取时取得。

第893条　加工孳息或法定孳息的计算
为了计算加工孳息或法定孳息,应扣减为获得该孳息而花费的成本和支出。

第894条　产物的概念
从某一财产中提取的不可再生之利益,为产物。

第895条　孳息之规范的扩张适用
如果未被明确排除,则关于孳息的规定准用于产物。

第三篇 主物权

第一题 占有

第一节 一般规定

第 896 条 占有的概念

占有是对固属于所有权的一个或多个权能事实上的行使。

第 897 条 占有辅助人

与他人有从属关系者,若以该他人名义维持占有,且履行其指令和指示,并非占有人。

第 898 条 占有期限之添加

占有人可以将有效向其转让财产之人的占有期限添加于自己的占有期限之上。

第 899 条 共同占有

两个或更多的人对共同占有同一财产的,发生共同占有。

每位占有人可就财产行使占有行为,只要此等行为不意味着对其他占有人的排斥。

第二节　占有的取得和维持

第900条　占有的取得

占有依交付取得,法律规定的原始取得之情形除外。

第901条　交付

依法律规定的程式,向应受领者、其指定之人或法律指定之人移交财产的,发生交付。

第902条　交付之替代方式

以下情形也被视为交付的实现:

1. 正在占有之人的占有依据变更;

2. 由第三人占有的财产被移转。在此情形,仅自书面通知之时起,占有始对第三人生效。

第903条　文书交付

涉及在途货物或一般仓储制度所调整的货物的,交付依指定收货之文书的移交而实现。

但是,难以识别之物品的善意取得者,在此等物品已向其移交时,优先于文书持有者,但有相反证据者除外。

第904条　占有的维持

其行使即使因暂时性之事实而遭受妨碍,占有亦被维持。

第三节　占有的种类及其效力

第905条　直接占有与间接占有

依某权利依据暂时占有之人,为直接占有人。间接占有属于授予该依据之人。

第906条　善意之非法占有人

占有人不知导致其权利依据无效之瑕疵,或者对此等瑕疵发生事实错误或法律错误,从而信其占有为合法的,该非法占有为善意占有。

第907条　占有人之善意的存续

只要具体情形使得占有人相信其为合法占有,则善意存续,或如果诉请被受理,则在任何情形下,善意存续至其被通知应诉之时。

第908条　善意占有和孳息

孳息归属于善意占有人。

第909条　恶意占有人的责任

恶意占有人甚至对财产因意外事件或不可抗力而遭受的灭失或损坏负责,但财产若处于权利人权力之下时也会发生损害者除外。

第910条　恶意占有人返还孳息的义务

恶意占有人有义务移交所收取的孳息,如果孳息已不存在,则须支付收取或应收取之时的估算价值。

第911条　容假占有

无任何权利依据而实施占有,或在曾有的权利依据已失效时实施占有的,为容假占有。

第四节　法定推定

第912条　所有权之推定

若无相反证明,占有人被视为所有权人。直接占有人不得以此项推定对抗间接占有人。也不得以此项推定对抗有登记之权利的所有权人。

第913条　推定占有从属财产

占有某财产的,推定占有其从属财产。

占有不动产的,推定占有位于其中的动产。

第914条　占有人之善意的推定

除非有相反证据,占有人被推定为善意。

本条所指推定不支持以他人名义登记的财产的占有人。

第915条　持续占有的推定

如果现时占有人证明先前曾已占有,则推定前后两时之间亦在占有,但有相反证明的除外。

第五节 改良

第 916 条 改良:概念和种类

改良乃以防止财产毁损为目的者,为必要改良。

增加财产之价值和收益而不属于必要类型的改良,为有益改良。

既非必要的也非有益的改良,而是为了装饰、奢华或更加舒适实施的改良,为奢侈改良。

第 917 条 占有人对必要改良和有益改良之价值的权利

占有人对必要改良和有益改良在返还之时具有的实际价值享有权利,也有权要求收回能无损害地予以分离的奢侈改良,但所有权人选择支付其实际价值的除外。

前款规则不适用于法院传唤后实施的改良,但涉及必要改良的除外。

第 918 条 占有人的留置权

占有人在就改良应受偿付的情形,有留置权。

第 919 条 偿付之诉权的时效

财产被归还后,分离的权利消灭,且在经历 2 个月后,偿付之诉权因时效而消灭。

第六节 占有保护

第 920 条 司法外的占有防御

若被剥夺占有,占有人可排除对其或其财产使用的武力,并收回财产。此项诉权应在其知晓被剥夺占有后 15 日内行使。在任何情形,应避免采用依具体情形被认为是不合理的行为方式。

无建筑物或建筑物正在施工的不动产之所有人,亦可采用前款规定的防御,以防其不动产被容假占有人占有。如果容假占有人以所有人身份对该财产进行至少 10 年的用益,则在任何情形均不得采用占有防御。

秘鲁国家警察以及相应的市政机构,在《市政机构法》规定的职权框架内,应提供必要的帮助,以保障本条规定的严格实施,否则承担责任。

在任何情形,均不得对不动产所有人采用占有防御,除非本法典第950条规定的时效已发生。

第921条　占有之司法保护

所有不动产和被登记之动产的占有人可以利用占有诉权和占有保护令。① 若其占有超过1年,则可以拒绝对其提起的占有保护令。

第七节　占有的消灭

第922条　占有消灭的事由

占有因以下事由消灭:

1. 交付;
2. 抛弃;
3. 司法裁决的执行;
4. 财产的全部毁损或灭失。

---

① 占有保护令,系当事人向法官申请签发的、不影响本权的速决令状,旨在避免危及占有的行为或承认占有权,例如占有维持令、恢复占有令等。——译者注

第二题　所有权

第一节　一般规定

第 923 条　所有权：权限

所有权是允许对财产进行使用、收益、处分和请求返还的法律上之力。所有权的行使应符合社会利益并在法律限制的范围之内。

第 924 条　所有权之滥用

因他人行使其权利时越权或滥用而遭受损害或有受损之危险的人，可以要求恢复原状或针对具体情形采取措施，且不妨就所受损害请求赔偿。

第 925 条　所有权的法定限制

基于公共需要和效用或社会利益之事由设定的所有权之法定限制，不得以法律行为进行更改或取消。

第 926 条　协议限制

以协议设立所有权之限制的，应登记于相应的登记簿，始对第三人发生效力。

第 927 条　所有物返还之诉

所有物返还诉权不罹于时效。不得以此对抗依时效取得财产者。

第 928 条　征收之法定制度

征收适用该主题之法律。

第二节 所有权的取得

第一分节 先占

第929条　无主物的先占

不属于任何人之物，如石头、贝壳或其他在海洋、河流或其滩涂、沿岸发现的类似之物，除法律、法规有规定者外，由获取者取得。

第930条　依狩猎和捕鱼先占

猎捕之动物和鱼类由捕获者取得，但须此等动物落入陷阱或渔网，或受伤而被无间断地追捕。

第931条　在他人物业上狩猎和捕鱼

未依情形获得所有权人或占有人的允许，不得在他人不动产上狩猎或捕鱼，但涉及未被围圈或播种之土地的，不在此限。

违反本条规定猎捕的动物，依情形分别属于其所有权人或占有人，且不影响其相应的损害赔偿。

第932条　拾得遗失物

拾得遗失物者有义务将其交给市政机构，市政机构应发布拾得公告。若经历3个月后无人认领，应予公开拍卖，所得应在扣除开销后在市政府和拾得者之间均分。

第933条　拾得之开销与报酬

取回遗失物的所有权人有义务向拾得人支付开销和悬赏之报酬，或在无悬赏时，支付与具体情形相匹配的报酬。若遗失物为金钱，则报酬不应少于归还物价值的1/3。

第934条　在他人土地上寻找埋藏物

除非经所有权人明确授权，不得在他人围圈、种植或建造之土地上寻找埋藏物。违反本条规定发现的埋藏物完全属于土地所有者。

未经所有权人明确授权寻找埋藏物者，有义务赔偿所致损害。

第935条　在他人土地上发现的埋藏物的分割

在他人未围圈、种植或建筑的土地上发现的埋藏物，应在发现者和土地所有权人之间均分,但其另有约定者除外。

第 936 条　国家文化遗产的保护
第 934 条和第 935 条仅在不与调整国家文化遗产之规范相抵触时始可适用。

第二分节　加工和混合

第 937 条　依加工和混合而取得
善意地用他人材料加工的物品属于加工人,但须支付所用之物的价值。

因不同所有权人的其他物品之掺合或混合产生的物,按其相应价值的比例归属于此等所有权人。

第三分节　添附

第 938 条　添附的概念
某财产的所有权人依添附而取得结合或依附于该财产之物。

第 939 条　因淤积而发生添附
在江河或水流沿岸土地上持续而不易察觉地形成的土地之混合和增积,归属于沿岸土地之所有权人。

第 940 条　因冲积而发生添附
江河之水力冲击某一河岸土地之相当且可辨认的部分,而将之移至另一河岸所有权人的土地时,前者之所有权人可在冲积发生 2 年之内主张其所有权。此期限届满后则失去其所有权,但被冲击部分所依附之土地的所有权人尚未占有该冲积地的除外。

第 941 条　在他人土地上善意地建筑
在他人土地上善意建筑的,土地所有权人可以选择将构造物据为己有,或使侵入者向其支付土地之价值。在第一种情形,土地所有权人应支付建筑之价值,其额度应为工程成本和现时价值的平均数。在第二种情形,侵入者应支付土地的商业时价。

第 942 条　土地所有权人之恶意
如果土地所有权人为恶意,则第 941 条所述选择权属于善意的侵入者,在此情形,侵入者可请求支付建筑的现时价值,或向所有权人支付土地的商业时价。

第943条 在他人土地上恶意建筑

在他人土地上恶意建筑的,土地所有权人于要求拆除建筑物外,尚可在遭受损失时请求支付相应的赔偿,所有权人也可将建筑物据为己有而无须支付其价值。在第一种情形,拆除由侵入者负责。

第944条 侵入相邻土地

以建筑物部分且善意地入侵相邻土地,而该土地所有权人并未反对的,建筑物之所有权人在支付其价值后取得所占用土地的所有权,但其摧毁建筑物的除外。

如果被侵占的部分使土地所余部分不足以被用于正常建筑,则可请求入侵者取得全部土地。

本条所指的入侵为恶意的,适用第943条的规定。

第945条 以他人材料、植物或种子建筑或播种

善意地以他人的材料建筑或种植他人的植物或种子者,取得所建筑或种植之物,但应支付材料、植物或种子的价值,并赔偿所致损害和损失。

如果建筑或种植系恶意,亦适用前款规定,但建造者或种植者应支付材料、植物或种子的双倍价值,并赔偿相应的损害和损失。

第946条 自然添附

除非有相反约定,雌性动物的所有权人取得其雏幼。

欲使动物被视为孳息,仅须其孕于母体,即使尚未出生。

在使用他人动物之繁殖元素进行人工授精的情形,雌性动物之所有权人取得雏幼,若其为善意,则应支付精子的价值,若其为恶意,则须支付前述价值的3倍。

第四分节 所有权的转移

第947条 动产所有权的转移

除法律另有规定外,特定动产所有权的转移依交付于其债权人而实现。

第948条 自无所有权人处取得动产

善意地且作为所有权人从他人处取得动产之占有的人,即使占有之转让人无权转让,亦取得所有权。此规定不适用于遗失物和触犯刑法而取得的财产。

第 949 条　不动产所有权的转移

单单转让特定不动产之债,即可使债权人成为其所有权人,但有不同法律规定或相反约定的除外。

第五分节　取得时效

第 950 条　取得时效

10 年期间作为所有权人连续、和平和公开占有的,依时效而取得不动产所有权。

有正当权利依据且为善意的,经过 5 年即取得不动产所有权。

第 951 条　动产之取得时效的要件

依时效取得动产的,在为善意时,须有 2 年期间内作为所有权人连续、和平且公开地占有,若为恶意,则须 4 年期间。

第 952 条　取得时效之司法宣告

依时效取得财产者,可诉请宣告其为所有权人。支持该请求的判决,系所有权登记于相应登记簿和涂销原所有权人记录的权利依据。

第 953 条　时效期间的中断

如果占有人丧失或被剥夺占有,则时效期间中断,但如果在 1 年之内其重新占有,或者如果依判决向其返还占有,则终止中断之效果。

第三节　土地所有权

第一分节　一般规定

第 954 条　所有权的范围

土地所有权及于包括在地表之垂直面范围内的地下和地上,直至对所有权人行使其权利有用之处。

地下所有权不包括自然资源、矿藏和考古遗迹,也不包括由特别法规范的其他财产。

第955条 土地、地下和地上所有权

地下或地上所有权可全部或部分属于并非土地所有权人之人。

第956条 对有坍塌之虞的建筑物提起诉讼

如果某建筑物有坍塌之虞,有合法利害关系者可以请求予以修缮、拆除,或采取预防措施。

第957条 适用于土地所有权的规范

土地所有权受城市功能区划分以及城镇化和建设规划程序的约束,并应遵守相应规定所确立的条件和限制。

第958条 建筑物区分所有权

建筑物区分所有权由该主题的立法调整。

第二分节 基于相邻关系的限制

第959条 为避免相邻所有权遭受危险而采取的行为

所有权人不得阻碍在其土地上实施为避免或消除现实的或潜在的危险而暂时服役于相邻所有权的行为,但其由此遭受的损害和损失应受赔偿。

第960条 经由他人不动产运送建筑材料

如果建造或修缮某一建筑而必须经由他人土地运送建筑材料或在该地放置脚手架,其所有权人应予允许,但其由此遭受的损害和损失应受赔偿。

第961条 对土地之工业开发的限制

所有权人在行使其权利特别是在其从事工业开发之作业时,应避免损害邻接或相邻的所有权,及其居民的安全、安宁和健康。

禁止产生烟气、烟尘、烟雾、噪音,以及超过邻人之间依具体情境应相互容忍之限度的类似滋扰。

第962条 禁止开掘可能损害相邻所有权的坑井

不允许不动产所有权人在自己的土地上开掘易对相邻所有权产生毁损或塌陷或者损害其上现有植物的坑井,并且除了有义务赔偿损害和损失之外,为保证与受影响之不动产的安全,尚可强制其保持必要距离。

第 963 条 有害、危险的工作物和储藏室

如果在地界附近修筑冶炼炉、烟囱、畜栏或其他类似工作物,或用于存储水或潮湿性、渗透性、爆炸性或放射性材料的储藏室,或者安装机器或其他类似设备,应遵守相应法规规定的距离和防范措施,无此类规定的,应采取保障相邻房地产稳固或卫生所必需的防范措施。不遵守此项规定的,可导致该工作物的关停,并应赔偿损害和损失。

第 964 条 水流流经相邻土地

除非另有约定,所有权人不得使其地产上的水流入相邻地产。

第三分节 所有权人的权利

第 965 条 围圈土地的权利

所有权人有权围圈其土地。

第 966 条 划界和立界标的义务

不问其邻人为所有权人抑或占有人,地产所有权人可要求其划界和立界标。

第 967 条 对侵入土地的树枝和根茎的刈除权

一切所有权人均可以对延伸至其土地的树枝和树根进行刈除。必要时,可以诉诸市政机关或法院,以行使此等权利。

第四节 所有权的消灭

第 968 条 所有权消灭的事由

所有权因下列事由消灭:

1. 他人取得该财产;
2. 财产全部毁损或灭失,或被消耗;
3. 征收;
4. 抛弃财产达 20 年,在此情形,土地归国家所有。

第五节 共有

第一分节 一般规定

第969条 概念
财产依观念上的份额属于两个或更多人时,发生共有。

第970条 均等份额之推定
除非有相反的证据,所有权人的份额被推定为均等。
共有人依其相应份额之比例共同受益和承担负担。

第971条 对共同财产所作决议的通过
就共同财产决议的,依下列方式通过:
1. 处分共有财产、对其设定负担、出租,或对其进行改造的,采一致同意制;
2. 对于普通管理行为,采取多数同意制。投票的按照份额的价值计算。
在票数相等的情形,由法官附带决定之。

第972条 适用于共有财产管理的规则
共有财产的司法管理,适用民事诉讼法典。

第973条 由共有人之一管理共有财产
若未建立协议管理或司法管理,且共有人均未申请管理,则任何共有人皆可承担对共有物的管理,并为共有物的正常开发利用展开工作。
在此情形,管理人的义务同于司法管理人的义务。其服务应从效益之一部分中计酬,其份额由法官依附带裁决的程序予以确定。

第二分节 共有人的权利和义务

第974条 使用共有财产的权利
只要不改变其用途或损害其他共有人的利益,各共有人均有权利用共有物。

使用共有财产的权利属于每一个共有人。在有冲突的情形,由法官根据共有财产之司法管理的程序性规则规范其使用。

第975条　因全部或部分使用而赔偿

排斥其他共有人而全部或部分使用共同财产的共有人,应对其他共有人依其所占份额的比例进行赔偿,但第731条规定者除外。

第976条　享用的权利

享用权属于每一个共有人。共有人有义务按比例归还从共有财产中获得的利益。

第977条　观念上之份额的处分

各共有人皆可处分其观念上之份额及其相应的孳息,亦可对其设定负担。

第987条　排他性所有权行为有效的条件性

如果某一共有人对共有物的全部或部分实施的行为相当于行使排他性所有权,则该行为仅自该财产或该部分被分析给实施者之时起生效。

第979条　共有财产之原物返还请求和抗辩

任何一位共有人均可请求返还共有财产。同样,他也可申请占有保护令、提起占有之诉、驱逐之诉、辞退通知之诉以及其他由法律确定的诉讼。

第980条　对共有财产的必要和有益改良

所有共有人均可实施必要和有益之改良,但有义务按比例承担其费用。

第981条　共有财产之保存和负担的费用

所有共有人均有义务按其份额之比例,分担共有财产所涉之保存费用以及税赋、负担之清偿。

第982条　对共有财产的追夺担保

共有人相互之间依各共有人份额之比例对共有财产承担追夺担保责任。

第三分节　分割

第983条　分割的概念

依分割，共有人之间发生互易，各共有人出让其对未分析给他的共有财产所享有的权利，以换取其他共有人出让其对分析给前者的财产所享有的权利。

第 984 条　分割的强制性

任一共有人或其债权人请求分割时，诸共有人有分割之义务，但强制不分割或法律行为、法律确定分割期限的情形除外。

第 985 条　分割之诉不罹于时效

分割之诉不罹于时效，且任何共有人或其继承人均不得依时效取得共有财产。

第 986 条　协议分割

共有人可通过一致的协议为分割。

协议分割亦可依抽签的方式为之。

第 987 条　特别协议分割

如果共有人中有人无能力或被宣告不在，协议分割应提交法院核准，申请时应附由第三人所作的、其签名经公证人认证的财产评估，以及包含分割协议的文件，文件应由所有利益相关者及其法定代理人签名。如果财产在证券交易所或类似市场被报价，或有为报税之目的而确定的价格，则可免除第三人的评估。

核准之申请应遵循非讼程序，并应延请检察官，已组成亲属会议的，亦应延请之。

第 988 条　不可分财产的分割

不宜在物质上进行分割的共有财产，可以分析给两个或两个以上达成合意的共有人共有，或依所有共有人同意进行出售并对其价金进行分配。如果共有人未就析产为共有或协议出售达成合意，则应进行公开拍卖。

第 989 条　共有人的优先权

共有人享有优先权，以避免第 988 条规定的拍卖；在以金钱支付其他共有人份额所评估的价金后，取得其所有权。

第 990 条　分割中的非常损失

分割中发生的非常损失，适用第 1447 条至第 1456 条的规定。

第 991 条　推迟或中止分割

依共有人的一致同意，可以推迟或中止分割。若有无能力之共有人,则须遵守第987条规定的规则获得法院核准。

第四分节 共有的消灭

第992条 共有消灭的事由
共有因下列事由消灭:
1. 共有财产的分割;
2. 所有份额归于唯一一个所有权人;
3. 财产的全部损毁或灭失;
4. 财产转让给第三人;
5. 共有人丧失所有权。

第五分节 不分割之约定

第993条 不分割之约定的期限和效力
共有人可以订立期限不超过4年的不分割之约定,且可以在任何其认为合适时更新之。

未指定期限的不分割之约定,其期限推定为4年。

欲产生对抗第三人的效力,不分割之约定应登记于相应的登记簿。

如果情况紧急,法官可以指令在期限届至前进行分割。

第六分节 隔断墙

第994条 隔断墙的推定
若无相反证明,两块地产之间的墙壁、栅栏或沟壑被推定为共有。

第995条 隔断墙的获得
如果区隔地产的墙壁修建在其中一方的土地上,该邻人可以在支付工作物和被占土地时价的一半后,获得该隔断墙。

在此情形,该邻人可以请求拆除所有与该隔断墙赋予给他的权利相冲突的工作物。

第996条 隔断墙的利用

所有相邻人均可在隔断墙上架设梁椽,并在不损害的前提下利用之,但不得在墙上开挖窗户或天窗。

第997条 隔断墙的抬升

任何相邻人皆可负担其修缮和任何其他抬高高度所需费用而升建隔断墙。

第998条 共有墙之负担

相邻人应按份额分担隔断墙的保存、修缮或再建之费用,但其抛弃或不使用隔断墙者除外。

第三题　用益权

第一节　一般规定

第 999 条　用益权：特征

用益权赋予对他人财产进行暂时使用和收益的权限。

特定的利用和效用可被排除在用益权之外。

可以在一切种类的不可消费之财产上设定用益权，但第 1018 条至第 1020 条规定的除外。

第 1000 条　用益权的设立

用益权可依下列方式设立：

1. 法律明确规定用益权时，依法设立；
2. 依合同或单方法律行为设立；
3. 依遗嘱设立。

第 1001 条　用益权的期限

用益权是有期限的。为法人利益设定的用益权不得超过 30 年，任何超过本款所定时间的期限，均缩减为 30 年。

对于国家所有的、具有纪念价值的不动产，若系自然人或法人资助而修复，则国家为其设立的用益权之最长期限为 99 年。

第 1002 条　用益权的转让

除法定用益权外，用益权均可被有偿或无偿转让，或被设立负担，但其存续期间须被遵守，且不存在明确禁止。

第 1003 条 被征收财产的用益权

作为用益权客体的财产被征收的,该用益权由征收补偿之价值承受。

第 1004 条 产物上的法定用益权

在第 894 条所指的产物上设定法定用益权的,父母应返还所得净收入的一半。

第 1005 条 准用于用益权之效力的规范

用益权的效力由设立行为规范,若设立行为未予规定,则依本题的规定。

第二节 用益权人的义务和权利

第 1006 条 由用益权人对财产制作清单和进行估价

占有用益财产时,用益权人应对动产制作财产清单和估价,除非已经由无必要继承人的所有权人明确免除其此项义务。涉及法定用益权和遗嘱用益权的,应由法院作成财产清单和估价。

第 1007 条 设立担保的义务

用益权人有义务提供其权利设立证书规定的担保,或在法官发现用益权可能危及所有权人的权利时,有义务提供法官裁定的担保。

第 1008 条 财产的利用

用益权人应以通常和习惯的方式利用用益财产。

第 1009 条 禁止改造用益财产

用益权人不应对用益财产或其使用进行实质性的改造。

第 1010 条 用益权人支付税赋和租金的义务

用益权人应支付用益财产所负担的税赋、终身定期金和扶养费用。

第 1011 条 用益权人的代位权

如果用益权人清偿抵押债务或其到期利息,则代位行使已被清偿的债权。

第 1012 条 因日常使用而消耗用益财产

用益权人不对因日常使用所致的消耗承担责任。

第 1013 条　用益财产之修缮义务

用益权人有义务进行普通修缮,若因其过错而需做特别修缮,应由其自担费用修缮之。

第 1014 条　普通修缮

用益财产之正常使用造成的缺陷所要求的,且系其保存所必不可少的修缮,视为普通修缮。

所有权人在裁判上要求进行修缮。该请求作为附带事项而被处理。

第 1015 条　改良之规范的补充适用

为占有所规定的必要改良、有益改良和奢侈改良之规则,准用于用益权。

第 1016 条　未收取之孳息的所有权

用益权开始时尚未收取的天然孳息和混合孳息属于用益权人;用益权终止时尚未收取的此等孳息属于所有权人。

第 1017 条　所有权人就违反享有的诉权

所有权人可对用益权人违反第 1008 条和第 1009 条规定的一切行为提出异议,且可请求法官规制此等使用或开发。该请求作为附带事项而被处理。

第三节　准用益权

第 1018 条　对金钱的用益权

金钱之用益权仅产生收取定期金的权利。

第 1019 条　对债权的用益权

债权之用益权人有收取定期金的诉权,且应为债权不被消灭而行使必要的诉权。

第 1020 条　本金的收取

如果用益权人收取本金,应与所有权人共同为之,在此情形,用益权改由所收取的金钱承受。

第四节　用益权的消灭和变更

第 1021 条　用益权消灭的事由

用益权因下列事由消灭：

1. 第 1001 条规定的或设立行为设定的最大期限届满；
2. 因 5 年未行使权利而罹于时效；
3. 混同；
4. 用益权人死亡或抛弃用益权；
5. 用益财产全部损毁或灭失；
6. 用益权人转让或损害用益财产，或因未进行普通修缮而使财产灭失，从而滥用其权利。在此情形，法官应宣告用益权消灭。

第 1022 条　为数人设定的用益权

依接续方式为数人设立的用益权，在最后一位用益权人死亡时消灭。

如果用益权是以共同享有的形式为数人设立，则其中任何一人的死亡将使其他人增添其权利。该用益权亦在最后一人死亡时消灭。

第 1023 条　用益财产的毁损

如果用益财产因第三人的故意或过失发生毁损，则用益权转由负损害赔偿责任之人所作赔偿承受。

如果用益财产毁损，而设立人或用益权人已经投保，则用益权转由承保人所支付的赔偿额承受。

第 1024 条　用益财产的部分毁损或灭失

如果用益财产部分毁损或灭失，用益权就剩余部分继续保留。

第 1025 条　就不动产或建筑物设立的用益权

如果用益权建立在不动产之上，而构成其一部分的建筑物因朽败或事故而损毁，用益权人有权享用其土地和材料。

但是用益权仅设在最终损毁的建筑物之上，则用益权人无权享用其土地和材料，也无权对所有权人自担费用重建的建筑物享有用益权。

第四题　使用权和居住权

第 1026 条　使用权之法定制度

使用或利用不可消耗物的权利,在可予适用的范围内由前一题规定调整。

第 1027 条　居住权

在房屋或其一部分上设立用于居住之使用权的,视为设立居住权。

第 1028 条　使用权和居住权的范围

除非法律有不同规定,使用权和居住权扩及至使用权人的家属。

第 1029 条　使用权和居住权的属人性

除非发生混同,使用权和居住权不得成为任何法律行为的标的。

第五题　地上权

第1030条　地上权:概念和期限

可设立地上权,地上权人依此权能在土地表面之上或之下有期限地对建筑物享有区分所有权。

该权利之存续不得超过 99 年。到期后,除非另有约定,土地所有权人支付其价值后,取得建筑物的所有权。

第1031条　设立或转让

可依生前行为或遗嘱设立地上权。除非被明确禁止,该权利可予转让。

第1032条　地上权的范围

如果非为建造所必须利用的土地之一部能为其更好地利用提供便宜,则地上权可延伸至该土地部分。

第1033条　继续存在

地上权不因建造物的毁损而消灭。

第1034条　地上权的消灭

地上权的消灭,意味着地上权人为第三人设立的权利亦告终止。

第六题 役权

第1035条 法定役权和意定役权

法律或所有权人可以在不动产上为他人的利益设定负担,此等负担使需役地所有权人有权对供役地实施特定利用行为,或使其有权阻止供役地所有权人行使某项权利。

第1036条 役权的特征

役权与供役地和需役地不可分离。役权仅得随供役地和需役地一起转移,且不问其所有权人为谁,役权继续存在。

第1037条 役权的永久性

除非有相反的法律规定或约定,役权具有永久性。

第1038条 役权的不可分性

役权不可分。因此,役权完整地由每一个需役地所有权人享有,亦完整地由每一个供役地所有权人承受。

第1039条 需役地的分割

如需役地被分割,役权对于需要继续供役的分得者依然有效,但以不超过供役地的负担为限。

第1040条 表见役权

仅得依时效取得表见役权,即在有正当权源且善意的情形,通过5年的连续占有而取得,或在不符合前述条件的情形,依10年的连续占有而取得。

第1041条 用益权人设立役权

用益权人可在用益权期限内设立役权,但应告知所有权人。

第1042条 共有不动产的役权

仅在所有共有人同意时,方可使共有的不动产承受役权。若存在无能力的共有人,则应在能予适用的范围内遵守第987条的规定而取得法官核准。

共有人可为共有不动产的利益取得役权,即使其他共有人对此并不知情。

第1043条 役权的范围和性状

役权的范围和其他性状,由其设立证书规定,无设立证书的,适用本法典的规定。

凡对役权之存在、其范围或行使方式存在的疑问,均应作减轻供役地之负担的解释,但不得使役权无法或难以被行使。

第1044条 行使役权的工作物

无相反法律规定或约定的,需役地所有权人应自负费用修建行使役权所需要的工作物,其修建的时间和方式应给供役地所有权人带来最少的不便利。

第1045条 役权的维持

如果第三人基于需役地而利用役权,则役权依其利用而被维系。

第1046条 禁止增加负担

需役地所有权人不得通过自己的行为增加供役地的负担。

第1047条 阻碍役权行使之禁止

供役地所有权人不得阻碍或减损役权的行使。若役权因位置或方式对其产生不便利,则只要不妨碍其行使,可予变更。

第1048条 在自己财产上设定的役权

两个不动产的所有权人可为便利其中一处不动产而使另一不动产承受役权。

第1049条 因全部毁损而消灭

供役的或需役的任何建筑物人为地或非人为地全部损毁的,役权因此而消灭,但与土地相关的役权不受影响。建筑物被重建的,只要役权能被行使,则予恢复。

第1050条 因不行使而消灭

在一切情形,役权因5年期间的不行使而消灭。

第1051条 法定通行役权

对于无通往公共道路之出口的不动产,成立法定的通行役权。

需役地所有权人获得另一有出口的不动产时,或已辟有直通该不动产之道路时,此项役权终止。

第 1052 条 法定通行役权的有偿性

第 1051 条规定的役权有偿。在予估价时,亦应考虑由此对供役地所有权人造成的损害和损失。

第 1053 条 无偿的通行役权

取得的不动产嵌于转让人另一不动产中间的,取得人无偿获得通行权。

第 1054 条 通行权之通道的宽度

通道的宽度应根据具体情形予以确定。

第四篇　担保物权

第一题　质权①

第一节　一般规定

第1055条　设立和目的

质权,系通过物理的或法律的移交,在动产上设立,以担保债的履行。

第1056条　质权的不可分性

在债未被完全履行时,即使债或质物可分,质权亦不可分,且担保整个债务。以数个财产出质的,全部债务未被清偿时不得解除其中任何一个财产的出质,但另有约定的除外。

第1057条　质权所及范围

质权及于出质财产的从物。除非另有约定,出质财

---

① 本题关于质权的所有条文(第1055条至第1090条)都被2006年3月1日颁布的《动产担保法》(第28677号法律)废除,但《动产担保法》的相关文本并未被纳入民法典以代替已被废除的条文。鉴于质权本为民法典担保物权的重要类型,且各国动产担保制度改革一般仍立基于传统的质权制度,而《秘鲁民法典》于1984年制定颁行时,其质权制度已在一定程度反映当时最新的动产担保立法趋势,故译者仍将被废除的本题所有条文译出,供有兴趣的研究者参考。——译者注

产的孳息和增值属于所有权人。

第 1058 条　生效条件

质权生效条件为：

1. 财产之出质人系其所有权人或被依法授权之人；

2. 在不与第 1059 条最后一部分规定相冲突的情形下，在物理上或法律上将出质财产移交于债权人、其指定之人或诸当事人指定的人。

第 1059 条　法定质权

出质财产由债务人支配的，应理解为在法律上将出质财产移交于债权人。法律上的移交仅适用于登记的动产。在此情形，质权仅自其登记于相应的登记簿之时起生效。

第 1060 条　同一财产上设定的接续性质权

对享有同一担保方式的各债权人为通知后，可为数人的利益就动产设立接续性的质权，以担保数个债权。

各债权人依设立质权的先后顺序实现其优先受偿权。

第 1061 条　质权的形式性

未在文书中记载特定日期的，质权对第三人不生效力，但第 1059 条最后一部分所规定的除外。

第 1062 条　设立文书的内容

记载质权的文书应注明主债务并详细指明出质财产。

第 1063 条　默示的质权

担保某一债务的质权，在同一债权人和债务人之间成立另一债务时，只要该新债务书面记载特定日期，则对新债务同样进行担保。

第 1064 条　出质财产的保管人

债权人或受领质物的第三人具有保管人的资格。

第 1065 条　法定质权

法定质权适用本题和第 1118 条至第 1120 条的规定，且仅仅适用于应登记的动产。

第 1066 条　流质约款的无效

即使债务未被清偿，债权人亦不得基于出借额将出质财产据为己有。相反约定无效。

第二节 权利与义务

第 1067 条 质物的留置

质权授予债权人留置出质财产的权利。在未完全清偿本金和利息,且偿付与债务相关的费用以及财产保管费用之前,第三人取得人不得要求返还或移交出质财产。

第 1068 条 享有质权之债权人的优先权

就出质财产而言,享有质权的债权人的权利优先于其他债权人。

该优先权仅在债权人或当事人指定的第三人保持出质财产之占有时,或涉及被登记的质权时,方继续有效。

某债权人就售价之结欠享有的权利在质权设立之前即已登记在相应登记簿的,前述优先权对该债权人不适用。

第 1069 条 质权的执行

债之期限届满未获清偿的,债权人可按质权设立时约定的方式出售质押的财产。无约定的,依担保执行程序处理。债务人的异议仅可通过无可置疑证实其已为清偿的文书证明获得支持。

第 1070 条 质权的占有保护

非自愿丧失出质财产之占有的债权人,除占有保护诉权之外,在出质人取得占有时亦可行使原物返还诉权。

第 1071 条 因未移交质物而清偿

如果债务人未移交其允诺出质的财产或其依第 1072 条应予替换的财产,则即使主债务履行期未届至,债权人仍可要求履行之。

第 1072 条 出质财产的更换

如果出质财产并非出质人所有,债权人有权要求另行移交价值相当之财产。

债权人就质物遭受欺诈,或质权因债务人的过失或出质财产的瑕疵而不足以担保债权的,债权人亦有相同权利。

第 1073 条 质物的替换

质物替换之必要性及其担保之等价性业经法院核实的,得以他物替换质物。此项权利由当事人任何一方行使,且适用小额诉讼程序之规定。

第1074条　质物的减损

出质财产减损，以致其有不足以担保债务清偿之虞的，债权人经事先通知出质人，可以请求法院准许出售该财产，但债务人或出质人另行提供法官认为充足之担保的除外。

第1075条　照管质物的义务

债权人有义务以普通人之勤勉照管质物。

第1076条　禁止使用出质财产

未经出质人同意，债权人不得使用出质财产。

如果对出质财产存在滥用情形，无论债务人还是出质人，设若其为不同的人，均可请求将出质财产交由第三人管控。

第1077条　产生孳息之财产的质押

若以产生孳息之财产出质，除有相反约定或有法律特别规定者外，债权人有权将孳息收归己有，其中应先行抵充利息和费用，再行抵充债权本金。

第1078条　用于开发的财产的出质

如果移交的出质财产依其性质系用于经济开发，则保管者应注意将其用于开发利用并告知其所有权人。开发利用所产生的孳息属于所有权人，但债权人可以用该孳息偿还利息、费用，尚有富余的，可用来偿还债权本金。

如果开发利用对出质财产存在风险，所有权人可反对之。

所有与出质财产之开发利用相关的问题，作为附带事项而予确定。

第1079条　保管人的责任

滥用出质财产的保管人甚至对不可抗力或意外事件所致的灭失或毁损承担责任，除非具体情形表明出质财产即使未被滥用也会发生灭失或毁损。

如果出质财产发生减损，应另行指定一名保管人。

第1080条　质物的归还

债务被履行且保管费用获偿的，出质财产的保管人有义务归还之，否则承担责任。

第1081条　质物因保管人而灭失

质物若因保管人的过失而灭失,保管人应依债权人的选择,以同种类、同质量的他物替代之,或支付其时价。

第1082条　义务履行后质物的灭失

质物在主债务履行后因不可归责于保管人的事由而灭失的,若保管人并无迟延归还之理由,则应支付质物的时价,除非他能证明质物在本应受领之人的管控下亦会因相同事由发生灭失。

第1083条　质权的缩减

第1115条和第1116条规定准用于质权。

第三节　债权和有价证券之质押

第1084条　债权质权

仅得以文书载明的债权设立质权,文书应移交于债权人,或通过当事人双方的合意委付于第三人或寄存于信用机构。

出质人的同意不可撤销,且债务人应被通知。

第1085条　债权质权之优先顺序

如果在一个债权上有数个质权,则其权利先于其他人权利成立者优先。

第1086条　享有质权之债权人的义务

享有质权的债权人有义务收取出质债权的利息和其他定期给付,并在(主债权)有利息和费用时将其金额首先用于抵充此等费用,之后用于抵充本金。享有质权的债权人有义务对出质债权实施保存行为,否则对此承担责任。

第1087条　有价证券质权

如果就有价证券设立质权,应移交此等证券。若涉及的是指名票据,应遵守该主题的法律。

第1088条　金钱债权质权

就金钱债权设定质权的,享有质权的债权人有权收取其本息,且应行使必要的诉权,以免债权消灭。如果债权人收取利息或本金,应寄存于信用机构。

第1089条　金钱质权

金钱质权赋予债权人以出质金钱实现其债权的权利。

第四节 质权的消灭

第 1090 条 质权的消灭

质权因以下事由而终止：
1. 所担保的债务消灭；
2. 上述债务被撤销、取消或解除；
3. 债权人之放弃；
4. 出质财产全部灭失；
5. 征收；
6. 混同。

第二题　不动产质权

第 1091 条　不动产质权之定义

不动产质权,乃移交某不动产以担保某债务,赋予债权人对该不动产开发利用和收取孳息的权利。

第 1092 条　形式

此合同应以公证书作成,否则无效,合同须载明约定的不动产租金和利息。

第 1093 条　不动产租金的抵充

不动产租金用于清偿债务之利息和开销,所余用于清偿本金。

第 1094 条　享有不动产质权之债权人的义务

除无须支付租金外,债权人之义务和承租人义务相同。

第 1095 条　因其他债务留置不动产

若未被授权,债权人不得因其他债务留置不动产。

第 1096 条　准用之补充性规范

为质权设立的规则,在不违反本题规定的范围内,准用于不动产质权。

第三题 抵押权

第一节 一般规定

第 1097 条 抵押权的概念

抵押权,乃对不动产设立负担,以担保债务人自己或第三人之任何债务的履行。

此担保并不导致占有之丧失,且授予债权人对抵押财产的追及权、优先权和对抵押物的司法变卖权。

第 1098 条 抵押的形式

除非法律另有规定,抵押权应以公证书设立。

第 1099 条 抵押生效要件

抵押之生效要件为:

1. 由所有权人或为抵押之效果而被依法授权者就抵押财产设定负担;
2. 须担保某确定的或可予确定的债务的履行;
3. 该负担在数量上应予确定或可予确定,且应登记于不动产登记簿。

第 1100 条 抵押权之不动产属性

应在具体指定的不动产上设立抵押权。

第 1101 条 抵押权及于的范围

除另有约定者外,抵押权及于抵押财产的所有组成部分及其从物,并及于保险和征收之赔偿金额。

第 1102 条 抵押权的不可分性

抵押权不可分,且作为一个整体存续于所有抵押财产之上。

第 1103 条　生产单位之抵押

缔约各方为了抵押效果,可以将一套组合的或相互之间独立的财产组成的整个经济开发设备视为一个单一的单位。

第 1104 条　将来之债的担保

抵押权可担保将来的或不确定的债。

第 1105 条　抵押权之负荷

抵押权的设立可以附条件或期限。

第 1106 条　禁止以将来财产设立抵押

不得在将来的财产上设立抵押。

第 1107 条　抵押权所担保的范围

抵押权担保的范围包括债权本金、应计利息、由债权人支付的保险费以及诉讼费用。

第 1108 条　可转让之权利证书的担保

以抵押权担保背书转让或见票即付之可转让权利证书的,其设立文书除应记载设立抵押的各种本身情况外,尚应记载与所签发的、该抵押权所担保的权利证书的数量和价值相关的各种情况、其相应的序列、签发日期、兑付期限和形式、信托受益人的指定以及其他用以确定此等权利证书之特性的各种情况。

第 1109 条　数个不动产之抵押

其抵押权涉及数个不动产的债权人,即使在此等不动产归属于或移转于不同的人所有,或存在其他抵押时,亦可依其选择,或同时对所有不动产,或仅就其中之一进行追索。然而,法官可依有根据的事由确定所涉财产的变卖顺序。

第 1110 条　债的提前履行

如果抵押财产灭失或价值减损,以至于不足以清偿债务,则即使债务未到期,亦可主张债的履行,但该债依债权人之意思已受担保者除外。

第 1111 条　流押条款的无效

即使债未被履行,债权人亦不得依抵押权的价值取得不动产的所有权。相反约定无效。

第二节　抵押权的顺位

第 1112 条　各抵押权的优先顺序
抵押权依其登记日期之先后享有优先受偿权,但其顺位被转让的除外。

第 1113 条　在后的抵押权
对抵押财产设定另一在后抵押权的权限,不得予以抛弃。

第 1114 条　优先顺位的转让
享有优先权的债权人可向其他享有抵押权的债权人转让其受偿顺位。欲使转让对债务人产生效力,须债务人接受或向其确定地发出通知。

第三节　抵押权之缩减

第 1115 条　抵押权总额的缩减
抵押权总额可依债权人和债务人的合意予以缩减。
缩减仅在登记于登记簿后始对第三人发生效力。

第 1116 条　抵押权总额的司法缩减
如果债的数额减少,抵押债务人可向法官申请缩减抵押权总额。该请求作为附带事项予以处理。

第四节　抵押权对第三人的效果

第 1117 条　债权人的对人诉权和对物诉权
债权人可基于对人诉权要求债务人清偿债务;或对取得抵押财产的第三人提起对物之诉。其中一项诉权的行使并不排斥另一诉权的行使,对债务人提起诉讼的事实,也不妨碍对第三人取得的抵押财产进行执行,但法律另有规定者除外。

第五节 法定抵押权

第1118条 诸法定抵押权

除其他法律规定的法定抵押权之外，以下法定抵押权亦被承认：

1. 不动产转让的价金尚未全部清偿，或以第三人的金钱清偿的，在该不动产上成立法定抵押权；

2. 不动产的建造或修葺由承包人提供劳务或材料的，就发包方有义务清偿的总金额在该不动产上成立法定抵押权；

3. 在分割中取得不动产，而对其他共有人有义务以金钱进行补偿的，在此等不动产上成立法定抵押权。

第1119条 法定抵押权的设立和登记

第1118条所指的法定抵押权在其原因合同成立的同时依法当然设立，并由登记官依职权予以登记，否则由其承担责任。

在其他情形，债权人的权利在法定抵押权登记于登记簿之时产生。此等抵押权乃为其利益而予设定者，可为了登记而要求作成必要的文书。

第1120条 顺位的抛弃和转让

法定抵押权可予抛弃，且其针对其他法定抵押权和意定抵押权享有的顺位可予转让。

此项抛弃和转让可预先、单方为之。

第1121条 准用于法定抵押权的规范

第1097条至第1117条以及第1122条规定在可予适用的范围内，亦适用于法定抵押权。

第六节 抵押权的消灭

第1122条 抵押权消灭的事由

抵押权因下列事由消灭：

1. 所担保的债消灭；

2. 上述债被撤销、取消或解除；
3. 债权人的书面抛弃；
4. 不动产全部毁损；
5. 混同。

第四题　留置权

第 1123 条　押物之留置

依留置权,债权人在其债权未被充分担保时,可留置其债务人的财产。此项权利发生在法律规定的情形,或发生在债权和所留置的财产之间有牵连之时。

第 1124 条　不得留置的财产

不得留置受领时被指定用于寄存或移交给他人的财产。

第 1125 条　留置权的不可分性

留置权不可分。可就全部债权或未清偿部分行使留置权,且可留置处于债权人占有下的财产之全部或者其中一个或数个财产。

第 1126 条　留置权的限制和终止

留置权在足以清偿其原因债务的范围内被行使,且在债务人清偿债务或提供担保时终止。

第 1127 条　留置权的司法行使和司法外行使

留置权依下列方式行使:

1. 司法外行使,即拒绝移交留置财产,直至引发留置权的债务被履行;

2. 司法上的行使,例如以抗辩对抗请求移交留置财产之诉。法官可核准以足额的担保替代留置权。

第 1128 条　留置的登记或预防性记录

不动产上的留置权欲对第三人发生效力,应登记于不动产所有权登记簿。

留置权先于第三人之财产取得而被登记的,仅得对有偿获得该财产且已登记其所有权者行使留置权。

对于未登记的不动产,留置权可以通过法院签发的预防性记录予以记载。

第1129条 留置财产的扣押

留置权并不妨碍留置财产的扣押和拍卖,但取得人仅在向留置人移交足以满足其债权以及其他可能存在的留置优先权之拍卖价款后,方可从留置人处取回该财产。

第1130条 流质条款的无效

即使债未被履行,留置权人亦不得取得留置财产的所有权。相反的约定无效。

第1131条 留置权的适用

本题规则准用于法律承认留置权的一切情形,但其特别规定不受妨碍。

第六编　债

第一篇　债及其样式

第一题　给予之债

第 1132 条　给予特定财产之债

特定财产的债权人不得被强制受领另一财产,即使后者具有更大价值。

第 1133 条　给予数个特定财产之债

有义务整体给予数个特定财产者,在债权人请求告知其整体状态时,应予告知。

第 1134 条　给予特定财产之债的范围

给予之债亦包括保管财产的义务,直至其移交之时。

财产应连同其从物移交,但依法律、债之依据或该案具体情形有相反结论者除外。

第 1135 条　数个债权人同时主张某不动产

财产为不动产,且同一债务人有义务向其移交该财产的数个债权人同时主张的,其权源登记在先的善意债权人优先,未予登记的,其权源成立日期在先的债权人优先。在后一情形,其权源有在先确定日期之文书者优先。

第 1136 条　数个债权人同时主张某动产

若应予移交的特定财产为动产,且同一债务人有义务向其移交该财产的数个债权人皆为主张,则债务人已向其为交付的债权人即使权源在后,亦予优先。如果债务人未交付财产,则其权源日期在先的债权人优先;在后一情形,其权源有在先确定日期之文书者优先。

第 1137 条　财产的灭失

财产可因以下事由发生灭失:

1. 财产消灭,或因部分损坏而对债权人无效用;
2. 财产不知所踪,或即使有其下落,亦无法取回;
3. 不允许流通。

第 1138 条　给予特定财产之债中的风险负担

给予特定财产之债中,在财产被移交前,应遵循以下规则:

1. 如果财产因债务人的过错灭失,其债务解除;债权人有对待给付义务的,不再负担之,而债务人须支付相应的赔偿。

如果作为灭失之后果,债务人获得损害赔偿,或取得替代应为之给付的对第三人之权利,则债权人可要求其移交赔偿额,或对其进行代位,行使其对该第三人的权利。在此等情形,债务人的损害赔偿缩减至相应额度。

2. 如果财产因债务人的过错而减损,债权人可以选择债之解除,或依该财产当时所处于的状态受领之,并在有对待给付义务时要求缩减之;债权人尚可要求支付损害赔偿,在此情形,应适用第 1 项第 2 段之规定。若减损甚微,债权人可要求根据情形减少对待给付。

3. 如果财产因债权人的过错而灭失,则债务人的义务解除,但若有对待给付,则债务人保留主张的权利。如果债务人因其债务的解除而获利,则其所获价值使债权人负担的对待给付义务缩减。

4. 如果财产因债权人的过错而减损,债权人仍有义务按财产当时所处于的状态受领之,有对待给付的,不受任何影响。

5. 如果财产非因当事人任何一方的过错而灭失,债务人的义务解除,有对待给付的,其对待给付请求权一同丧失。在此情形,与该财产相关的权利和诉权属于债务人。

6. 如果财产非因当事人任何一方的过错而减损,债务人应承受减损之后果,同时按比例减少其对待给付。在此情形,财产减损产生的权利和诉权属于债务人。

第1139条 债务人过错之推定

除非有相反的证据,由债务人占有的财产的灭失或减损,被推定为出于其过错。

第1140条 侵权或不法行为之债中财产的灭失

债产生于侵权或不法行为的,即使特定财产非因过错而灭失,债务人亦不能免除支付其价值的义务。债权人已构成迟延的,此项规则不予适用。

第1141条 保管费用

保管费用自债成立之时至移交之时,由所有权人负担。如果支出此等费用者并非应由其承担费用之人,则所有权人应向其返还所支出的费用及其利息。

第1142条 给予不特定财产之债

不特定财产应至少指明其种类和数量。

第1143条 不特定财产之选择规定

对于仅依种类和数量而予确定的财产给付之债,其选择属于债务人,但依法律、债之依据或该案具体情形有相反结论者除外。

如果选择属于债务人,应选择不低于中等质量的财产。如果选择属于债权人,则应选择不高于中等质量的财产。如果选择属于第三人,则应选择中等质量的财产。

第1144条 由法官确定选择期限

无选择之期限时,由法官确定之。

如果债务人在规定的期限或法官指定的期限内未作出选择,则选择权归于债权人。债权人应作出选择的,适用同一规则。

若由第三人选择而其未予选择,则由法官选择,但这并不妨碍当事人有权要求就其不选择进行相应的损害赔偿。

第1145条 选择的不可撤销性

给付被实施后,选择不可撤销。选择已通知于另一方当事人,或者第三人或法官实施的选择已通知于双方当事人后,具有相同的(不可撤销之)效力。

第1146条 不特定财产特定化之前的效力

在财产特定化之前,债务人不得援引财产非因其过错发生灭失而要求免予移交。

应在同种类的确定财产中作出选择,而所有此等财产均非因债务人过错发生灭失的,不适用前款规则。

第1147条 选择后的准用规则

选择作出后,准用给予特定财产之债的规定。

第二题　作为之债

第1148条　作为之债的期限和方式

实施某行为的债务人应按约定的期限和方式履行给付，或在没有约定时，按债的性质或具体情形所要求的期限和方式履行之。

第1149条　由第三人履行给付

给付可由非债务人实施，但依约定或具体情形，表明债务人之选择乃基于其个人品质者除外。

第1150条　债未履行时债权人的权利

由于债务人的过错导致作为之债未被履行的，债权人有权采取以下任何措施：

1. 要求强制履行所承诺的行为，但为此必须对债务人的人身实施强迫者除外；

2. 要求债务人以外的人履行给付，其费用由债务人承担；

3. 使债归于无效。

第1151条　债部分履行、迟延履行或瑕疵履行时债权人的权利

作为之债因债务人的过错而致部分履行、迟延履行或瑕疵履行的，允许债权人采取以下任一措施：

1. 第1150条第1项或第2项规定的措施；

2. 如果给付对其没有任何效用，则视为没有履行给付；

3. 如果对其产生损害，可要求债务人去除已实施的行为，或由其负担费用去除之；

4. 受领已履行的给付，但在有对待给付时要求缩

减之。

第 1152 条　债权人的受偿权

在第 1150 条和第 1151 条规定的情形，债权人亦有权要求相应的损害赔偿。

第 1153 条　债务人无过错的不完全履行

作为之债的部分履行、迟延履行或瑕疵履行非基于债务人之过错的，允许债权人选择第 1151 条第 2 项、第 3 项或第 4 项规定的措施。

第 1154 条　因债务人的过错而给付不能

如果由于债务人的过错而导致给付不能，则其义务解除，而在有对待给付时，债权人亦不再对此负担义务，但其要求支付相应损害赔偿的权利不受影响。

债务人构成迟延履行后发生给付不能的，准用前款同一规则。

第 1155 条　因债权人的过错而给付不能

如果由于债权人的过错而造成给付不能，债务人的义务解除，但在有对待给付时，其保留此项主张的权利。

债之履行取决于债权人的先行给付，而在出现给付不能时债权人已构成迟延的，适用前款同一规则。

如果债务人因债的解除而获利，则其价值亦使债权人负担的对待给付缩减。

第 1156 条　当事人均无过错的给付不能

若非因当事人的过错发生给付不能，则债务人的义务解除。在此情形，债务人应向债权人返还因债而受领之物，债权人享有与未履行之给付相关的权利和诉权。

第 1157 条　债权人因有过错的未履行而代位

由于债务人的过错而未履行的，若其结果是债务人获得损害赔偿，或取得替代应为之给付的对第三人之权利，则债权人可要求其移交该赔偿额，或代位债务人行使对该第三人的权利。在此等情形，损害和损失之赔偿缩减至相应额度。

第三题　不作为之债

第1158条　债权人因有过错的未履行而享有的权利

因债务人的过错而导致不作为之债未履行的,债权人有权选择以下任一措施:

1. 请求强制履行,但为此必须对债务人的人身实施强迫者除外;
2. 要求债务人去除已履行之行为,或由债务人承担费用而去除之;
3. 使债归于无效。

第1159条　损害赔偿

在第1158条规定的情形,债权人亦有权要求支付相应的损害和损失赔偿。

第1160条　准用于不作为之债的规范

第1154条第1款、第1155条、第1156条和第1157条的规定,准用于不作为之债。

第四题　选择之债和任意之债

第1161条　供选择的给付

有数个给付可供选择的债务人,仅应整体履行其一。

第1162条　可供选择之给付的选择规则

给付的选择权若未被赋予债权人或第三人,则属于债务人。

应选择者不得选择某一给付的一部和另一给付的一部。

在此等情形,准用第1144条的规定。

第1163条　选择的方式

选择,或以履行其中一项给付的方式为之,或以选择之意思表示通知于他方当事人的方式为之,或者在由第三人或法官选择时,以该意思表示通知于双方当事人的方式为之。

第1164条　定期给付之债的选择

选择之债由数个定期给付构成的,为某一期间所作的选择亦约束此后各期,但依法律、债之依据和具体情形有相反结论者除外。

第1165条　由债务人选择的给付发生不能时的规则

选择权归于债务人的,一个或数个给付发生不能时适用以下规则:

1. 如果所有的给付因可归责于债务人的事由导致给付不能,则债务解除,有对待给付的,债务人应向债权人返还之;同时,债务人应对发生不能的最后一个给付所受的损害和损失予以赔偿；

2. 如果某一给付发生不能，则债务人在所余给付中进行选择；

3. 如果所有给付均非因可归责于债务人的事由发生不能，则债务消灭。

第 1166 条 由法官或第三人、债权人选择的给付发生不能时的规则

选择权属于债权人、第三人或法官的，一个或数个给付发生不能时适用以下规则：

1. 如果所有的给付因可归责于债务人的事由导致给付不能，则债务解除，有对待给付的，债务人应向债权人返还之；同时，债务人应对债权人指定的给付之不能所造成的损害和损失予以赔偿；

2. 如果某一给付因可归责于债务人的事由发生不能，债权人可选择所余给付中的一项；或在选择权属于第三人或法官时，可请求其选择；或可宣告债的解除。在最后一种情形，若有对待给付，则债务人应向债权人返还之，并应对债权人指示的给付之不能所造成的损害和损失予以赔偿；

3. 如果非因债务人的过错导致某一给付不能，则在所余给付中进行选择；

4. 如果所有给付均非因债务人的过错导致不能，则债务消灭。

第 1167 条 简单选择之债

选择之债中如果除了一种给付，其他给付均非因可归责于当事人的事由而无效或履行不能，则视为简单之债。

第 1168 条 任意之债

任意之债，仅依构成债之标的的主给付而予确定。

第 1169 条 任意之债的消灭

主给付无效或发生不能时，即使从给付有效或能予履行，任意之债仍然消灭。

第 1170 条 任意之债转化为简单之债

如果从给付归于无效或不能履行，任意之债转化为简单之债。

第 1171 条 任意之债的推定

对选择之债还是任意之债存有疑问时，推定为任意之债。

第五题 可分之债和不可分割之债

第1172条 债务和债权的分割

如果一个可分给付的债权人或债务人为复数,且债并非连带的,则每个债权人仅能请求清偿其应得的债权份额,而每一位债务人仅有义务清偿其债务份额。

第1173条 分割份额的推定

在可分之债中,债权或债务被推定为按既有债权人或债务人的人数均等分割,各债权或债务被视为各不相同且彼此独立,但依法律、债之依据或该案具体情形有相反结论者除外。

第1174条 不得利用分割进行对抗

负责履行给付的债务人之继承人,占有应给付之物的人,或取得债之担保财产的人,不得利用分割进行对抗。

第1175条 不可分之债

依法律之命令、给付之性质或债成立时被认为采用的方式,不宜分割或部分履行的债,为不可分之债。

第1176条 不可分之债债权人的权利

任一债权人可要求任一债务人全部履行不可分之债。债务人整体向全部债权人为清偿的,或者向债权人之一为清偿,而该债权人对其他债权人担保偿还后者相应的债之份额者,则债务人免责。

第1177条 不可分性的效力

不可分性也及于债权人或债务人的继承人。

第1178条 债权人和债务人之一的混同

债权人和债务人之一的混同,不使债对其他共同债务人发生消灭。但是,该债权人仅在向共同债务人偿还或担保偿还其在债中享有的份额之价值后,始可主张给付。

第1179条 债务人和债权人之一发生的更新

债务人和债权人之一之间的更新,不使债对其他共同债权人发生消灭。但是,此等共同债权人仅在向债务人偿还或担保偿还原给付中实施更新之债权人应得份额之价值后,始可主张不可分之给付。

前款规定适用于抵销、免除、混同与和解等情形。

第1180条 不可分之债转化为损害赔偿之债

转化为损害和损失赔偿之债后,不可分之债解除。每一个债务人负整体赔偿义务,但已准备履行者除外,他们仅应按其各自给付份额的价值分担赔偿。

第1181条 准用于不可分之债的规范

此外,不可分之债尚适用第1184条、第1188条、第1192条、第1193条、第1194条、第1196条、第1197条、第1198条、第1199条、第1203条和第1204条的规定。

如果不可分之债为连带之债,则适用连带之债以及第1177条的规定。

第六题 共同之债和连带之债

第 1182 条 共同之债制度
共同之债,适用可分之债的规定。

第 1183 条 连带之明示性
连带性不得被推定。仅由法律或债之依据以明示方式确定之。

第 1184 条 连带之债的负荷①
连带性不因债权人的各债务人对其负有不同负荷的债,或数债权人共同的债务人对其负有不同负荷的债而被排除。

但是,就停止条件或停止期限而言,在条件成就或期限届满之前,不得要求履行受其影响的债。

第 1185 条 债务人向连带债权人之一为清偿
即使仅债权人之一要求清偿,债务人亦可向任一连带债权人为清偿。

第 1186 条 消极连带情形下债务的可主张性
债权人可向任一连带债务人或同时向所有债务人要求履行债务。

向某一连带债务人提起的诉讼,不妨碍当其不能完全清偿债务时嗣后向其他债务人提起诉讼。

第 1187 条 连带之债的转移
如果连带债务人之一死亡,则债务在其继承人之间按其应继承遗产的比例予以分割。

类似规定准用于连带债权人之一死亡的情形。

---

① 所谓负荷,含条件、期限和负担。——译者注

第1188条　连带责任的消灭

债权人和连带债务人之一就全部的债达成更新、抵销、免除、混同或和解的,也使其他共同债务人免责。

在此等情形,实施上述行为的债务人与其共同债务人之间的关系适用以下规则:

1.在更新的情形,共同债务人依其选择,或对其原债中的份额负责,或按新债中其应承担的比例承担责任;

2.在抵销的情形,共同债务人对其份额负责;

3.在免除的情形,共同债务人的债务消灭;

4.在和解的情形,共同债务人依其选择,或对其原债中的份额负责,或按其在和解中产生的给付义务之比例承担责任。

第1189条　连带性的部分消灭

如果第1188条第1款所指的行为仅限于以单独的一个债务人为当事人一方,则其他债务人仅对该方当事人发生免责的效果。

第1190条　债务人和债权人之一之间连带性的全部或部分消灭

债务人和连带债权人之一就全部的债实施第1188条所指的行为时,债对于其他共同债权人归于消灭。实施任一此等行为的债权人,以及受偿债务的债权人,应对其他债权人就其在原债中的份额承担责任。

如果此等行为仅限于以单独的一个债权人为当事人一方,则债只对该方当事人归于消灭。

第1191条　连带性因混同而部分消灭

对连带债权人或连带债务人之一发生的混同,仅对该债权人或债务人的相应份额发生债的消灭。

第1192条　可对抗连带债权人或连带债务人的抗辩

仅得以对所有债权人或债务人共同的对人之抗辩对抗各连带债权人或债务人。

第1193条　法院判决对债权人和债务人的效力

诉讼中对债权人和连带债务人之一作出的判决,或对债务人和连带债权人之一作出的判决,分别对其他共同债务人或共同债权人不发生效力。

但是,除非判决系基于提起诉讼之债务人的个人关系,其他债务人可以以之对抗债权人。反之,其他的债权人亦可以之对抗债务人,但债务人可以之对抗每位债权人的个人抗辩不受影响。

第1194条　连带之债中的迟延

连带债务人或连带债权人之一构成迟延,不对其他债务人或债权人产生影响。

债务人对连带债权人之一构成的迟延,或债权人对连带债务人之一构成的迟延,可由其他债权人或债务人利用。

第1195条　一个或数个共同债务人有过错的不履行的效力

债因可归责于一个或数个共同债务人的事由而未被履行的,不使其他债务人免除连带清偿应为给付之价值的义务。

债权人可请求该共同债务人赔偿损害和损失,或请求共同债务人对未履行承担连带责任。

第1196条　时效中断的效力

债权人借由对连带债务人之一发生时效中断的行为,或连带债权人之一借由对共同的债务人发生时效中断的行为,对其他债务人或债权人亦产生效力。

第1197条　时效中止的效力

对连带债务人或连带债权人之一发生的时效中止,不对其他债务人或债权人产生效力。

但是,被强制清偿的债务人即使在其他共同债务人已因时效而被免责时,亦可要求其偿还。反之,时效对其发生中止且受领清偿的债权人,对其共同债权人相应的债之份额承担偿还责任。

第1198条　时效抛弃的效力

连带的共同债务人之一对时效的抛弃,对其他债务人不生效力。抛弃时效的债务人,不得对因时效而被免责的共同债务人为主张。

对连带债权人之一所做的时效抛弃,亦可被其他债权人利用。

第1199条　连带债务人对债务的承认

连带债务人之一对债务的承认,对其他共同债务人不生效力。

如果债务人向连带债权人之一为承认,亦可为其他债权人利用。

第1200条　为某一债务人的利益抛弃连带性

为债务人之一的利益抛弃连带性的债权人,对其他债务人保留连带诉权。

债权人就债务人之一的份额无保留地对其开具收据或向法院起诉的,乃对连带性的抛弃。

第1201条 共同债务人无清偿能力时按比例分摊

如果债权人对债务人之一抛弃连带性,而其他债务人有无清偿能力者,则无清偿能力者的份额由包括被免除连带责任的债务人在内的所有共同债务人按比例分摊。

第1202条 连带诉权之丧失

债权人自连带债务人之一处无保留地部分受领债务孳息或利息的,就所余部分对该债务人丧失连带诉权,但就将来的孳息或利息保留该诉权。

第1203条 连带之债分割中相等份额的推定

在内部关系中,连带之债在各债务人或债权人之间进行分割,但债乃为其中之一的专有利益而设定者除外。

除非依法律、债之依据或其他实际情形有相反结论,每个债务人或每个债权人的份额被推定为相等。

第1204条 共同债务人无清偿能力

如果任何一个共同债务人无清偿能力,其份额按其在债中的利益由其他共同债务人分担。

如果为其专有利益而成立债的共同债务人无能力清偿,则债务由其他债务人等额分摊。

第七题 债的承认

第 1205 条 债的承认的形式

债的承认可依遗嘱或生前行为为之。在后一情形,若对原债的设立规定须采用特定的形式,则其承认亦应以同样的形式为之。

第八题 债的移转

单节 权利让与

第1206条 权利让与

权利的让与为处分行为,让与人依此向受让人转让请求其债务人为给付的权利,而债务人有依不同的债之依据转移给付的义务。

让与甚至可不经债务人同意。

第1207条 权利让与的程式

让与应采书面形式,否则无效。

设立权利移转之依据的行为或合同采书面形式的,该文书即让与之证据。

第1208条 可让与的权利

作为司法、仲裁或行政争议之标的的权利,可被让与。

第1209条 参加遗产继承之权利的让与

已发生的遗产继承之参与权亦可被让与,让与人此时有义务担保其继承人资格。

第1210条 让与的无效

让与违反法律、债的性质或与债务人之约定的,不得为之。

禁止或限制让与的约定若记载于债之设立文书,或经证明已为受让人在让与之时知晓,则可以之对抗善意受让人。

第1211条 权利让与的范围

除另有约定者外,权利的让与亦包括将优先权、物权性和债权性担保以及所转让权利的从权利一并转让给受让人。

在出质财产的情形,如果其由让与人占有,则应向受让人移交之,但出质财产若为第三人占有,则无须移交。

第1212条　所让与权利的担保

除非另有约定,让与人有义务担保所让与权利的存在且可被主张。

第1213条　债务人之清偿能力的担保

除非另有约定,让与人没有义务担保债务人具有清偿能力,但若其已予担保,则仅在已受领的限度内承担责任,并有义务支付其利息、偿还让与之开销和受让人为执行债务而产生的费用。

第1214条　法定让与:效力

让与乃依法律规定当然发生的,让与人不对其实现承担责任,也不对债务人的清偿能力承担责任。

第1215条　让与效力的开始

让与对债务人的效力,自其承诺或被确定地通知之时起发生。

第1216条　债务人因履行给付而免责的抗辩

债务人在被通知或承诺之前向让与人为给付的,若受让人证明其知晓已实施让与,则该债务人对受让人不被免责。

第1217条　数个受让人并存之顺位

已被废除。

第二篇　债的效力

第一题　一般规定

第1218条　债的可转移性

债转移于继承人,但债具有人身专属性,法律禁止移转或有相反约定者除外。

第1219条　作为债的效力的债权人之权利和诉权

作为债的效力,许可债权人为以下行为:

1. 为使债务人向其履行所承担的义务而采取法律措施;

2. 谋求给付得以实现,或谋求由他人代为给付,而由债务人承担费用;

3. 自债务人处获得相应赔偿;

4. 通过行使诉权或实施辩护而行使债务人的权利,但此等权利具有人身专属性或法律禁止由债权人行使者除外。债权人为行使本项所指权利,不必事先获得法院授权,但应在其启动的诉讼中提请传唤其债务人。

除第1项和第2项的情形外,本条规定的权利可被同时行使。

第二题 清偿

第一节 一般规定

第1220条 清偿的概念
仅在已完全实施给付时,视为已予清偿。

第1221条 清偿的不可分性
除非法律或合同许可,不得强迫债权人部分受领作为债之标的给付。

但是,债务部分结算而部分未结算的,债权人可要求清偿前者,而无须等待后者的结算。

第1222条 第三人为清偿
不问其对债的履行是否有利益,也不问是否经债务人同意,任何人均可为清偿,但约定或债的性质对此禁止者除外。

未经债务人同意而清偿者,仅得在其清偿对债务人产生效益的范围内请求返还。

第1223条 实施清偿的法律资格
具有清偿之法律资格的人实施的清偿,有效。

但是,某人若善意受领不得清偿之人清偿的一经使用即被消耗的财产或金钱,则仅有义务返还尚未消耗或花费的部分。

第1224条 受领清偿的法律资格
清偿仅在向债权人实施,或向法官、法律或债权人本人指定之人实施时,方为有效,但对未经授权者实施时,债权人追认或同意者除外。

第 1225 条　向有收取权之人为清偿

对占有收取权之人实施清偿的,即使嗣后该人被剥夺占有或被宣告未曾享有该权利,债亦告消灭。

第 1226 条　授权收取之推定

收据之持有人视为被授权受领清偿,但具体情形不允许采用该推定的除外。

第 1227 条　无能力人的清偿

无能力人未经其法定代理人的同意而实施的清偿,不使债归于消灭。若经证明清偿有益于该无能力人,则就被清偿的部分债归于消灭。

第 1228 条　清偿的无效

债务人在法院发出不准清偿的通知后实施的清偿,不使债归于消灭。

第 1229 条　清偿的证明

清偿的证明责任,由主张已实施清偿的人负担。

第 1230 条　停止清偿

债权人在未向其出具收据前,可停止清偿。

对于其收据即返还证书的债务,若证书灭失,则有资格实施该清偿之人可停止清偿,并要求债权人通过法院宣告丢失的证书无效。

第 1231 条　全部清偿之推定

清偿应按定期之份额实施的,受领其中任何一期或最后一期的清偿,分别推定已完成先前各期的清偿,但有相反证据者除外。

第 1232 条　清偿利息之推定

出具的本金清偿之收据未对利息作出保留的,推定为利息已被清偿,但有相反证明的除外。

第 1233 条　以有价证券清偿

构成支付指令或允诺之有价证券的移交,仅在其已被兑付或因债权人的过错而受损时,方使原债消灭,但对此有相反约定的除外。

在此期间,产生于原债的诉权处于悬止状态。

第 1234 条　不得主张以不同货币清偿

以本国货币为计量单位成立的债务,不得主张按不同的货币清偿,其数量也不得不同于原约定的票面金额。

第 1235 条 价值论

尽管有第 1234 条的规定,当事人各方仍可约定以本国货币为计量单位成立的债务之数额应与秘鲁中央储备银行确定的自动调整指数、其他货币或商品相关联,以维持该数额价值稳定。

前款所指的债务之清偿,应以本国货币为之,其数额应与债到期之日的折合价值相当。

如果债务人迟延清偿,则债权人可依其选择,要求按债到期之日或实施清偿之日的折合价值清偿债务。

第 1236 条 清偿之价值的计算

某一给付的价值应予返还的,按清偿之日其具有的价值进行计算,但法律规定或约定有所不同者除外。

第 1237 条 以外国货币为计量单位成立的债务

可成立不为特别法所禁止的、以外国货币为计量单位的债。

除非有相反约定,以外国货币为计量单位的债务,可参照债到期之日当地外汇出售牌价以本国货币进行清偿。

在前款所指情形,如果未就清偿之货币作出相反约定,且债务人延迟清偿,则债权人可依其选择,请求按债到期之日或清偿当日的外汇出售牌价,以本国货币进行清偿。

第 1238 条 清偿地点

清偿应在债务人住所地为之,但有相反约定,或依法律、债的性质或具体情形有相反结论者,除外。

指定数个清偿地点的,债权人可选择其中任一地点。应在债权人住所地为清偿的,本规则亦适用于债务人。

第 1239 条 当事人住所的变更

如果债务人变更住所,而该住所已被指定为清偿地,则债权人可请求在原住所地或新住所地清偿。

应在债权人住所地清偿的,对于债务人准用相同规则。

第 1240 条 清偿期限

若未指定清偿期限,债权人可请求在债成立后即刻清偿。

第 1241 条 清偿费用

清偿所产生的费用,由债务人负担。

第二节 利息的清偿

第1242条 补偿性利息和迟延利息

利息系对金钱或任何其他财产之使用的对待给付时,为补偿性利息。

利息系对迟延清偿进行赔偿的,为迟延利息。

第1243条 约定利息的最高利率

约定的补偿性或迟延利息的最高利率,由秘鲁中央储备银行确定。

任何超过最高利率的部分,应依债务人的意思,或予返还,或计入本金。

第1244条 法定利率

法定利率由秘鲁中央储备银行确定。

第1245条 无约定时支付法定利息

应支付利息而未确定其利率的,债务人应支付法定利息。

第1246条 迟延利息的清偿

若未约定迟延利息,债务人仅有义务因迟延而支付约定的补偿性利息,未约定的,则应支付法定利息。

第1247条 非金钱之债的利息

在非金钱之债中,利息根据作为债之标的的财产于债务到期的次日在清偿地所具有的市场价值而确定,或在财产灭失时,根据专家在评估之时估定的价值而确定。

第1248条 由有价证券构成的债的利息

债由有价证券构成的,其利息为有价证券所得之收益,或在无此等收益时,为法定利息。在后一情形,有价证券的价值根据其在交易所的价格确定,或无交易所价格时,根据其在到期次日的市场价格确定。

第1249条 复利的限制

除非涉及商业的、银行的或类似往来账,不得在债成立之时约定利息的本金化。

第1250条　利息本金化之约定的有效

在债成立之后就利息的本金化书面订立的协议有效,但对利息的支付须有不少于1年的延后。

第三节　依提存而清偿

第1251条　提存:要件

如果债务人将应为之给付提存,且以下条件同时满足,则其从债务中免责:

1. 债务人向债权人提出清偿应为之给付,或已按债之设立依据中约定的方式使清偿处于其支配之下;

2. 就债权人而言,须同时满足第1338条设定的前提,或其无正当理由拒绝受领清偿。在含糊答复的情形,在为履行而指定的日期和时间未出现于约定地点的情形,以及拒绝出具收据或有类似行为的,均视为存在默示的拒绝。

第1252条　司法上的提存或司法外的提存①

清偿的提出,可以是司法上的或司法外的。

司法上的提出,包括已如此约定之情形,以及下列其他情形:在合同或法律上未规定清偿方式;债务人因不可归责于他的事由而无法以约定的方式履行给付;债权人未实施必要的协助行为,以便债务人能执行其应为的配合;债权人不为所知或不确定;债权人住所不明;债权人不在,或无能力且无指定的代理人或保佐人;债权处于争讼状态,或数个债权人均为主张,以及债权处于相似状态中,以至于妨碍债务人提出或直接实施有效的清偿。

司法外的提出,应以债所约定的方式为之;无约定的,若应为之履行已被确定,则至少在履行日之前5日通过公证信函通知债权人。若应为之履行未被确定,则应在债务人指定的履行日之前10日致信。

第1253条　清偿之司法上的提出、提存和异议

清偿之司法上的提出和提存,依民事诉讼法典规定的方式适用非

---

① 所谓司法上的和司法外的,指通过法官的和不通过法官的。——译者注

讼程序。

对司法外提出的异议,以及对已实施的提存的异议,根据相应法律关系之性质所对应的非讼程序处理。

第1254条　清偿之提出的有效性和可溯及性

在以下情形,清偿视为有效,且有溯及效力:

1. 债权人在法院传告之日起5日内对清偿之司法上的提出未提出异议;

2. 债权人对以任何形式提出的清偿所表示的异议,已被产生既判力的裁决驳回。

司法上的提出,视为在债权人被有效传告之日作出。司法外的提出,视为在债权人被告知之日作出。

第1255条　清偿之提出的撤回

在下列情形,债务人可撤回所提出的清偿,并可在相应情形收回已为的寄托:

1. 在债权人接受之前;

2. 存在异议,而该异议尚未被有既判力的裁决驳回。

第四节　清偿抵充

第1256条　债务人所为清偿抵充

债务人若对同一债权人负有数个性质相同、由同种类的可消费物之给付构成的债,则在实施清偿之时,或在接受债权人签发的收据之前的任何时间,可以指明该给付用于清偿其中哪一债务。未经债权人同意,不得以清偿进行部分抵充,或者抵充尚未结算的或未到期的债务。

第1257条　意定抵充的顺序

负欠本金、费用和利息之人,未经债权人同意,不得在抵充费用之前先将清偿用于抵充本金,亦不得在抵充利息之前先将清偿用于抵充费用。

第1258条　债权人所为抵充

债务人未指明清偿应抵充哪一债务,但已接受债权人的收据,将其用于清偿其中一项债务的,不得为与此项抵充相反的主张,但存在阻碍其实施抵充之事由的除外。

第1259条 法定抵充

未明示应抵充哪一债务的,清偿应用于抵充被较少担保的债务;在数个有同等担保的债务中,应抵充债务人负担最重的债务;在数个有同等担保和同等负担的债务中,应抵充最先成立的债务。如果此等规则不能适用,则按比例抵充。

第五节 清偿代位

第1260条 法定代位

代位依法当然由下列人行使:

1. 对与他人一起承担的不可分债务或连带债务进行清偿的人;
2. 因其有合法利益而履行债务的人;
3. 就共同债务人的债务向其他优先债权人为清偿的债权人。

第1261条 意定代位

在以下情形,发生意定代位:

1. 债权人受领第三人之清偿,并使其代为行使其权利;
2. 对债没有利害关系的第三人经债务人明示或默示同意而为清偿;
3. 债务人以消费借贷中受领的给付为清偿,债权人使出借人代位行使权利,其条件是该消费借贷合同乃依有确定日期之文件成立,且合同中已记载此项目的,并在实施清偿时明示其依据。

第1262条 代位的效力

代位使代位人就其已清偿的数额,代为行使原债权人的一切权利、诉权和担保权。

第1263条 不可分之债和连带之债的代位效力

在第1260条第1项的情形,代位人仅有权就其他各共同债务人有义务分担清偿的债务份额,向此等共同债务人行使债权人的权利,但此时亦应适用第1204条之规则。

第1264条 部分代位

如果替代债权人的代位人仅为部分代位,而债务人的财产不足以清偿债权人的所余份额以及代位人的份额,则债权人和代位人依其各自应得的比例享有同等受偿的权利。

第六节　代物清偿

第1265条　概念
若债权人受领与应履行之给付相异的给付,以全部或部分清结债务,则清偿已被实施。

第1266条　准用于代物清偿的规则
若依债权人受领的代物清偿之财产的数量来确定债务额,则其与债务人的关系准用买卖之规则。

第七节　错债清偿

第1267条　因事实错误或法律错误的错债清偿
因事实错误或法律错误而向他人移交某一财产或某笔款项用于清偿之人,可请求受领者返还之。

第1268条　善意受领之错债清偿
善意相信清偿乃依合法和存续的债权而实施之人,若因此对其权利依据未予利用,或对其权利之担保加以限制、撤销,或使其对真正债务人的诉权罹于时效,则不负返还义务。错债清偿者仅得起诉真正债务人。

第1269条　恶意受领之错债清偿
受领错债清偿者若系恶意,在涉及本金时,应自错债清偿之日起支付法定利息,或在受领财产产生孳息时,自错债清偿之日起支付已收取的或本应收取的孳息。

除此之外,对于该财产因任何原因遭受的灭失或损害,以及至收回之时给其移交对象所造成的损害,亦应负责。

若证明财产由移交者支配同样会受该不可归责的事由影响,则该人豁免此项责任。

第 1270 条 因错债清偿而恶意受领的财产的转让

若恶意受领错债清偿之人将财产转让给亦为恶意的第三人,则实施清偿之人可要求返还,且该两人对损害和损失的赔偿承担连带责任。

在转让为有偿而第三人为善意的情形,受领该错债清偿之人应返还财产之价值,且应赔偿损害和损失。

若为无偿转让,且第三人为善意,则实施错债清偿之人可以请求返还财产。但是,在此情形,恶意受领错债清偿之人仅有义务赔偿相应的损害和损失。

第 1271 条 善意之错债清偿的利息或孳息的返还

善意受领错债清偿之人应返还已收取的利息或孳息,并在得利的范围内对相应财产的灭失或损害承担责任。

第 1272 条 返还利息或孳息

如果善意受领错债清偿之人已将财产转让给亦为善意的第三人,则应返还价金或让与实现价金之诉权。

如果已将财产无偿转移给第三人,或转移给有偿取得之第三人,而该第三人为恶意,则并无不当而清偿者可以请求返还。在此等情形,仅无偿取得之第三人或有偿取得之恶意第三人有义务赔偿由此产生的损害和损失。

第 1273 条 错误之证明责任

主张已实施清偿之人对其作出清偿之错误负证明责任,但被告否认已受领请求之财产的除外。在此情形,原告就财产移交进行证明后,不承担其他任何证明责任。这并不限制被告证明假定受领之物系正当移交给他的权利。

但是,在以某给付实施清偿时,如果该给付绝非应予实施或曾经已被实施,则推定在该清偿中存在错误。被请求返还之人可以证明财产的移交系以恩惠名义或基于其他合理原因而实施。

第 1274 条 错债清偿诉权的时效

错债清偿之返还诉权在实施清偿 5 年之后时效届满。

第 1275 条 不宜追回

基于已罹于时效的债务,或为履行道德义务或社会连带义务,或以获取不道德或非法利益为目的而实施的清偿,不对其发生追回权。

以获取不道德或非法利益为目的的清偿,归属于负责家庭福利的机构。

第1276条 关于作为之债和不作为之债之错债清偿的规定

本节规定,在可适用之范围内,准用于不作为之债和不涉及给付之返还的作为之债。

在此等情形,善意受领错债清偿之人,仅有义务赔偿所得利益,若系恶意,则有义务返还给付之整体价值,且对损害和损失有相应的赔偿义务。

第三题　更新

第 1277 条　定义；要件

依更新,一债被替换为他债。

为使更新发生,须在新债中明确表示更新之意思,或旧债与新债不能并存。

第 1278 条　客体的更新

债权人和债务人以迥异的给付或不同的债之依据将原债替换为他债时,发生客体的更新。

第 1279 条　不构成更新的行为

有价证券的发行或续期,清偿期限或地点的变更,或债的任何其他从属性变更,不构成更新。

第 1280 条　积极主体(债权人)的更新

在债权人变更之更新中,除被替换之债权人和替换者之间的合意外,尚需债务人的同意。

第 1281 条　依委托更新主体①

依委托更新主体的,除被替换之债务人和替换者之间的合意外,尚需债权人的同意。

第 1282 条　依代偿而更新

即使与原债务人的意思相反,亦可由第三人代偿而实施更新。

第 1283 条　新债之担保的不可移转性

在更新中,不得将被消灭之债的担保移转至新债之

---

① 即债务人委托第三人(新债务人)代其向债权人清偿债务。如果第三人未经债务人委托而向其债权人代为清偿债务,则属第 1282 条规定的"依代偿而更新"。有学者认为,后者实际上只是保证的一种,并非更新。参见周枏:《罗马法原论》(下册),商务印书馆 1994 年版,第 841 页。——译者注

上,但有相反约定者除外。

但是,在债务人的更新中,若新债务人的无力清偿在先且众所周知,或在债务人移转其债务时为其知晓,则可对原债务人及其保证人请求清偿债务。

第1284条　附停止条件之债的更新

单纯之债转化为附停止条件之他债的,更新仅发生在条件成就之时,但有相反约定的除外。

如果原债附停止条件,新债为单纯之债,适用相同之规定。

第1285条　附解除条件之债的更新

单纯之债转化为附解除条件之他债的,更新成立,但有相反约定的除外。

如果原债为附解除条件之债,新债为单纯之债,适用相同之规定。

第1286条　无效或可撤销之债的更新

如果原债是无效的,不存在更新。

如果原债是可撤销的,只要债务人知晓瑕疵的存在而承担新债,则更新有效。

第1287条　新债的重新产生

如果新债被宣告无效或为可撤销,则原债重新生效,但债权人不得利用由第三人提供的保证。

第四题 抵销

第1288条 依抵销而发生债的消灭

双方互负净债务乃以同种类之可消费物的给付为标的,且已届清偿期的,在其相应的范围内,自相互对立之时起,依抵销而发生债的消灭。债权人和债务人共同议定予以排除的,不发生抵销。

第1289条 抵销的可主张性

即使未满足第1288条规定的诸要件,亦可依当事人之间的协议主张抵销。此项抵销的条件可事先设定。

第1290条 抵销之禁止

禁止抵销者有:

1. 所有权人被侵夺的财产的返还;
2. 寄存财产或使用借贷中被移交的财产的返还;
3. 不可扣押的债权;
4. 私人和国家之间的债务,但法律允许的情形除外。

第1291条 保证人可主张抵销

保证人可就债权人对债务人的负债主张抵销。

第1292条 对受让人主张抵销

债务人同意债权人让与其权利给第三人的,不得对该第三人主张其本可对让与人所为的抵销。

第1293条 抵销之法定抵充

某人享有数个可抵销的债务,在主张抵销时未明示抵充哪一债务的,应遵守第1259条的规定。

第1294条 既得权利不因抵销的效力而受侵犯

抵销并不妨碍就任何债权已经取得的权利。

第五题　免除

第 1295 条　依免除消灭债

只要证明债权人和债务人之间依合意实施债务的免除，债即归于消灭，但第三人的权利不受影响。

第 1296 条　对保证人之一的免除及效力

对保证人之一的免除，不使主债务人的债消灭，也不使其他保证人的债消灭。

未经其他保证人同意而对保证人之一作出的免除，在该保证人之份额实现其利益的范围内惠及所有的保证人。

第 1297 条　债务的免除

债权人向债务人移交记载债务之原始文书的，发生债务的免除，但债务人证明其已为清偿者除外。

第 1298 条　推定免除质押

质物处于债务人权力之下的，推定为自愿返还，但有相反证据的除外。

第 1299 条　质押之免除

质物的自愿返还即质押的免除，但并非债务的免除。

第六题　混同

第 1300 条　全部或部分混同

可就债的全部或部分发生混同。

第 1301 条　混同终止的效力

若混同终止,则集中于同一人身上的债权人和债务人之身份重新分离。

在此情形,已消灭的债连同其所有从债重新产生,但第三人的权利不受影响。

第七题 和解

第 1302 条 概念

依和解,当事人相互妥协,就有疑问或争议的事项作出决定,以避免相互可能启动的诉讼,或结束已开始的诉讼。

通过相互的妥协,亦可创设、规制、修改或消灭与当事人之间导致争议产生的那些关系不同的关系。

和解具有既判力。

第 1303 条 和解的内容

和解应包含当事人各方对其相互之间就和解标的享有的任何诉权的放弃。

第 1304 条 和解的形式

和解应以书面形式为之,否则无效,或通过向审理该案的法官请求的方式为之。

第 1305 条 可和解的权利

仅财产性权利可成为和解的标的。

第 1306 条 民事责任的和解

可就产生于侵权行为的民事责任进行和解。

第 1307 条 不在人或无能力人的和解

不在人或无能力人的代理人可经法官的核准进行和解,法官为此效果应听取检察官意见,在有亲属委员会且其认为适当时,应听取其意见。

第 1308 条 无效或可撤销之债的和解

如果有疑问或有争议之债无效,则和解罹于无效。如果债可撤销,而双方当事人知悉该瑕疵仍然成立债,则和解有效。

第 1309 条 就有争议之债的无效或可撤销进行和解

如果有疑问或有争议的问题在于债的无效或可撤销,而当事人亦作如是明确表示,则和解有效。

第 1310 条 和解的不可分性

和解不可分,且其任一约款若无效或被撤销,和解亦告无效,但有相反约定者除外。

在此情形,由当事人提供的担保重新发生,但由第三人提供的担保除外。

第 1311 条 抽签作为和解的方式

当事人利用抽签解决问题的,产生和解的效力,且本题之规则准用之。

第 1312 条 司法和解的执行

在执行过程中,司法和解的执行以与判决以及司法外和解的相同方式为之。

第八题　协议解除

第 1313 条　协议解除的效力

依协议解除,当事人各方同意其成立的法律行为归于无效。若协议解除损害第三人的权利,则视为未实施。

第九题　债的不履行

第一节　一般规定

第 1314 条　因普通勤勉而不可归责

按所要求的普通勤勉行事的人,对债的未履行或其部分履行、迟延履行、瑕疵履行不可归责。

第 1315 条　意外事件或不可抗力

意外事件或不可抗力为不可归责的事由,系不可预见且不可抗拒的非常事件,其阻碍的是债的履行,或造成债的部分履行、迟延履行、瑕疵履行。

第 1316 条　因不可归责于债务人的事由发生债的消灭

如果给付因不可归责于债务人的事由而未被实施,债归于消灭。

如果上述事由是暂时的,则债务人对该事由持续期间发生的迟延不承担责任。但是,如果对不履行起决定作用的事由一直持续,以至于根据债的依据或给付的性质,不得认为债务人仍有义务履行,或者以至于经合理判断债权人将对债的履行丧失利益,或履行对其已无效用,则发生债的消灭。

仅能部分履行的债,如果对于债权人将无效用,或债权人对其履行没有合理的利益,亦发生消灭。在相反情形,债务人有义务履行之,有对待给付的,应予缩减。

第 1317 条　因不可归责之不履行所受的损害和损失

债的不履行或其部分履行、迟延履行、瑕疵履行乃因不可归责的事由发生的,债务人对由此造成的损害和损失不承担责任,但依法律或债之依据有明确的相反规定者除外。

第1318条 故意

蓄意不履行债务者,构成故意。

第1319条 不可原宥的过失

因重大疏忽而未履行债务者,构成不可原宥的过失。

第1320条 轻过失

一般的勤勉乃由债的性质所要求,且与人之身份、时间及地点等具体情形相适应,未尽此勤勉者构成轻过失。

第1321条 对故意、轻过失和不可原宥之过失的赔偿

因故意、不可原宥之过失或轻过失未履行其义务之人,须对损害和损失承担赔偿责任。

对债之不履行或其部分履行、迟延履行、瑕疵履行的赔偿,包括在该不履行直接导致的后果的范围内对现实损害和可得利益的赔偿。

如果债的不履行或部分履行、迟延履行、瑕疵履行归咎于轻过失,则赔偿范围以债成立时所能预见的损害为限。

第1322条 精神损害赔偿

如果遭受精神损害,亦可要求赔偿。

第1323条 分期清偿的不履行

清偿应按分期份额为之者,连续或非连续的三期不履行,使债权人有权要求债务人立即清偿余款,此时尚未到期的各期份额视为到期,但有相反约定的除外。

第1324条 金钱之债的不履行

给付一定金钱的债,自债务人构成迟延之日起,产生秘鲁中央储备银行确定的法定利息,而债权人无须证明遭受任何损害。如果在迟延之前应支付的利率更高,则此等利息应以迟延利息的名义,在迟延之日后继续予以支付。

如果约定对进一步的损害予以赔偿,则债权人须证明遭受相应的损害。

第1325条 由第三人履行之债的责任

除非有相反的约定,借助第三人履行义务的债务人,应对前者故

意或有过失的行为承担责任。

第 1326 条 因债权人的行为缩减赔偿额

如果债权人故意的或有过失的行为共同导致损害发生,则赔偿额应依其严重性和所产生后果的影响予以减少。

第 1327 条 赔偿之免除

对于债权人以一般勤勉本可避免的损害,不应予以赔偿,但有相反约定者除外。

第 1328 条 免除或限制责任的约定无效

对债务人或承担债务的第三人因故意或不可原宥之过失而承担的责任加以免除或限制的一切约款,无效。

债务人或前述第三人违反公共秩序规定之义务而应承担责任的,对其予以限制或免除的任何约定亦告无效。

第 1329 条 轻过失的推定

债的不履行或部分履行、迟延履行、瑕疵履行,被推定为归咎于债务人的轻过失。

第 1330 条 故意和不可原宥之过失的证明

故意或不可原宥的过失,由因债的不履行或部分履行、迟延履行、瑕疵履行遭受损害的一方证明。

第 1331 条 损害和损失的证明

损害和损失及其数额,亦由因债的不履行或部分履行、迟延履行、瑕疵履行遭受损害的一方证明。

第 1332 条 赔偿额之公平估定

如果损害赔偿的精确额度不能被证明,法官应依公平评估确定之。

第二节 迟延

第 1333 条 迟延的构成

自债权人在司法上或司法外请求债务人履行其义务之日起,债务人构成迟延。

在以下情形,无须催告而发生迟延:

1. 法律或约定明确表示构成迟延;

2.债的性质和具体情形表明,移交财产或提供服务之时间的明确乃债之成立的决定性动因;

3.债务人以书面形式表示其拒绝履行义务;

4.催告因可归责于债务人的原因而不能。

第1334条 金钱给予之债中的迟延

在金钱给予之债中,若其额度需要通过司法裁决予以确定,则自传唤被告之日起发生迟延。

第1985条所规定者不适用本规则。

第1335条 双务之债中的迟延

在双务之债中,债务人仅自其中一方履行其义务或为履行提供担保之日起构成迟延。

第1336条 债务人在迟延情形的责任

构成迟延的债务人,对债之履行中迟延所造成的损害和损失承担责任,且即使因不可归责于他的事由发生嗣后不能,亦应对此承担责任。如若证明其并无过失而构成迟延,或即使其及时履行,不可归责之事由亦会影响给付,则可以免除此项责任。

第1337条 迟延致使债无效用时的赔偿

债因债务人的迟延而对债权人无效用时,债权人可以拒绝其履行,并请求对损害和损失进行补偿性赔偿。

第1338条 债权人的迟延

债权人若无正当理由拒绝受领已提出的给付,或不实施债被履行所必需的行为,即构成迟延。

第1339条 对债权人迟延的赔偿

构成迟延的债权人,有义务赔偿因其迟延产生的损害和损失。

第1340条 对债之履行不能的风险负担

构成迟延的债权人负担债之履行不能的风险,但可归咎于债务人的故意或不可原宥之过失者除外。

第三节 附违约金条款的债

第1341条 补偿性违约金条款

依约定同意在债务不履行的情形由缔约一方负支付违约金之义务者,该约定具有将补偿限制于给付范围的效力,在有对待给付时,该约定具有将补偿限制于返还范围的效力;但对后继损害约定赔偿者除外。在后一情形,债务人应支付全部违约金,但如果损害和损失大于违约金,则违约金应计为其一部分。

第1342条 请求履行债务和违约金

违约金条款乃针对迟延履行或保障某一特定约定等情形而被约定的,除主张违约金外,债权人尚有权主张债的履行。

第1343条 违约金之主张

债权人无须就违约金的主张对所遭受的损害和损失进行证明。但是,除非有相反的约定,仅在不履行因可归责于债务人的事由而发生时,方可主张违约金。

第1344条 约款的适宜性

违约金条款可与债一起或通过嗣后的行为被约定。

第1345条 违约金条款的从属性

违约金条款的无效并不导致主债的无效。

第1346条 由法官酌减违约金

依债务人的申请,法官可在违约金明显过重,或主债已被部分履行或不完全履行时,公平地减少违约金。

第1347条 可分的违约金条款

只要违约金条款可分,则即使主债不可分,每一位债务人或债务人的每一位继承人均有义务依其份额支付违约金。

第1348条 不可分的违约金条款

如果违约金条款不可分,则每一位债务人及其每一位继承人均有义务支付全部违约金。

第1349条 连带的和可分的违约金条款

如果违约金条款为连带的,但为可分的,则每一位债务人均有义务整体支付违约金。

在共同债务人之一死亡的情形,违约金在其继承人之间按其继承份额的比例予以分割。

第1350条 无过失之共同债务人的权利

无过失之共同债务人,可对导致违约金适用的债务人行使其求偿权。

第七编　债的发生依据

第一篇　合同总则

第一题　一般规定

第 1351 条　合同的概念
合同,为双方或多方当事人设立、规范、变更或消灭某一财产法律关系的协议。

第 1352 条　合同的成立
除尚应遵守法律规定的形式否则无效的那些合同之外,合同依当事人各方的同意而成立。

第 1353 条　各种合同之法定制度
所有私法上的合同,包括无名合同在内,均适用本篇的一般规定,但此等规定与每一合同之特别规则不相容的除外。

第 1354 条　合同的内容
只要不违反法定的强制性规范,当事人可以自由地确定合同的内容。

第 1355 条　缔约之规则和限制
基于社会利益、公共利益或伦理利益之考量,法律可对合同内容设定规则或创设限制。

第 1356 条　缔约人意思的首要性
关于合同的法律规定,除非为强制性规定,系对当事人意思的补充。

第 1357 条　国家的担保和保障

可以依据由社会利益、国家利益或公共利益所支撑的法律,通过合同建立由国家提供的担保和保障。

第 1358 条　无能力人可以订立的合同

未失去识辨能力的无能力人,可以订立与其日常生活之一般需要相关的合同。

第 1359 条　当事人意思的合致

当事人未就其所有约款达成一致意见的,即使分歧是次要的,合同亦不成立。

第 1360 条　作出保留之合同的效力

当事人就某约定作出保留的,只要该保留嗣后被满足,则合同有溯及力地生效。

第 1361 条　合同的约束力

合同在其明确表示的范围内具有约束力。

合同中明确的意思表示被推定为符合当事人的共同意思,否认意思表示一致者应证明之。

第 1362 条　诚信

合同,应依诚信之规则和当事人的共同意图进行磋商、成立和履行。

第 1363 条　合同的效力

合同仅在缔约的当事人之间及其继承人之间产生效力,但在其涉及的权利和义务不可转移时,对其继承人不生效力。

第 1364 条　合同的开销和捐税

成立合同所产生的费用和捐税,除有不同的法律规定或约定者外,在当事人之间均分。

第 1365 条　继续性合同的终止

持续履行的合同中无约定或法律确定之期限的,任何一方当事人可依经公证的事先通知终止合同,该通知应提前不少于 30 日。相应期限届满的,合同依法当然解除。

第 1366 条　禁止依合同取得物权之人

下列人不得依合同、遗赠或拍卖,直接、间接或通过中间人就下列财产取得物权：

1. 共和国的总统和副总统、参议员和众议员、政府部长和相同等级的官员、最高法院和宪法保障法院的法官、国家总检察长和在最高法院出庭的检察官、国家选举委员会的评审委员、共和国总审计长、秘鲁中央储备银行主席及主管、银行业和保险业的最高领导，就国有财产；

2. 省长及其他政治官员，就其管辖地域内的前项所述财产；

3. 公共部门的公务员和服务人员，就归属于该机构的财产，以及委托其管理或保管的财产，或需要由其中介转移的财产；

4. 法官、仲裁员和司法辅助人员，就属于其履职地管辖的争讼中的财产；

5. 公共职权机构的成员，就其依职权而介入的程序中包含的财产；

6. 律师，在其因执业而参与诉讼时，在所有程序均已终结的1年内，就作为其诉讼标的的财产，不得取得物权，但诉讼费用之约定除外；

7. 遗产执行人，就其管理的财产；

8. 依法律或公共职权行为管理他人财产之人，就此等财产；

9. 市场中介机构、拍卖行主和评估师，就委托其出售或评估的财产，在其参与该作业的1年内，不得取得物权。

第1367条　禁止之范围

第1366条规定的禁止，也适用于被禁止之人第四亲等之内的血亲或第二亲等之内的姻亲。

第1368条　禁止之期限

第1366条第1、2、3、7、8项规定的禁止，自被禁止者终止其相关职务之时起6个月内有效。

第1369条　禁止之不适用

涉及共有或代物清偿之权利的，不适用第1366条第6项和第7项之禁止规定。

第1370条　撤销

因合同成立之时存在的事由撤销合同的，该撤销使合同归于无效。

第1371条 解除

因合同成立之后的事由解除合同的,该解除使生效合同归于无效。

第1372条 合同撤销和解除的溯及力

撤销由法院宣告,但判决的效力溯及至合同成立之时。

解除应通过司法或不通过司法予以主张。在两种情形下,判决的效力溯及至导致解除的事由发生之时。

基于解除,当事人对已为的给付应按其在前款所指的时点所处的状态予以返还,若不可能为此等返还,则应以金钱方式返还给付在该时点所具有的价值。

在本条前两款规定的情形,允许有相反的约定。善意取得的权利不受妨害。

第二题　同意

第 1373 条　合同的成立
合同在承诺为要约人知晓之时间和地点成立。

第 1374 条　不在场者之间的知悉和缔约
要约及其撤回,承诺以及任何其他对特定人的缔约之意思表示,视为在到达意思表示之相对人的住址时为其知悉,但相对人证明非因其过失而不可能知悉者除外。

如果通过电子、光学或其他类似的媒介实施意思表示,则在发信人收到接收回执时,推定为已收到缔约之意思表示。

第 1375 条　承诺的及时性
承诺应在要约人规定期限内为其知悉。

第 1376 条　反要约
迟延的承诺以及与要约不相一致的及时承诺,相当于反要约。

但是,要约人只要立即在认可的意义上通知承诺人,即可将迟到的承诺或经变更的承诺视为有效。

第 1377 条　可选择之要约
对同一受要约人所为的可选择要约,有效。对任一可选要约的承诺,就受要约人表示其承诺的该要约而言,使得合同成立。

第 1378 条　对所要求形式的遵守
未遵守要约人所要求的形式而作出的承诺,不生效力。

第 1379 条　交叉要约

在交叉要约中,合同因对要约之一所为的承诺而成立。

第 1380 条　默示的承诺

若依要约人请求,或基于交易的性质,或根据惯例,由承诺人负担的给付无须事先答复即应实施,则合同在开始实施给付之时间和地点成立。承诺人应在开始实施之时立即通知要约人,未通知者,有义务赔偿损害和损失。

第 1381 条　特殊之承诺

若依习惯并非采用明示承诺的交易,或受要约人已作出要约邀请,则在要约未被毫不延迟地拒绝时,视为合同成立。

习惯和要约邀请由要约人证明。

第 1382 条　要约的约束力

只要依要约之条款、交易性质或具体情形,不会得出相反结论,则要约对要约人具有约束力。

第 1383 条　要约的相对性

要约人的死亡或嗣后无能力不使要约失其效力,要约对其继承人或法定代理人有约束力,但交易性质或其他具体情形决定要约之关联效力不可移转的,除外。

第 1384 条　要约的撤回

如果要约人表示可在承诺之前的任何时间撤回要约,而该意思表示在要约到达之前或与之同时为受要约人知晓,则要约不具约束力。

第 1385 条　要约的失效

在以下情形,要约失效:

1. 发出要约时未给予要约人与之直接联系之人确定的或可确定的期限,而要约未被即刻承诺;

2. 发出要约时未给予要约人不与之直接联系之人确定的或可确定的期限,而相当的时间已经经过,足以使答复最终为要约人依其利用的同一联系方式所知悉;

3. 在收到要约之前或与之同时,要约人的撤回已为受要约人所知悉。

第 1386 条　承诺的撤回

若承诺在为要约人知悉之前或与之同时被撤回,则视为不存在承诺。

第 1387 条 要约因受要约人死亡或无能力而失效

受要约人在要约后死亡或无能力的,要约失效。

第 1388 条 向公众所为的要约

面向公众的要约作为要约邀请而有效,该邀请之受众视为要约人,要约邀请人则视为受要约人。

如果要约邀请人明确表示其提议具有要约之约束力,则作为要约而有效。

第 1389 条 拍卖

在拍卖中,拍卖公告系向要约人发出的邀请,而出价则为要约。

每一出价的约束力,自另一更高出价作出之时终止。

针对到当时为止作出有效之最高出价的竞买人,拍卖师判定成交的,合同成立。

第 1390 条 附合合同

由一方当事人确定约款,而另一方当事人只能在完全接受或完全拒绝之间选择的,若后者表示其接受之意思,则合同为附合合同。

第 1391 条 第三人的附合

允许由第三人附合已成立但未确定附合方式之合同的,利害关系人应致函为履行合同而设立的机构,若无此等机构,则应致函所有原始缔约人。

第 1392 条 缔约的一般条款

缔约的一般条款,系某人或某机构以一般的、抽象的形式,单方面事先拟订的条款,其目的在于为将来一系列不确定的特殊合同,以其固有的要素确定其规范性内容。

第 1393 条 由行政机关批准的一般条款

在不妨碍第 1395 条规定的情形下,由行政机构批准的缔约一般条款,自动纳入为据此缔约而作出的一切要约之中。

第 1394 条 依一般条款缔约的财货和服务

对于应依照行政机关批准的一般缔约条款而缔结合同的财货和服务,政府应予指明。

第 1395 条 合同一般条款的排除

当事人可以明确约定,在其缔结的特别合同中,不将某些特定的由行政机关批准的一般缔约条款纳入要约中。

第1396条 财货消费或服务利用的效力

在依据由行政机构批准的一般缔约条款而发出要约的合同中,即使顾客未成立合同或其无能力,财货之消费或服务之利用亦依法当然产生由该顾客清偿的义务。

第1397条 非由行政机构批准的一般条款

非由行政机构批准的一般缔约条款,在其为对方当事人知悉或其尽一般注意义务本可知悉时,应纳入特殊合同之要约中。

通过适当的公告使公众可能知悉一般缔约条款的,推定对方当事人知悉此等条款。

第1398条 无效约款

在附合合同和非由行政机构批准的一般缔约条款中,为拟定方的利益而免除、限制其责任的条款无效;授权其中止履行合同、撤销或解除合同的约款,以及授权其禁止对方当事人行使抗辩权或默示延长、更新合同之权利的约款,均告无效。

第1399条 约款的不生效

有名合同系附合合同,或依非由行政机构批准的一般缔约条款而成立的,其约款若违背相应有名合同的有关规定,则不生效力,但每个特殊合同的具体情况表明该条款应该有效的,除外。

第1400条 格式条款之补充条款的优先性

在第1397条的情形,若对格式条款进行补充的条款与格式条款不一致,则即使后者未被认定为不生效力,前者亦优先于后者。

第1401条 约款的解释

纳入由一方当事人拟定的一般缔约条款或格式条款之中的约款,在有疑问时,应作有利于另一方当事人的解释。

第三题　合同的标的

第 1402 条　合同的标的
合同的标的,包括债的设立、规范、变更或消灭。

第 1403 条　不合法的债和可能的给付
作为合同标的的债必须合法。
构成债之标的的给付和作为债之标的物的财产,应属可能。

第 1404 条　附停止条件和期限的合同
附停止条件或期限的合同中,债的合法性或者作为债之标的的给付或财产的可能性,应在条件成就或期限届满之时作出判断。

第 1405 条　就继承权成立的合同无效
凡就尚未死亡之人或其死亡不得而知之人的财产成立继承权之合同的,无效。

第 1406 条　处分将来财产之无效
据以处分某人可能在将来获得的财产之全部或主要部分的合同,无效。

第 1407 条　依公断确定标的
如果作为合同标的的债的确定由第三人公断,且当事人并未意欲依循自己的单纯意志,则第三人应依衡平性的评估确定之。

第 1408 条　第三人的决定
如果不能证明其恶意,则不得对依第三人之单纯意志作出的决定提出异议。
若未作出决定,且当事人未就替换第三人达成一致,则合同无效。

第1409条 作为给付之标的物的财产

合同之债的物之给付,可以下列财产为标的物:

1. 以实物形式存在之前的将来财产,以及不确定存在的期待,但法律禁止者除外;

2. 他人的财产,设定担保或被扣押的财产,或因任何其他事由而处于争讼中的财产。

第1410条 将来财产的履行

合同之债以将来财产为标的物的,移交之承诺受制于该财产嗣后是否存在,但债以不确定之期待为标的的除外,在此情形,该合同为射幸合同。

若因可归责于债务人的事由而未移交,则债权人可行使法律赋予的权利。

第四题　合同的形式

第 1411 条　要求的形式

当事人以书面形式事先约定采纳的形式，推定为该法律行为生效的必备要件，否则合同无效。

第 1412 条　对当事人履行形式的要求

若依法律的命令或依协议应作成公证书，或应满足不具有法律规定的或当事人书面约定的要式性即无效之类的其他要件，则当事人双方可相互强制满足所要求的形式。

该请求适用简易程序，但其形式所涉契据具备执行条件的除外，在此情形，则遵循相应程序。

第 1413 条　变更合同之形式

原合同的变更，应按为该合同所规定的形式为之。

第五题　预约合同

第 1414 条　预约
依预约,当事人有义务在将来缔结最终的合同。

第 1415 条　预约的内容
预约至少应包括最终合同的基本要素。

第 1416 条　预约的期限
预约的期限,应当是确定的或可确定的。若未规定期限,则为 1 年。

第 1417 条　预约之到期
预约在其到期时可通过另一期限予以更新,该期限不超过第 1416 条规定的最长期限,且更新可如此连续为之。

第 1418 条　无正当理由拒绝缔结最终合同
缔结最终合同之义务人无正当理由拒绝缔约的,使另一方当事人有权选择:

1. 在裁判上要求缔结合同;
2. 请求宣告预约无效。

在其中任何一种情形,均发生损害和损失之赔偿。

第 1419 条　选择权之预约合同
依选择权预约合同,一方当事人应遵守其在将来缔结最终合同的意思表示,而另一方当事人享有缔约与否之专属权。

第 1420 条　相互选择之预约合同
约定可由当事人任意一方无区别地执行相互选择之预约合同的,该约定有效。

第 1421 条　保留受益人的选择权之预约合同

约定选择者对与之建立最终合同关系之人保留指派之权利的,该约定同样有效。

第1422条 选择权预约合同的内容

选择权预约合同应包含最终合同的所有要素和条件。

第1423条 选择权预约合同的期限

选择权预约合同的期限应为确定的或可确定的。若未规定期限,则为1年。

第1424条 选择权预约合同的更新

选择权到期时,当事人可通过另一期限更新之,该期限不超过第1423条规定的最长期限,且更新可如此连续为之。

第1425条 预约合同的形式

法律就最终合同规定不具某种形式即无效的,如果预约合同非依同一形式缔结,则告无效。

第六题　互为给付之合同

第 1426 条　不履行

在应同时履行的互为给付之合同中,各方当事人均有权中止履行其给付义务,直至对待给付被满足或其履行被提供担保。

第 1427 条　失效期限

互为给付之合同在缔约后若发生后履行方不能履行之风险,则应先履行给付的一方可以中止履行,直至后履行方满足与此相关的给付或其履行被提供担保。

第 1428 条　因不履行而解除

在互为给付的合同中,当事人一方不履行其给付的,另一方当事人可请求履行或解除合同,且在任一情形下,可请求赔偿损害和损失。

自解除之诉请送达之日起,被请求方不得履行其给付。

第 1429 条　依法当然解除

在第 1428 条的情形,因对方不履行而受损害的当事人,可通过公证途径致函对方,要求其在不少于 15 日的期限内履行其给付,否则承担合同解除的后果。

如果给付在指定期限内未被履行,合同依法当然解除,且由债务人负担损害和损失之赔偿。

第 1430 条　解除条件

可以明确约定,一方当事人不履行具体设定之特定给付的,合同解除。

有利害关系的当事人通知另一方当事人其意欲适用解除条款的,依法当然发生解除。

第1431条　因给付不能而解除

在互为给付之合同中,如果当事人一方负担的给付非因缔约人的过失而转化为不能,则合同依法当然解除。在此情形,免责的债务人丧失要求对待给付的权利,且应返还所受领者。

但是,当事人可以约定风险由债权人负担。

第1432条　因当事人过失而解除

如果给付因债务人的过失而发生不能,合同依法当然解除,且债务人不得要求对待给付,且应赔偿损害和损失。

给付不能可归责于债权人时,合同依法当然解除。但是,该债权人在享有与给付有关的权利和诉权的同时,应履行对待给付。

第1433条　因部分不能而未履行

给付之履行为部分不能时,准用第1431条和第1432条之规则,但债权人同意债务人部分履行的除外,在此情形,应为的对待给付应按比例减少。

不可能予以减少的,合同解除。

第1434条　多方自主给付的不履行

在自主给付之多方合同中,其中一方当事人嗣后发生的给付不能,并不使合同相对于其他当事人发生解除,但未履行的给付根据具体情况被视为实质性的除外。

在不履行的情形,其他当事人可选择解除其与不履行者的法律关系,或要求其履行。

第七题 合同地位的转让

第 1435 条 转让

在给付尚未全部或部分履行的合同中,任何一方当事人均可向第三人转让其合同地位。

必须在转让协议之前、同时或之后取得另一方当事人的同意。

如果被转让人的同意在转让人和受让人的协议之前作出,则合同仅在该协议以有确定日期之书面形式通知于被转让人之后发生效力。

第 1436 条 准用于合同地位之转让的规则

转移的形式、参与之当事人的能力、同意之瑕疵以及缔约人之间的关系,依作为转让基础的法律行为予以确定,且须遵守相关法律规定。

第 1437 条 转让人的免责

自转让成立之时起,转让人丧失其权利和义务,此等权利和义务由受让人承受。但是,如果被转让人与转让人约定,只要受让人未履行其承受的义务,转让人即不因转让而免责,则被转让人可以起诉转让人。在此情形,被转让人应在受让人不履行的 30 日之内通知转让人该事实,否则转让人免责。

第 1438 条 对合同存在和有效的担保

除缔约时有约定者外,转让人对受让人担保合同的存在和有效。如果合同的无效系因转让人本人的行为所致,则前述约定不生效力。

转让人据以担保债务人履行义务的约定有效,在此情形,转让人作为保证人承担责任。

被转让人对受让人,以及受让人对被转让人,均得以产生于合同的抗辩和防御手段加以对抗,但对于那些以其和转让人其他关系为基础的抗辩与防御手段,除非在接受合同转让之时已对其作出明确保留,否则不得以之进行对抗。

第1439条 转让合同中第三人之担保

由第三人设立的担保未经其明确允准的,不移转于受让人。

第八题　给付负担过重

第 1440 条　定义

在继续履行、定期履行或延期履行的实定合同中,如果给付因不可预见的非常事件变得负担过重,受损害的一方可以请求法官减少或增加对待给付,以终结过重的负担。

若因给付的性质或具体情况而不可能增减,或者被告提出不能减少或增加的请求,法官应裁决解除合同。解除不扩及于已履行的给付。

第 1441 条　给付负担过重之延伸

第 1440 条包括的规定适用于:

1. 当事人一方负担的给付义务因不可归责于他的事由而迟延履行的即时履行之实定合同;

2. 因合同本身风险之外的事由而发生负担过重的射幸合同。

第 1442 条　单方给付合同中的负担过重

涉及仅一方当事人承担义务的合同时,仅得由该当事人为终止其过重的负担而向法官请求削减给付。

如果不能削减给付,则适用第 1440 条第 2 款的规定。

第 1443 条　负担过重之诉权的不适用

给付因受损一方的故意或过失而被迟延履行的,不发生给付负担过重之诉权。

第 1444 条　诉权抛弃之无效

抛弃给付负担过重之诉权的,无效。

第 1445 条　诉权之失效

给付负担过重之诉权,自第1440条所指的不可预见之非常事件产生之日起,经历3个月的期间失效。

第1446条 失权期限

第1445条所指的失权期限,自不可预见的非常事件消失之时起开始计算。

第九题　非常损失

第1447条　基于非常损失的诉权

基于非常损失的撤销诉权,仅在合同成立之时给付之间的比例失衡大于2/5,且在该比例失衡系因一方缔约人对另一方的急迫需要加以利用而产生时,方可行使。

在射幸合同中,因其固有风险之外的事由产生比例失衡的,亦产生此项诉权。

第1448条　利用之推定

在第1447条的情形,如果比例失衡等于或超过2/3,则推定得利人对遭受非常损失之人的急迫需要加以利用。

第1449条　比例失衡的评估

给付之间的比例失衡,依成立合同之时此等给付所具有的价值进行评估。

第1450条　超额部分的提存

被告在对诉请进行答辩的期限内将差价提存的,诉讼终结。

第1451条　价值的重新调整

被告可反诉请求重新调整价值。在此情形,应判决在8日之期限内支付已确定的差价及其法定利息,否则合同将被宣告撤销。

第1452条　重新调整之诉权

在遭受非常损失之人因被告不可能返还已受领的给付,从而第1447条所指的撤销诉权对其无用的情形,发生重新调整之诉权。

第1453条 非常损失之诉权抛弃的无效

抛弃非常损失之诉权的,无效。

第1454条 非常损失之诉权的失效期间

非常损失之诉权在得利人履行给付之日起6个月后失效,但无论如何,该诉权均在合同成立之日起2年后失效。

第1455条 非常损失诉权的不适用

非常损失之诉权不适用于下列情形:

1. 和解;

2. 公开拍卖。

第1456条 分割中的非常损失

共有人对分配给他的财产以一半以上的价值进行转让的,不得行使非常损失之诉权。

第十题 利益第三人合同

第 1457 条 定义

依利益第三人合同,承诺人有义务对受诺人为第三人的利益而履行给付。

受诺人对合同的缔结应有自己的利益。

第 1458 条 第三人权利的产生和可主张性

第三人的权利自合同成立之时起直接、即刻产生。但是,为使其可予主张,须第三人将其行使该权利的意思通知于受诺人和承诺人,此项意思表示具有溯及力。

受益人的意思表示可先于合同作出。

第 1459 条 继承人的意思表示

除非有不同的约定,受益第三人的继承人可以作出行使权利之意思表示。

第 1460 条 第三人不接受

第三人不接受行使权利的,受诺人可为自己主张该利益。

第 1461 条 向承诺人请求履行

受诺人有权请求由承诺人履行义务。受益第三人一旦作出第 1458 条所指的意思表示,即享有同样的权利,在第 1459 条的情形,第三人的继承人亦享有同样的权利。

第 1462 条 第三人请求履行的专属性

若由第三人专属地享有请求承诺人履行义务的权利,则受诺人不得免除承诺人的义务。

第 1463 条 受诺人的替换权

受诺人可以在合同中保留其独立于第三人和承诺

人的意思而替换第三人的权利。

除非另有约定,前款所指的替换权不移转于受诺人的继承人。

第1464条 第三人权利的撤销或变更

在第1458条和第1459条规定的接受情形尚未形成时,受诺人可以撤销或变更第三人的权利。

第1465条 撤销权的不可移转性

除非另有约定,撤销或变更的权能不移转于继承人。

第1466条 撤销或变更的要件

为使受诺人和相应情形下其继承人可以行使撤销或变更,须第三人知晓合同的存在却未表示任何行使其权利的意思。

第1467条 因撤销导致合同消灭

利益第三人之约定的撤销,发生合同消灭的效力,但另有约定的除外。

第1468条 对撤销、变更或替换合同之权能的抛弃

利益第三人之合同的撤销、变更或替换权,可以被抛弃。

第1469条 对第三人权利的对抗

承诺人可以以立基于合同的抗辩对抗第三人,但不得以承诺人与受诺人之间存在的其他关系所产生的抗辩对抗之。

第十一题　第三人义务或行为之允诺

第1470条　第三人义务或行为之允诺

可以就第三人的义务或行为作出允诺,依此负担,承诺人有义务在第三人不承担或不履行相应的允诺之义务或行为时,对缔约他方进行赔偿。

第1471条　替代给付

在第1470条的任何情形,承诺人负担的赔偿有对第三人之义务或行为进行替代给付的性质。

第1472条　赔偿的预先约定

赔偿数额可预先约定。

第十二题　指名合同

第 1473 条　当事人指名第三人的权能

缔结合同时,可以约定任何一方当事人保留嗣后指定一名第三人承受该合同产生的权利和义务的权能。

指名之保留,不适用于不允许代理或合同当事人必须确定等情形。

第 1474 条　指名第三人之期限

指名之意思表示应在不超过 20 日的期限内通知于另一方当事人,该期限自合同成立之日起开始计算。

指名之意思表示若未附加被指名者的接受,无效。

第 1475 条　指名之意思表示的形式

即使法律未就其形式作出规定,指名之意思表示和被指名者的接受亦应采用当事人成立合同之同一形式。

第 1476 条　指名之意思表示的效力

有效作出指名之意思表示的,被指名者承受自合同成立之时起生效的合同权利和义务。

在相反的情形,或未在期限内作出指名之意思表示的,合同在原合同当事人之间发生效力。

第十三题 立约定金

第 1477 条 定金的移交和返还

立约定金的移交意味着合同的成立。在债务不履行的情形,受领定金者应根据给付的性质,返还定金或将其抵充其债权。

第 1478 条 惩罚性定金

如果移交定金的一方因可归责于他的事由而未履行义务,他方可以保留定金而使合同归于无效。若未履行者为受领定金的一方,则他方可使合同归于无效并请求支付双倍定金。

第 1479 条 准用于损害赔偿的规则

如果并非不履行义务的一方宁可请求履行或解除合同,则适用一般规范对损害和损失进行赔偿。

第十四题　悔约定金

第 1480 条　悔约定金

悔约定金的移交,仅在预约合同中有效,并赋予当事人悔约的权利。

第 1481 条　当事人之间悔约的效力

移交定金之当事人悔约的,丧失该定金而由他方当事人取得。

受领定金者悔约的,应在行使该权利时双倍返还定金。

第 1482 条　悔约权的抛弃

受领定金的当事人可以抛弃悔约权。

第 1483 条　最终合同的效力

如果最终合同成立,受领定金者应根据给付的性质,即刻返还定金或将其抵充其债权。

第十五题　瑕疵担保义务

第一节　一般规定

第1484条　瑕疵担保的适用
在与移转财产之所有权、占有或使用相关的合同中,发生瑕疵担保。

第1485条　瑕疵担保
依瑕疵担保,转让人在取得人因追夺、财产的隐蔽瑕疵或转让人自身的行为,而不能达到取得该财产的目的,或其价值遭受减损时,有义务对取得人承担责任。

第1486条　通常用途
若未明示或默示指出取得之目的,则推定当事人的意思为将该财产用于与其性质、取得时间和当地习惯相一致的通常用途。

第1487条　瑕疵担保权的转移
瑕疵担保之义务和权利移转于相应的继承人。

第1488条　瑕疵担保诉权的失效
直接转让人之前手对其直接取得人有瑕疵担保义务的,取得人既可对其直接转让人主张瑕疵担保,也可对该前手主张瑕疵担保。

对直接转让人之前手的瑕疵担保之诉权,其失权期间自其相应合同成立之时起计算。

第1489条　合同当事人对瑕疵担保的权限
除第1528条所述情形外,合同当事人可以扩大、限缩或免除瑕疵担保义务。

第1490条 瑕疵担保之限制

在法律授权的机关和单位实施的强制出售中,瑕疵担保仅限于返还出售所得价金。

第二节 追夺担保

第1491条 追夺担保

依据司法裁决或生效的行政裁决,基于转让前第三人的权利,取得人被全部或部分剥夺财产的所有权、占有或使用之权利的,发生追夺担保责任。

第1492条 因遵从诉请或抛弃而发生的追夺

取得人经转让人同意,在未等到第1491条所述的裁决即遵从诉请或放弃财产的,发生追夺。

第1493条 转让人的免责

如果取得人经转让人同意,通过清偿而避免追夺,则转让人可返还已受领的清偿、利息、取得人发生的一切费用和第1495条第7项所指的损害赔偿,以免除追夺担保产生的一切后果。

第1494条 追夺担保的不适用

第三人的权利乃因取得人的故意或不可原宥的过失而被主张的,不发生追夺担保。

第1495条 取得人依据追夺担保的权利

取得人依追夺担保有权向转让人为以下主张:

1. 主张财产在追夺之时具有的价值,此时须虑及取得该财产的用途;

2. 主张自追夺发生之时起的法定利息;

3. 主张其善意占有期间财产的应得孳息,或在有义务连同财产返还此等孳息时,主张孳息之价值;

4. 在有义务支付追夺之诉讼费用的情况下,主张此等费用;

5. 主张已由取得人负担的合同之税金和费用;

6. 主张由取得人善意实施的、未由追夺者偿付的一切改良;

7. 主张赔偿转让人在合同成立之时的故意或过失导致的损失和

损害。

第 1496 条 转让人所为的改良

如果转让人所为的改良由取得人偿付,其价值应计入转让人必须对取得人支付的价值之中。

第 1497 条 抛弃追夺担保

约定转让人不负追夺担保义务的,如果产生追夺,则应返还已受领的对待给付,但取得人明确抛弃该返还的除外。若转让人存在故意或不可原宥的过失,则抛弃无效。

第 1498 条 将诉请通知转让人

发生追夺之诉时,取得人有义务在答辩期间申请将诉请通知于其指定的转让人。

第 1499 条 诉讼程序中的代位和协助

转让人参与诉讼的,应作为被告取代取得人,直至诉讼终结。

取得人申请的,可协助进行辩护。

第 1500 条 追夺担保权利的丧失

在以下情形,取得人丧失主张追夺担保的权利:

1. 在追夺诉讼中,未请求和关注传唤转让人;
2. 未经转让人同意将争讼提交仲裁且败诉;
3. 未经转让人同意就诉讼达成和解;
4. 成立合同时知悉该财产有争议或属于他人;
5. 自追夺发生之日起 1 年的失权期限届满。

第 1501 条 部分追夺

在部分追夺的情形,财产取得人有权就其丧失权利的部分主张其价值。但是,如果该部分财产相对于整体而言如此重要,以至于追夺将使取得之目的不达,则可选择解除合同。

第 1502 条 互相依存之财产的追夺

取得人受让两个或两个以上互相依存或作为整体的财产的,若因追夺丧失其中任何一个财产的权利,则可行使第 1501 条的选择权。

即使已就转让的每一个财产指明其个别价值,亦可行使前款所指的权利。

第三节　隐蔽瑕疵之担保

第 1503 条　隐蔽瑕疵的担保义务
转让人有义务对转让之时存在的隐蔽瑕疵承担担保责任。

第 1504 条　取得人知晓的隐蔽瑕疵
依其个人能力和具体情形,以应尽之注意义务可由取得人知悉的瑕疵,不视为隐蔽瑕疵。

第 1505 条　对允诺品质之欠缺的担保
转让人允诺之品质本可赋予财产以价值,或可使财产适合于取得之用途的,若财产欠缺此等品质,则发生瑕疵担保。

第 1506 条　整体转让中的隐蔽瑕疵
整体受让两个或两个以上财产的,每一个财产的瑕疵赋予一个相应的诉权,且该瑕疵不波及另一财产,但取得人不连同有瑕疵的财产即不会取得其他财产的除外。取得一套、一对、一双、一组或类似数量之财产的,即使其组成的每一个财产均已被分别标价,亦被推定为上述除外情形。

第 1507 条　主物和从物中的瑕疵担保
受让主物和从物的,主物上存在的瑕疵使主物和从物均发生瑕疵担保,反之则否。

第 1508 条　可消费物的瑕疵
有瑕疵的可消费物之取得人,可要求移交另一相同性质之物,以取代瑕疵担保。

第 1509 条　负担
存在合同成立之时未予告知的隐蔽性负担、限制或赋税的,若其如此重要,以致减损该财产之价值,或使其取得用途无意义,或影响其价值之品质被降低,则发生瑕疵担保。

第 1510 条　对不存在积极役权的担保
合同成立之时不存在转让人宣称的积极役权的,若此等役权本使财产利于实现其取得用途,亦发生瑕疵担保。

第 1511 条　退货之诉权

取得人可依据转让人负有的瑕疵担保义务请求解除合同。

第1512条 解除的效果

第1511条所指的解除,使转让人对取得人承担以下清偿义务:

1. 支付财产在解除之时如果不存在影响它的瑕疵本可具有的价值,此时须虑及取得目的;

2. 支付自传唤转让人应诉之时起的法定利息;

3. 支付由取得人支付的合同开销或赋税;

4. 清偿解除之时尚未收取的财产孳息;

5. 转让人对瑕疵的存在有故意或过失的,赔偿损害及损失。

第1513条 减价之诉权

取得人可以选择请求向其支付财产在行使付款诉权之时因瑕疵而减少的价值,此时须虑及财产之取得目的,且第1512条第5项之权利不受影响。

第1514条 退货和减价之诉权的失效

第1511条和第1513条所指的诉权,在涉及动产时其失权期间为3个月,在涉及不动产时为6个月。

此等期限自受领财产之日起计算。

第1515条 非重要之缺陷

涉及非重要之瑕疵的,转让人在可能修补时可提出修补。如果取得人拒绝该提议,则仅可提起减价之诉,而丧失退货之诉权。

第1516条 转让人承受财产灭失之损失

如果财产因其隐藏性瑕疵完全灭失,由转让人承受该损失。

第1517条 因取得人的过错而灭失

造成财产灭失的瑕疵仅因取得人的过错而致灭失后果发生的,即使该瑕疵在转让之时已经存在,转让人亦免除责任。

第1518条 因意外事件或不可抗力造成的灭失

如果有瑕疵的财产因意外事件或不可抗力而灭失,转让人不负责任。

第1519条 隐蔽瑕疵之担保的抛弃

约定转让人不承担隐蔽瑕疵之担保义务的,如果财产因此等瑕疵而灭失,则转让人应返还对待给付,但取得人明确表示抛弃该对待给付者除外。

第1520条 对瑕疵担保抛弃的无效

在成立合同或约定抛弃之时,转让人对财产瑕疵的存在有故意或不可原宥之过失的,对瑕疵担保的抛弃无效。

第1521条　动物转让中的隐藏性瑕疵

在转让动物时,隐藏性瑕疵之担保适用特别法,无特别法的,适用习惯。二者皆无的,应遵守前述规范。

第1522条　瑕疵担保之不适用

在市场交易或公开拍卖中发生动物或牲畜之转让的,以及在劣质马匹市场或同等情形下发生动物转让的,不产生瑕疵担保。

第1523条　良好功效之担保

如果转让人担保被转让之物在确定时间内具有良好功效,认为存在功效之瑕疵或缺陷的取得人应自发现之日起7日内通知转让人,并可在通知之日起两个月内提起相应诉讼。

第四节　对转让人自己行为的瑕疵担保

第1524条　自己行为之瑕疵担保

转让人自己的行为若造成财产价值减损,或使取得该物之用途丧失,或使影响其价值的品质降低,则转让人负有瑕疵担保义务。

第1525条　退货之诉和减价之诉

取得人基于转让人就自己行为承担的担保责任,可行使第1511条和第1513条所规定的诉权。此等诉权为专属诉权。

第1526条　失权期间

第1525条所涉诉权的期限为第1514条所定期限。

第1527条　瑕疵担保抗辩

如果转让人提起诉讼,以削弱取得人依合同而对财产享有的任何权利,则取得人有权援引此项瑕疵担保之抗辩,以确定地终结诉讼。

第1528条　免除或限制瑕疵担保的约定无效

约定免除或限制转让人对其自愿行为承担的瑕疵担保义务的,该约定无效。

但是,约定就具体行为豁免或限制承担瑕疵担保责任的,可由法官裁判有效,此等具体行为的合理性应在合同中明示。

第二篇 有名合同

第一题 买卖

第一节 一般规定

第 1529 条 定义

依买卖，出卖人有义务向买受人转让财产的所有权，而买受人有义务支付其价金。

第 1530 条 移交和运送的费用

除非有不同的约定，移交的费用由出卖人负担，运送至与履行地不同之地点的费用由买受人承担。

第 1531 条 合同的属性

如果转让价格确定为部分金钱和部分其他财产，合同应依当事人表示的意图，而非所赋予的名称定性。

若未载明当事人的意图，则在财产的价值等于或超过金钱的价值时，为互易合同，而在少于的情形，为买卖合同。

第二节 出售之财产

第 1532 条 可予买卖的财产

既存的或可能存在的财产，只要已被确定或可被确定，且其转让不被法律禁止，则均可被出售。

第1533条　财产的部分灭失

如果出售时财产之一部已经灭失，买受人有权撤销合同，或根据全部财产确定的价金之比例，扣除减损部分的价值。

第1534条　将来财产之买卖

双方当事人均知晓出售的财产系将来之财产的，合同受停止条件约束，该条件为此等财产应最终存在。

第1535条　将来财产的数量和质量之风险

如果买受人对将来财产的数量和质量承担风险，则合同同样受此等财产应最终存在之停止条件的约束。

但是，如果财产最终存在，则无论其数量和质量如何，合同均自此时起完全生效，买受人应支付全部价金。

第1536条　不确定期待之买卖

在第1534条和第1535条的情形，如果买受人对财产的存在承担风险，则即使其最终未存在，出卖人亦有权主张价金之全部。

第1537条　出售他人财产之允诺

双方当事人均知晓财产系他人所有，而一方当事人允诺使另一方当事人取得该财产之所有权的合同，适用第1470条、第1471条和第1472条之规定。

第1538条　出售他人财产之允诺转化为买卖

在第1537条的情形，如果作出允诺的当事人嗣后取得财产的所有权，则在没有相反约定时，有义务依该合同将财产移转给债权人。

第1539条　对出卖他人财产之允诺的撤销

他人财产之买卖可依买受人的请求予以撤销，但买受人知悉该财产不属于出卖人，或出卖人在被告知该诉请之前已取得该财产的，除外。

第1540条　部分他人之物的买卖

在第1539条的情形，如果财产部分属于他人，则买受人可选择撤销合同或减少价金。

第1541条　撤销的效力

在第1539条和第1540条所指的撤销之情形，出卖人应向买受人返还已受领的价金，并赔偿其遭受的损害和损失。

同样,出卖人应返还买受人实际支付的合同开销、利息和赋税以及一切由买受人实施的改良。

第 1542 条　在公共场所取得财产

在商店或公共场所取得的动产,若由出卖人的发票或单据提供保护,则不得被要求返还原物。但受损害者对不法出售者提起相应的民事或刑事诉讼的权利不受妨碍。

第三节　价金

第 1543 条　因单方确定价金而无效

价金的确定委诸一方当事人的,买卖无效。

第 1544 条　由第三人确定价金

价金的确定委诸合同指定或嗣后指定之第三人的,买卖有效,且适用第 1407 条和第 1408 条之规定。

第 1545 条　在交易所或市场确定价金

如果约定价金为财产在确定地点和时间之交易所或市场所具有的价格,买卖亦为有效。

第 1546 条　价金的自动调整

当事人依第 1235 条第 1 款之规定确定价金的,合法。

第 1547 条　价金的确定

在出卖人经常出售之财产的买卖中,如果当事人双方未确定价金,也未约定定价方式,则执行出卖人通常确定之价格。

若涉及交易所或市场有其价格的财产,则在未明确定价时,推定执行交付地的价格。

第 1548 条　依净重确定价金

在买卖中依重量确定价金的,若无约定,则理解为乃指净重。

第四节　出卖人的义务

第 1549 条　转让的完成

完成财产所有权的转让,系出卖人的根本义务。

第 1550 条　移交时财产的状态

应按财产在合同成立之时具有的状态,连同其从物一起移交之。

第 1551 条　被出卖财产之文书和契据的移交

除非有不同的约定,出卖人应移交与出售财产之所有权或使用相关的文书和契据。

第 1552 条　移交财产之适时

财产应在合同成立后立即移交,但因其性质或另有约定发生延迟者除外。

第 1553 条　财产移交地

无约定的,财产应在合同成立时其处于的地点被移交。财产尚未确定的,其一旦确定,即应在出卖人住所地移交。

第 1554 条　财产孳息的移交

在可归责于其移交迟延的情形,出卖人就财产的孳息对买受人承担责任。若其无过错,则仅就尚未收取孳息之情形对孳息承担责任。

第 1555 条　孳息移交之迟延

如果买受人在合同成立之时知悉导致移交延迟的障碍,则不适用第 1554 条之规定,且出卖人不对损害和损失承担赔偿责任。

第 1556 条　因未移交而解除

买卖因未移交而解除的,出卖人应向买受人返还其已支付的合同之赋税和开销,并赔偿损害和损失。

第 1557 条　因财产迟延移交而延展期限

在价金应按期支付的合同中,出卖人迟延移交财产的,此等期限按迟延时间而延展。

第五节　买受人的义务

第 1558 条　支付价金的时间、方式和地点

买受人有义务按约定的时间、方式和地点支付价金。

无约定的,除非有不同的习惯,否则应在财产移交的时间和地点立即支付价金。如果不能在财产移交地支付,则应在买受人住所支付。

第 1559 条　因未支付余额而解除合同

已支付部分价金,且合同未约定清结余额之期限的,出卖人可行使第 1429 条规定的权利。合同一旦解除,出卖人在扣除合同税赋和开销后,应返还已支付的部分价金。

第 1560 条　因未对余额提供担保而解除合同

如果合同因未在约定的期限内对价金之余额提供适当担保而被解除,则应遵守第 1559 条之规定。

第 1561 条　分期支付的未履行

价金应按不同期限分期支付的,如果买受人连续或非连续三期未支付,出卖人可以请求解除合同,或要求债务人即刻支付余款,尚未到期的各期款项亦视为到期。

第 1562 条　解除之诉的不适用

当事人可以约定,如果买受人已支付价金的特定部分,则出卖人丧失解除合同之选择权,在此情形,出卖人仅得选择请求支付价金之余额。

第 1563 条　因未支付价金而解除合同的效力

因买受人未履约发生的合同解除,导致出卖人返还受领之价金;除非有相反约定,就财产的使用有权要求相当的补偿,就损害和损失有权要求赔偿。

作为替代,可以约定出卖人依赔偿之名将已受领的分期款项据为己有,在此情形,适用与附违约金条款之债有关的规定。

第 1564 条　不移交动产之买卖的解除

在不将动产移交给买受人的动产买卖中,若买受人未支付全部或部分价金,也未提供其有义务提供的担保,则出卖人可以处分财产。在此情形,合同依法当然解除。

第 1565 条　受领财产之义务的适时

买受人有义务在合同确定的或习惯规定的期限内受领财产。

无约定期限或不同习惯的,买受人应在合同成立之时受领财产。

第 1566 条　登记动产的买卖

对登记于相应登记簿的动产以分期付款方式买卖的,此等合同由该主题的法律调整。

第六节　风险的转移

第 1567 条　风险的转移

不可归责于合同当事人的特定财产之灭失风险,在财产移交之时转移至买受人。

第 1568 条　风险在移交之前转移

在第 1567 条的情形,如果财产已处于其支配之下,而买受人未在合同规定的移交时点受领之,则财产灭失的风险在移交前即转移至买受人。

第 1569 条　称重、计数或度量买卖中风险的转移

在称重、计数或度量之买卖情形,如果财产已处于其支配之下,而买受人未在合同指定的或出卖人确定的时间一起称重、计数或度量之,则应适用第 1568 条之规定。

第 1570 条　寄送财产至不同于移交地之地点时的风险转移

如果出卖人应买受人的请求,将财产寄送至与应移交之地不同的地点,则灭失的风险自其寄发之时起转移至买受人。

第七节　买受人适意之买卖、试验买卖和货样买卖

第 1571 条　买受人适意之买卖

买受人适意之财产买卖,仅在买受人表示其满意时成立。

买受人应在合同约定的或习惯确定的期限内作出其意思表示,无此期限的,由出卖人设立一个大致期限。

第 1572 条　试验买卖

试验买卖视为附停止条件,该条件为财产应具有约定的品质,或符合其指定的用途。

验证应在合同或习惯确定的期限内依其规定的条件为之。

在指定期限内未予验证或验证结果未通知于出卖人的,条件成就。

第1573条　货样买卖

若为货样买卖,买受人在财产质量与样品不符,或与市场中为人所知的货样不符时,有权解除合同。

第八节　按度量的买卖

第1574条　按面积或体积的买卖

在指定了面积和体积并根据每单位之面积或体积计算价金的财产买卖中,出卖人有义务向买受人移交合同指定的数量。若不可能移交指定的数量,则买受人对超出部分有义务支付价金,而出卖人应返还短缺部分的价金。

第1575条　按度量之买卖的解除

如果出售之财产超出或短缺的面积或体积大于合同指定的1/10,买受人可以选择解除合同。

第1576条　超出部分之付款期限或差价之返还期限

若买受人在第1574条的情形不能立即支付超出部分所产生的价金,出卖人有义务给予其一个不少于30日的支付期限。

如果出卖人未定期限,则由法官依具体情势以附带方式裁定之。

同一规则适用于出卖人返还差价的情形。

第1577条　整体定价买卖

若财产出售乃整体定价,而非依其面积或体积定价,则即使合同中已注明其面积或体积,且实际面积或体积经证实确有不同,买受人亦应支付价金之整体。

但是,如果合同中注明面积或体积,而真实的面积或体积之差异大于1/10,则应依比例减少或增加价金。

第1578条　同种类财产的买卖

依相同的单一价格出售数个同种类财产,但未注明其相应的面积或体积的,若发现其中一个或数个财产的面积或体积较大,而其他的较小,则应在其汇总的限度内,于短缺和超出部分之间相互抵补。

若依单位面积或单位度量约定价金,则实施抵补后发生的价金增减之权利,适用第1574条和第1576条的规定。

第 1579 条　解除诉权之失效

出卖人请求增加价金的权利，和买受人请求减少价金的权利，以及买受人要求解除合同的权利，在买受人受领财产 3 个月后失效。

第九节　文书交付之买卖

第 1580 条　文书交付之买卖

在文书交付之买卖中，财产的移交替换为移交其代表性的权利证书，以及合同所要求的或在无此要求时交易习惯所要求的其他文书。

第 1581 条　清偿的时间和地点

价金的支付应于第 1580 条指定的文件所移交的时间和地点为之，但另有习惯或约定者除外。

第十节　可添加于买卖的约款

第一分节　一般规定

第 1582 条　不得添加于买卖的约款

可在买卖中添加任何合法的约款，但以下约款除外，此等约款无效：

1. 更优买受人之约款，即依此约定，若有对财产出价更优的买受人，则买卖被撤销，买受人应返还财产；

2. 先买权之约款，即依此约定，买受人在其欲转让财产时有义务按他人之同等出价就该财产向出卖人发出要约。

第二分节　保留所有权的买卖

第 1583 条　保留所有权的买卖

在买卖中可以约定，即使财产已被移交给买受人，出卖人仍保留其所有权，直至全部价金或其确定的一部分被支付，而财产灭失或减损的风险自移交之时起由买受人承担。

买受人在支付约定的价款后自动取得财产的所有权。

第 1584 条 保留所有权之约款的对抗力

所有权的保留仅在书面记载其日期先于财产扣押时，方可用于对抗买受人的债权人。

如果涉及登记之财产，则只有在该约款已被事先登记时，方可以所有权之保留对抗第三人。

第 1585 条 租卖中的所有权保留

租赁合同中若约定到期后由承租人因支付约定的承包租金而取得财产所有权，则准用第 1583 条和第 1584 条的规定。

第三分节 买回之约款

第 1586 条 定义

依买回权，出卖人取得单方解除合同的权利，无须司法裁决。

第 1587 条 买回约款中的无效约定

约定出卖人有义务向买受人支付一定数量的钱款或其他相当的利益，作为合同解除之补偿的，无效。

约定出卖人有义务在合同解除的情况下返还一笔额外钱款，而该钱款并非用于保持买卖价金之购买价值的，该约定就超额部分亦为无效。

第 1588 条 行使解除权的期限

对于不动产，行使解除权的期限为 2 年，对于动产则为 1 年，但当事人约定更短期限的除外。

期限自买卖成立之时起开始计算。如果当事人约定的期限长于本条前款规定所指的期限，或将期限延展，以致其分别长于 2 年或 1 年，则该期限或延期应视为缩减至法定期限。

买受人有权留置财产，直至出卖人向其补偿必要的改良和有益的改良。

第 1589 条 不可分财产的买回

附买回之约款而共同出售不可分财产的人，以及附相同约款出卖不可分财产之人的数个继承人，不得分别行使其权利，而须共同行使之。

第 1590 条　分别出售中的买回

不可分财产的共有人分别附买回约款出售其共有份额的,各共有人可就其相应的份额同样分别地行使合同解除权。

第 1591 条　买回之对抗力

买回之约款登记于相应登记簿的,可据以对抗第三人。

第十一节　代位先买权①

第 1592 条　定义

代位先买权是法律授予特定人的权利,以便该人在买卖合同的全部约定中代位取得买受人的地位。

代位人应向取得人(买受人)返还其支付的价金、税金和费用,以及在约定利息时,亦应返还之。

以公开拍卖的方式出售的,不适用先买代位权。

第 1593 条　实物清偿中的代位先买

代位先买权亦发生在代物清偿中。

第 1594 条　代位先买权的适用

代位先买权适用于登记动产以及不动产。

第 1595 条　不可抛弃性和不可移转性

代位先买权不得依生前行为予以抛弃和移转。

第 1596 条　行使代位先买权的期限

代位先买权,应自在确定日期通知享有该权利的人之时起,于 30 日内行使。

---

① 依西班牙语法律词典,此权利被授予给特定的人,权利人对出售给他人之物,有权在支付与售价同等的价金后取得其所有权。有学者认为这是一种先买权,即某物的所有权人转让该物时,享有此所谓先买权的人可以代位买受人,通过支付与售价相同的价金以及可能产生的合同费用,而取得所售之物;也有学者认为这是一种利益他人的、撤销买卖的权利,它可以由当事人约定,也可以由法律直接规定。Véase Manuel Ossorio, Diccionario de Ciencias Jurídicas, Políticas y Sociales, Editorial Heliasta S. R. L., Buenos Aires, 1981, p. 675. 此种权利显然不同于第 1582 条第 2 项中被禁止的先买权,它涉及三方当事人:买卖中的出卖人和买受人以及行使先买权而取代买受人的代位人。此处意译为代位先买权,主要目的是使其区别于第 1582 条中的先买权。——译者注

其住所地不为所知或不可知的,可以通过专事法律告示的日报以及当地传播更广的另一日报进行通知,此等公告须为 3 次,各次之间间隔 5 日。在此情形,期限自最后一次公告之次日起算。

第 1597 条 行使代位先买权的特别期限

如果代位先买人以任何不同于第 1596 条所指的方式知悉财产的移转,则期限从知悉之日起算。就此种情形而言,第 2012 条包含的推定仅在财产移转被登记的 1 年之后可用以对抗。

第 1598 条 对代位先买的担保

所售财产之价金被约定分期支付的,即使导致代位先买权发生的合同中未予约定,亦须为未到期价金的支付提供担保。

第 1599 条 代位先买权的权利人

下列人在下列买卖中享有代位先买权:

1. 已被废除;

2. 共有人,在向第三人出售不可分之份额的买卖中;

3. 诉讼当事人,在对方当事人出售讼争财产的买卖中;

4. 所有权人,在用益权买卖中,反之亦然①;

5. 土地所有权人和地上权人,在其相应权利被出售的买卖中;

6. 被实际分割为数部分的城市不动产的各所有权人,在不就其他部分设定可能减损其价值的役权或服役则无法行使其所有权人之权利的情形;

7. 相邻土地的所有权人,在出售其面积不超过相应最小农业或牧业单位的乡村地产的买卖中,或在二者相加不超过上述最小单位的买卖中。

第 1600 条 代位先买权人的优先顺序

如果两个或两个以上享有代位先买权的人有不同的权利依据,则优先权的顺序依第 1599 条所列的顺序。

第 1601 条 连续转让中的代位先买

行使代位先买权的期限届满之前实施两个或更多的转让的,代位权仅依第一次转让的价金、税金、费用和利息而指向该转让。其他转让无效。

---

① 即用益权人在所有权买卖中。——译者注

第二题 互易

第1602条 定义
依互易,互易人互负义务相互移转财产的所有权。

第1603条 准用于互易的规则
互易在可予适用的范围内准用买卖的规定。

第三题 供给

第1604条 定义

依供给,供给人有义务为他人的利益实施财产的定期或连续给付。

第1605条 供给合同的证明和形式

供给的存在和内容可以通过任何法律允许的方式进行证明,但若以书面形式成立合同,则相应文书的证明力优于其他任何证明手段。

以慷慨名义成立此类合同的,应采书面形式,否则无效。

第1606条 不确定之周期

未确定供给量或其周期的,则理解为根据合同成立之时所确定的受供给人之需要已予约定。

第1607条 由受供给人确定

如果合同当事人仅对整个供给或单次给付确定下限和上限,则由受供给人在此等限制内设立应当供给的量。

第1608条 定期供给中价金的支付

在定期供给中,价金应在各单次给付中依其每次所占比例而予支付。

第1609条 定期供给中价金的确定

在移转财产所有权的定期供给中若未确定价金,则准用买卖的相关规定,同时应考虑各单次给付到期的时间和此等给付应予履行的地点。

第1610条 连续性供给中价金的给付

在连续性供给中,若无约定,价金依市场习惯而予支付。

第 1611 条　各单次给付的期限

为各单次给付设定的期限,被推定为为双方当事人的利益。

第 1612 条　单次给付的到期

供给之受益人有权确定单次给付之到期的,应将其日期提前不少于 7 日通知供给人。

第 1613 条　未确定期限的供给

如果供给的存续期未予设定,则当事人各方均可在约定期限内提前通知,或在未约定期限时,在不少于 30 日的期限内提前通知,从而退出合同。

第 1614 条　优先权之约定

在为供给人或受供给人之利益而约定优先权条款的情形,债的存续期不应超过 5 年,若已确定更长期限,则缩减至上述期间。

第 1615 条　优先权的提出和行使

在第 1614 条规定的情形,有优先权的一方当事人应以确定的方式通知另一方当事人由第三人提出的条件。在优先约款之受益人一方,则有义务在强制确定的期限内表示其利用优先权的决定。

第 1616 条　供给人的专属性

供给合同中为供给人利益约定专属条款的,供给之受益人不得接受第三人相同性质的给付,也不得以自己的方式向第三人提供构成给付客体之物的生产。

第 1617 条　受供给人的专属性

如果专属条款乃为供给之受益人的利益而被约定,则供给人不得在其他任何地方直接或间接地实施与合同标的性质相同的给付。

第 1618 条　促销的不履行

供给的受益人若有义务对具有专属性的财产出售进行促销,则在其未履行该义务时,即使就约定的最低数量而言其已履行合同,亦须对损害和损失承担责任。

第 1619 条　非实质的不履行

如果供给的受益人未履行其相应义务,且该不履行为非实质性的,则供给人在未经事先通知时不得停止合同的履行。

第1620条　供给的解除

一方当事人未履行其所负的单次给付义务时,如果该不履行为实质性的,以致减损后续履行之严格执行的信心,则对方当事人可以请求解除合同。

第四题　赠与

第 1621 条　定义

依赠与,赠与人有义务无偿向受赠人转移某财产的所有权。

第 1622 条　死因赠与

因赠与人的死亡而发生其效力的赠与,适用遗嘱继承之规则。

第 1623 条　动产的口头赠与

动产赠与可以口头方式为之,其价值不超过征税单位 25% 的,赠与自合同成立之时起生效。

第 1624 条　动产的书面赠与

如果动产的价值超过第 1623 条确定的限制,则赠与应以特定日期之书面形式作出,否则无效。

第 1625 条　不动产的赠与

不动产的赠与应以公证书的方式作出,其中应单个标明所赠与的不动产、其实际价值以及受赠人将要承受的负担。

第 1626 条　动产之婚因赠与

基于结婚或类似事件赠与动产的,不受第 1624 条和第 1625 条规定形式的约束。

第 1627 条　他人财产赠与的承诺

一方当事人依合同有义务使他方无偿取得某财产之所有权,且双方均知晓该财产属于他人的,该合同适用第 1470 条、第 1471 条和第 1472 条。

第 1628 条　利益监护人或保佐人的赠与

为已成为赠与人之监护人或保佐人的人的利益实施

的赠与,以账目被核准以及管理所产生的余额被清偿作为停止条件。

第1629条　赠与的限制

任何人不得通过赠与的方式作出多于其可以依遗嘱实施的处分。

赠与就其全部超过部分而言无效。

超出部分依赠与人死亡时其财产所具有或应当具有的价值而定。

第1630条　对数人的共同赠与

对数人实施共同赠与的,视为其份额均等,且其相互之间不被赋予添加权。

向夫和妻整体作出的赠与不适用上述规定,如果赠与人未作相反处分,则在夫妻之间发生添加权。

第1631条　赠与的取回

可以设立仅有利于赠与人的赠与之取回。有利于第三人的此类约定无效,但赠与不应无效。

第1632条　对赠与取回的默示抛弃

赠与人同意转让构成赠与的财产时,发生取回权的抛弃。赠与人同意由受赠人设定担保物权的,仅在有利于债权人时构成取回权之抛弃。

第1633条　陷入贫困之赠与人的利益

财产状况恶化的赠与人,仅可就其生活必需的部分免于移交所赠与的财产。

第1634条　赠与的无效

赠与时无子女者实施的赠与,在赠与人当时以为已死亡的子女却存活时,依法当然无效。

合同成立时无子女者实施的赠与,在嗣后存有子女时,并不无效,但明确设立该条件的除外。

第1635条　无效之效果

赠与无效的,应向赠与人返还所赠与的财产,或在受赠人已经转让或返还不能时,应返还重置价值。

如果所赠与的财产被设定负担,则赠与人在支付相应数额后解除该负担,并代位行使债权人的权利。

第1636条　依法当然无效的例外

赠与财产的价值不超过赠与人在赠与时所拥有财产的1/10时,

第 1634 条情形中的赠与并不依法当然无效。在此情形,须由赠与人宣告其无效。

第 1637 条　赠与的撤销

赠与人得以不配继承以及剥夺继承权之同样事由撤销赠与。

第 1638 条　撤销的不可移转性

撤销赠与之权限不移转于继承人。

第 1639 条　撤销之失权

撤销赠与的权限自第 1637 条的任一事由发生之时起 6 个月后消灭。

第 1640 条　撤销的通知

如果赠与人所为的撤销未在 60 日内以确定的方式通知受赠人或其继承人,则撤销不生效力。

第 1641 条　对撤销的反对

受赠人或其继承人可以反对撤销事由,以便法官就此等事由的价值进行裁定。在以确定方式通知受赠人或其继承人后 60 日内未受反对的撤销应予履行。

第 1642 条　酬谢性赠与或附负担赠与的无效

在酬谢性赠与或附负担赠与的情形,其无效或撤销决定了赠与人有义务向受赠人支付所提供服务或已满足之负担的价值。

第 1643 条　因撤销或无效产生的孳息

被撤销之赠与的孳息,自以确定的方式通知该撤销之时起归属于赠与人;在依法当然无效的情形,其孳息自通知应诉返还赠与财产之时起归属于赠与人。

第 1644 条　赠与的失效

如果受赠人故意致使赠与人死亡,则赠与失效。

第 1645 条　无节制的赠与

如果赠与超过可处分的遗产份额,则就超出部分取消或缩减最近日期所为的赠与,或在赠与属于同一日期时,按比例缩减之。

第 1646 条　婚因赠与

以结婚为由实施的赠与,以婚姻之缔结为条件。

第 1647 条　婚因赠与的不可撤销性

第 1646 条所指的赠与,不得以忘恩负义为由予以撤销。

第五题　消费借贷

第 1648 条　定义

依消费借贷,出借人有义务向借贷人移交确定数量的钱款或可消费物,以换取其他相同种类、质量或数量物的返还。

第 1649 条　消费借贷的证明和形式

消费借贷的存在和内容,适用第 1605 条第 1 款的规定。

第 1650 条　夫妻之间的消费借贷

夫妻之间的消费借贷,在其价值超过第 1625 条规定的限制时,应依公证书为之,否则无效。

第 1651 条　无能力人或不在者之代理人的消费借贷

无能力人或不在者的代理人,为就其管理的财产进行代理而订立消费借贷,应遵守第 1307 条的规定。

第 1652 条　无能力人或不在者的消费借贷

在第 1651 条的情形,如果出借之财产的价值不超过月最低收入标准的 10 倍,则分别无须代理人的介入或执行交易之形式。

第 1653 条　出借财产的移交

出借人有义务在约定的时间移交财产,若未约定,则在合同成立时移交。

第 1654 条　移交的效力

借贷财产一旦被移交,其所有权即移转至借贷人,且自此时起,嗣后发生的改良、损害或减损均由借贷人负责。

第 1655 条 财产状况良好之推定

借贷人受领财产后,推定该财产所处状态可用于其使用目的。

第 1656 条 返还的法定期限

返还期限未予确定,也不能从具体情况情境中推知的,应将期限理解为自移交之时起 30 日之内。

第 1657 条 由法官确定返还期限

若约定借贷人仅在能清偿或有资产时为清偿,则返还的期限由法官虑及具体情况并按照为小额诉讼设立的程序予以确定。

第 1658 条 提前清偿

若约定借贷人不必向出借人支付利息或其他对待给付,则可以在约定期限之前为清偿。

第 1658 条 履行地

借贷之物的移交及其返还应在约定的地点为之,未约定的,在惯常实施地为之。

第 1660 条 未约定时的履行地

未约定履行地,亦不存在惯习的,移交应在财产所在地进行,返还则在借贷人住所地进行。

第 1661 条 因不能返还财产而支付

如果借贷人不能返还与受领财产在种类、数量和质量上相类似的财产,则应通过支付出借物在本应实施清偿之时、之地所具有的价值,履行其义务。

第 1662 条 支付前的财产评估

在第 1661 条的情形,如果合同成立之时已对财产进行评估,则即使财产在清偿时具有更多或更少的价值,借贷人亦有义务满足评估的价值。

第 1663 条 利息的清偿

除非另有约定,借贷人应向出借人支付利息。

第 1664 条 隐蔽的暴利

如果消费借贷中表示受领的数量多于实际移交的数量,则理解为合同按后者而成立,超出部分无效。

第 1665 条 虚假的消费借贷

出借一定数量的金钱,而应以商品返还的,或在相反情形,该合同为买卖。

第六题　租赁

第一节　一般规定

第1666条　定义
依租赁,出租人有义务按约定的租金将财产的使用权暂时转让给承租人。

第1667条　财产出租权
对所管理的财产有出租权者,可以为出租。

第1668条　不得承租之人
下列人不得承租:
1. 管理人,对于其管理的财产;
2. 依法被禁止承租之人。

第1669条　未分割财产的租赁
未分割财产的共有人,未经其他共有人同意,不得将该财产出租。但是,如果共有人为出租,而其他共有人明示或默示追认,则为有效。

第1670条　数个承租人之间的优先权
向两个或两个以上的人出租同一财产的,其权利依据登记在先的善意承租人优先,或未予登记的,已开始占有者优先。若无人已开始占有,其权利依据日期在先的承租人优先,但某一承租人的权利依据包含确定日期之文书者,除外。

第1671条　他人财产的租赁
如果承租人知晓财产属于他人,则合同应适用第1470条、第1471条和第1472条的规定。

第 1672 条　承租人之禁止

出租人不得对财产实施可能减损承租人之使用的更新。

第 1673 条　租赁财产的维修

在租赁过程中,若财产需要进行不可迟延至合同结束之时的维修,则即使维修意味着对财产部分使用的剥夺,承租人亦须忍受。

第 1674 条　解除或租金的减少

为维修财产而妨碍承租人使用其一部分的,承租人有权解除合同,或请求依未使用的时间和相应部分按比例减少租金。

第 1675 条　租赁之动产的返还

除非另有约定,租赁的动产应在其被移交之地返还。

第 1676 条　租金的支付

租金可约定到期支付或预先支付。未约定的,视为到期支付。

第 1677 条　融资租赁

融资租赁合同依其特别立法,在其可予适用的范围内则补充适用本题和第 1419 条至第 1425 条的规定。

第二节　出租人的义务

第 1678 条　移交财产的义务

出租人有义务在约定的期限和地点,按约定的状态向承租人移交出租物及其所有从物。

如果合同中未指明移交的时间和地点,则应在合同成立地即刻移交,但依习惯应在其他地点或时间移交者除外。

第 1679 条　财产状况之推定

财产被移交给承租人后,推定该财产就其使用而言处于适合使用状态且有一切必需品。

第 1680 条　出租人的额外义务

出租人也负有以下义务:

1. 保持承租人在合同期间对财产的使用,使财产处于基于租赁之目的的良好状态;

2. 除非另有约定,在租赁期间实施一切必要的维修。

第 1681 条　承租人的义务

承租人负有以下义务：

1. 受领并勤勉照管租赁物，依合同中约定的或根据具体情况得以推定的目的使用之；
2. 按约定期限和地点及时支付租金，在无约定时，则于其住所地每月支付；
3. 遵循有关规定，及时支付为租赁物利益而提供的公共服务之费用；
4. 对于任何针对租赁物而发生的侵占、妨害或役权之设定，立即告知出租人；
5. 允许提前 7 日作出通知的出租人基于正当事由检视租赁物；
6. 实施依法律或合同应由其负担的维修；
7. 不对租赁物实施失慎的或违反公序良俗的使用；
8. 未经出租人同意，不变更或改造租赁物；
9. 未经出租人书面同意，不全部或部分转租租赁物或者转让合同；
10. 在合同到期时，按受领时的状态返还租赁物，损耗不得超过其通常使用的范围；
11. 履行法律或合同设定的其他义务。

第 1682 条　由承租人维修

承租人有义务就需要实施的维修即刻通知出租人，否则应对因此产生的损害和损失承担责任。

如果涉及的是紧急维修，承租人应直接为之，且只要同时对出租人为通知，即有权请求报销费用。

在其他情形，除非另有约定，日常的保存和维持费用由承租人承担。

第 1683 条　财产的灭失和减损

在租赁过程中发生的财产灭失和减损，即使是源自火灾，若未证明其发生系基于不可归责于承租人的事由，亦由其承担责任。

承租人允许他人使用财产的，即使是临时性的，对于由可归责于该人的事由造成的灭失或减损，也应承担责任。

第 1684 条　被保险财产的灭失和减损

如果因火灾毁损的财产已由出租人或由其承担费用投保,则承租人对出租人承担的责任仅限于承保人已支付的或待支付的赔偿额与实际损失之间的差额。

如果涉及的是估价财产,且确定的保险额与估价相等,则在出租人由承保人赔偿后,承租人对出租人不承担责任。

在一切情形,与承保人代位权相关的规范不受影响。

第1685条　承租人为复数的情形下发生的灭失和减损

如果有数个承租人,则由所有承租人按其占用部分的价值之比例,对租赁物的灭失和减损承担责任,但经证明灾祸开始于出租给其中一人的房间或不动产之一部的除外,在此情形,由该人独立承担责任。

第1686条　出租人占用时的责任

如果出租人占用不动产之一部,则就第1685条所指的责任而言,应视其为承租人。

第三节　租赁期间

第1687条　租赁期间

租赁可为确定的或不确定的期间。

第1688条　确定期间的租赁的最大期限

确定期间的租赁之期限不得超过10年。

租赁物属于公共团体或无能力人的,期限不得超过6年。

所有超过所定期限的期间或延展,均被视为减少至上述期限。

第1689条　确定期间之租赁的推定

无明示约定时,推定在以下情形中租赁为确定期限,且其期间遵循以下规定:

1. 租赁有特别目的者,视为约定以完成该目的之必要时间为期限;

2. 如果涉及的是坐落于季度性地点的不动产,则租赁期限为一个季节。

第1690条　不确定期间的租赁

不确定期间的租赁,根据租金的支付,视为按月或其他期间。

第 1691 条　必有期数和自愿性期数

租赁的成立,可以按必有期数和自愿性期数,后者可以有利于一方或双方当事人。

第四节　转租和租赁的转让

第 1692 条　定义

转租,是承租人经出租人的书面同意,为换取租金而就租赁财产的全部或部分为第三人利益成立的租赁。

第 1693 条　当事人的连带义务

次承租人与原承租人对出租人连带承担承租人应负担之义务。

第 1694 条　转租的从属性

原租赁结束的,未到期的转租亦告消灭,但次承租人要求原承租人承担相应赔偿的权利不受影响。

第 1695 条　租赁的继续

原租赁因承租人和出租人的身份混同而终止的,转租不终止。

第 1696 条　租赁的转让

租赁的转让,系承租人权利和义务移转于第三人,后者对前者进行取代,此转让适用合同地位转让之规定。

第 1697 条　解除的事由

在以下情形,租赁合同可予解除:

1. 承租人未支付前一月份租金,且另一月份租金逾期 15 日的。如果约定大于月份的分期支付,则仅须一个单一期间逾期 15 日即为已足。如果约定小于月份的分期支付,则以 3 个支付期届满为已足。

2. 在第一项规定的诸情形,承租人需要对其支付全部或部分租金作出判决,而在随后期限逾期 15 日后他尚未支付新的到期租金的。

3. 承租人将财产用于和明示或默示许可之目的不同的目的,或允许任何违反公共秩序和善良风俗的行为。

4. 违反明确约定,或未经出租人书面同意,转租或转让租赁。

5. 出租人或承租人不履行任何其义务的。

第 1698 条 因未支付租金而解除

因未支付租金而发生的解除，遵守其约定，但租赁若涉及的是特别法所包含的居住权之房屋，则至少在两个月份逾期 15 日未支付租金时，不得予以解除。

第五节 租赁的终止

第 1699 条 确定期间之租赁的终止

确定期间的租赁，无须任何一方提前通知，在当事人设定的期限届满时终止。

第 1700 条 确定期间之租赁的继续

租赁合同到期后，如果承租人仍然使用租赁物，不应理解为发生默示的更新，而是租赁依其原来的约定而继续，直至出租人请求返还租赁物；出租人可以在任何时候请求返还。

第 1701 条 期间的转换

在租赁中约定了针对双方当事人的必有期数以及由当事人之一选择的自愿期数的，如果被授予选择权的一方当事人未向对方通知租赁于必有期数或每一自愿期间结束时终止，则自愿期数逐一转换为必有期数。

前款所指的通知，在涉及不动产时，应自相应期数届满之日提前不少于两个月发出，在其他财产的情形，则应提前不少于 1 个月发出。

第 1702 条 为双方当事人设立的自愿性期数

如果在合同中为双方当事人设立自愿性期数，则欲使租赁于必有期数结束时终止，仅须任何一方当事人依第 1701 条规定通知对方即可。

第 1703 条 不确定期间之租赁的结束

不确定期间的租赁，通过向另一缔约人发出司法上的或非司法上的通知而终止。

第 1704 条 主张返还租赁物和收取违约金

合同到期或发出终止租赁之通知后，如果承租人未返还财产，出租人有权要求返还财产并收取约定的违约金，无约定者，则有权收取与此前期间相同之租金,直至其实际返还。任何违约金和租金的收取并不意味着租赁的继续。

第 1705 条　非司法上终止的事由

在以下情形,无须经法官宣告,租赁亦告终止:

1. 出租人就其曾享有的权利在诉讼中败诉;
2. 为保存租赁财产,须承租人为修缮之目的而予返还;
3. 租赁财产全部毁损或灭失;
4. 征收之情形;
5. 在承租人死亡后 90 日内,其使用租赁物的继承人通知出租人合同不再继续。

第 1706 条　租赁财产的提存

在租赁终止或承租人有权解除的情形,如果将财产交由出租人处分,而出租人不能或不愿受领,则承租人可以提存之。

第 1707 条　由于提存导致责任消灭

自承租人实施提存之日起,其对租金的责任消灭,但对提存的异议被宣告成立的除外。

第 1708 条　租赁财产的转让

在转让租赁财产的情形,应依以下方式为之:

1. 如果租赁已予登记,则取得人自其取得之时起替代取得出租人的一切权利和义务,但其应尊重租赁合同。
2. 如果租赁未予登记,则取得人可以终止该租赁。

例外的,如果取得人曾承担该义务,则有义务尊重租赁。

3. 如涉及的是动产,则善意受领其占有的取得人并无义务尊重租赁合同。

第 1709 条　对转让的租赁物的责任

租赁因租赁财产的转让而终止的,出租人对承租人因此遭受的损害和损失有赔偿义务。

第 1710 条　由承租人之继承人继续租赁

如果承租人有两个或更多的继承人使用租赁物,而其中半数或更多的人未表示其消灭租赁的意思,则合同对于此等人继续,而其他继承人不承担任何责任。

在此情形,为出租人利益设立的担保不再继续。但是,出租人有权要求提供新的担保;如果未在 15 日内向其提供担保,则合同终止。

第1711条 腾退租赁财产之授权

欲腾退租赁财产,承租人应事先获得出租人的书面授权,或在其欠缺时,应获得相应当局的授权。

如果承租人未经此等授权而腾退财产,应对以下事项承担责任:

1. 租金,并对腾退后直至出租人占有该财产所产生的、由其负担费用的服役承担清偿责任;

2. 相应的损害和损失;

3. 第三人进入租赁财产。

第1712条 特别租赁

由特别法规范的租赁合同由本题规范补充调整。

第七题 住宿

第1713条 定义

依住宿,店主有义务向房客提供住宿,并额外地提供符合法律规定和习惯的食物和其他服务,以换取一笔酬金。如果涉及的是酒店、饭店或其他类似的场所,酬金可由主管机构以价目表的方式予以确定。

第1714条 对法规和一般条款的遵守

住宿尚应遵守法规和主管部门批准的一般缔约条款。

第1715条 房客的权利

房客有权请求店主使房间处于整洁状态、通常服务功能,在提供膳食的情形,有权请求餐饮符合适当的质量和卫生要求。

第1716条 价目表之展示

住宿之场所应在可见之处展示价目表和调整此类合同的一般缔约条款。

第1717条 留置权

房客移交或携入的行李和其他物品,优先用于保证清偿房费以及房客对该场所产生的损害和损失,店主可予以留置,直至此等费用被清结。

第1718条 店主作为保管人的责任

对于房客交由保管的钱款、珠宝、文件和其他财产,店主作为保管人负有责任,并应在照管时尽到债之性质所要求的以及与人物、时间和地点等具体情形相符的一般注意义务。

第1719条 店主对日常用品的责任

只要房客遵守房间中可视之处张贴的告示之各项规定,店主即对其携入的日常用品同样负有责任。

主管机构应确定责任限额。

第 1720 条　通用物品之声明

店主有权请求房客在其入住 24 小时内对其携入的通用物品作出书面声明,并有权请求核实其准确性。

第 1721 条　拒绝保管财产

无正当理由,店主不得拒绝受领照管第 1718 条所指的财产,也不得拒绝房客携入此等财产。就该场所之影响力而言财产价值过高的,以及就该当地场所的容纳能力而言其性质构成障碍的,视为正当理由。

第 1722 条　店主责任的范围

店主对寄存或携入财产承担责任的范围,及于参与其工作的家人及其从属人员的行为或不作为。

第 1723 条　财产减少、丢失或受损之告知

房客一旦知晓携入该场所的财产减少、丢失或受损,即有义务告知店主。否则,应排除店主的责任,但此等事实乃因店主的故意或不可原宥的过失所致的,除外。

第 1724 条　店主责任的免除

如果房客携入的财产减少、丢失或受损经证明归因于其自己或其访客、同伴或从属人员的排他性过失,或者如果由于财产的性质或缺陷引起,则店主不承担责任。

第 1725 条　店主债权的消灭

店主的债权自合同结束之时起经历 6 个月而消灭。

第 1726 条　泊车及其他类似服务

泊车或类似的额外服务,在可适用的范围内适用第 1713 条至第 1725 条的规定。

第 1727 条　住宿规范之规范性延伸

在可适用的范围内,第 1713 条至第 1725 条的规定适用于医院、诊所和疗养院、商业场所或公共娱乐场所、浴场、餐馆、俱乐部、船舶、飞机、卧铺车以及类似场所。

第八题　使用借贷

第1728条　定义

依使用借贷,出借人有义务无偿向借贷人移交不可消费物,以供其在确定的时间或为确定的目的使用之,并在此后返还之。

第1729条　消费物的使用借贷

仅在不被消耗为条件予以出借时,始可发生消费物的使用借贷。

第1730条　使用借贷的证明

使用借贷的存在和内容,适用第1605条第一部分的规定。

第1731条　受领财产之良好状态的推定

借贷人受领财产的,推定财产处于良好的使用和保存状态,但有相反证据的除外。

第1732条　借贷物的增加、减少和灭失

借贷物的增加、减少或灭失由出借人承受,但借贷人有过错或有偿付所有损失之约定者除外。

第1733条　使用借贷的不可移转性

使用借贷产生的义务和权利不移转于借贷人的继承人,但为不能被中止的使用借贷目的而出借财产的,除外。

第1734条　禁止转让借贷物之使用

未经出借人书面授权,借贷人不得将借贷物的使用转让给第三人,否则无效。

第1735条　出借人的义务

出借人有以下义务:

1. 在约定期限内移交出借物；

2. 出借物有任何其知晓之瑕疵的，及时通知借贷人；

3. 在约定期限之前不要求返还出借物，无约定的，则在借贷之使用目的达到之前不要求返还，但第1736条规定的除外；

4. 支付借贷人为保存出借物而已支付的特别费用。

第1736条 出借物的返还

如果出借人意外急需出借物，或经证明出借物若在借贷人继续支配下存在受损或灭失的风险，则可在期限届满或使用目的达到之前请求返还。

第1737条 不确定之使用借贷

使用借贷合同的存续期未被确定的，借贷人有义务在出借人要求返还时返还出借物。

第1738条 借贷人的义务

借贷人有以下义务：

1. 尽最大之勤勉和注意义务照管和保存出借物，对并非产生于其性质或通常使用的灭失或受损承担责任；

2. 按合同中的确定用途使用出借物，未约定的，依物之性质和习惯使用，对于滥用造成的损害或灭失承担责任；

3. 允许出借人检查出借物，以确认其使用和保管状态；

4. 支付保管和使用出借物的必要之通常费用；

5. 在约定的期限返还出借物，未约定的，在借贷之使用目的完成后返还。

第1739条 日常使用之责任免除

如果出借物因用于被移交的使用目的而受损或被改动，借贷人不承担责任。

第1740条 受领和返还出借物的费用

受领和返还出借物的费用，由借贷人负担。

第1741条 以非约定用途使用出借物的责任

借贷人以非约定用途使用出借物，或超过约定期限予以使用的，对出借物因不可归责于他的事由造成的灭失或受损承担责任，但证明其即使未做不同使用，或及时返还出借物，此等事实也会发生的，除外。

第1742条 对财产灭失的责任

出借财产因不可归责于借贷人的事由灭失的,如果其本可替换使用自己的财产,以避免出借财产的灭失,则借贷人应偿付出借财产的价值。

第1743条 对估价财产受损和灭失的责任

如果出借物在合同成立时被估价,则即使其灭失或受损系基于不可归责于借贷人的事由,亦由其承担责任。

第1744条 财产返还地

借贷人应在受领之地向出借人或有权受领者返还出借物。

第1745条 停止返还出借物

借贷人不得主张出借人对出借物并无权利而停止返还,除非出借物已灭失、失窃或被抢,或者借贷人依法院命令被指定为保管人。

第1746条 出借物的提存

如果借贷人推测使用借贷之物为遗失物、盗赃物或劫掠物,应立即提存之,并延请出借人和其知晓的假定所有权人,否则应负其责。

第1747条 停止返还

如果出借物被试图用于刑事犯罪之事务,则借贷人有义务停止返还该物。

在此情形,借贷人应立即提存之并延请出借人,否则承担责任。

第1748条 留置权

仅在第1735条第4项所指的特别费用未被支付时,借贷人有权留置出借物。

第1749条 借贷人的继承人转让出借物

如果借贷人的继承人不知使用借贷而转让出借物,出借人可以要求支付该物的价值,或向其让与其依转让应得的权利,但他已提起所有物返还之诉的,除外。

如果继承人知晓使用借贷,此外尚须赔偿损害和损失。

第1750条 因返还不能而偿付

不能返还财产的,借贷人应依出借人的选择,或者返还相同种类和质量的他物,或者根据应当返还的具体情况和地点偿付其价值。

第1751条 使用借贷物的发现

使用借贷之财产因遗失而被偿付后,借贷人若嗣后发现该物,不得强使出借人受领之,但出借人有权向借贷人返还所受领之物而予收回。

如果出借人发现出借物,则可返还其已受领的财产或价值而予留置,其未受领任何财产或价值的,则应将发现的财产移交给借贷人。

如果由第三人发现遗失的出借物,则出借人有权主张返还,且其一旦收回,即应向借贷人返还其所为的偿付。

第1752条 数个借贷人的连带责任

如果将使用借贷之财产出借给两个或两个以上的借贷人同时使用,则所有借贷人负连带责任。

第1753条 出借物受损或改造之诉的除斥期间

出借人因出借物受损或改造而取得的请求赔偿之诉权,在其事由可归责于借贷人时,其除斥期间为收回出借物之时起6个月。

第1754条 特别费用偿还之诉的除斥期间

第1735条第4项所指的借贷人要求偿还特别费用的诉权,自返还财产之时起6个月后失效。

第九题 提供服务

第一节 一般规定

第1755条 定义

依服务之提供,此等服务或其成果被约定由提供者向委托人提供。

第1756条 提供服务的样式

提供服务的样式被分别命名为:

1. 服务之租赁;
2. 工程合同;
3. 委托;
4. 寄托;
5. 司法寄托。

第1757条 提供服务之无名合同

以给换做和以做换给之无名合同,亦为提供服务之样式,且准用本节所含规定。

第1758条 不在场者之间的服务之提供

作为合同标的的服务系要约受领人之惯常职业,或系行使其官方身份的,或者服务系对公众宣布的,推定不在场者之间存在承诺,但受要约人无迟延地表示其异议者除外。

第1759条 支付时间

服务系有偿的,应在提供服务或接受其成果后支付报酬,但依约定、合同的性质或根据习惯,应提前或分期支付的除外。

第1760条　服务提供之限制

提供服务者不得超过委托之限度。

但是,如果完成委托的方式比合同规定的方式更为有利,或者可以合理地推测如果委托人知悉无法及时通知之特定情况,亦会认可其行为,则可撇开所接受的指令。

第1761条　过度提供服务之默示认可

服务提供者撇开指令的行为被通知于委托人后,如果委托人沉默的时间超过依惯习其作出声明的时间,或无惯习时超过根据事务性质其作出声明的时间,则视为对委托的认可。

第1762条　对提供专业或技术服务的责任

如果服务的提供系解决有特别难度的专业事务或技术问题,则服务提供者仅在故意或不可原宥之过失的情形才对损害和损失承担责任。

第1763条　服务提供者的死亡或无能力

提供服务的合同因提供服务者的死亡或无能力而消灭,但其身份性之考量并非合同决定性动机的除外。

第二节　服务之租赁

第1764条　定义

依服务之租赁,并不从属于委托人的服务出租人,有义务在特定的时间或为某一特定的工作向委托人提供其服务,以换取报酬。

第1765条　标的

一切种类的物质性和智力性服务,均可成为合同标的。

第1766条　服务的人身属性

服务出租人应亲自提供服务,但在合同或习惯允许他人合作,且不与给付之性质相冲突时,可以在其自己指导且承担责任的前提下,利用辅助或替代。

第1767条　报酬的确定

如果未规定服务出租人的报酬,且根据行业价目或习惯亦无法确定,则根据所提供服务的质量、意义和其他具体情况进行确定。

第 1768 条　服务租赁的最长期限

如果涉及的是专业服务,则合同的最长期限为 6 年,其他种类的服务则为 3 年。若约定更长的期限,则仅可由出租人主张上述最长期限。

第 1769 条　提前终止

只要不对委托人造成损害,服务出租人可基于正当理由在约定期限届满前终止合同。

出租人有权要求报销已开支的费用并支付所提供服务的报酬。

第 1770 条　出租人提供材料时的准用规范

服务出租人提供材料的,只要此等材料未曾获得主导性的考虑,则准用第 1764 条至第 1769 条的规定。

在相反情形,适用关于买卖的规定。

第三节　承揽合同

第 1771 条　定义

依承揽合同,承揽人有义务完成特定的工作,而定作人有义务向其支付报酬。

第 1772 条　分包合同

非经定作人书面许可,承揽人不得将施工整体分包。

承揽人和次承揽人就分包合同的标的对定作人承担连带责任。

第 1773 条　定作人的义务

除非有不同的习惯或约定,施工之必要材料应由定作人提供。

第 1774 条　承揽人的义务

承揽人负以下义务:

1. 依合同约定的方式和期限完成工作,未约定者,则依习惯;

2. 如果在施工前或过程中发现土地缺陷或定作人提供的材料质量低劣,且其可能危及常规施工,应立即通知定作人;

3. 受领的材料因承揽人的疏忽或不熟练而不能用于施工的,须承担其费用。

第 1775 条　变动之禁止

非经定作人的书面许可,承揽人不得对工程约定的各种特性作出变动。

第 1776 条 固定价格的工程

固定价格之工程的施工义务人,若与定作人书面约定变动,则只要此等变动意味着更多的工作量或工程成本的增加,即有权主张补偿。

在此等变动意味着更少工作量或工程成本减少的情形,定作人一方亦有权主张补偿性调整。

第 1777 条 对工程的监理

定作人有权自负费用对施工进行监理。施工过程中经证实不符合约定和工艺规则施工的,定作人可以确定一个合理限期,要求其按规则整改。期限一旦届满,定作人可请求解除合同,且无妨请求赔偿损害和损失。

若涉及的是依其性质需较长工期的不动产之建设,则监理人应为有资质的技术人员,且未曾参与设计、规划和其他施工所必需的文件之企划。

第 1778 条 工程的验收

定作人在受领工程之前有权进行验收。如果定作人无正当理由未予验收,或在一个较短的期限内未有效告知其结果,则工程视为被接受。

第 1779 条 工程的默示接受

如果定作人无保留地接收工程,则即使其尚未验收,工程亦视为被接受。

第 1780 条 定作人适意之工程

约定按定作人之满意度完成工程的,在不能达成一致时,应理解为由相关专家接受。一切不同的约定无效。

如果应接受工程者为第三人,则遵守第 1407 条和第 1408 条的规定。

第 1781 条 按件或按度量单位的工程

按件或度量单位之工程的施工义务人,有权主张按部分验收,在此情形,亦有权要求按完成工程之比例付款。

价款的支付,推定为对完成工程部分的接受。

就单一批次先付款后结账的,或因约定工程之预支而支付其估价的,不发生上述效果。

第 1782 条 源于工程缺陷的责任

承揽人有义务对工程的差异和缺陷承担责任。

定作人无保留地接收工程的,使承揽人对工程外部的差异和缺陷不负责任。

第 1783 条 定作人的工程缺陷之诉权

定作人可依其选择,或请求由承揽人自担费用消除工程差异或缺陷,或请求按比例减少报酬,且不影响损害之赔偿。

如果差异或缺陷致使工程就约定的目的而言毫无用处,定作人可以请求解除合同且就损害和损失进行赔偿。

定作人应在接收工程后 60 日内就差异或缺陷通知承揽人。此期限属于除斥期间。针对承揽人的诉权于工程完成后 1 年因时效而消灭。

第 1784 条 承揽人对毁损、缺陷或坍塌的责任

如果工程在接受后的 5 年内全部或部分毁损,或者出现明显的坍塌风险或出现因建造瑕疵而造成的重大缺陷,则只要在发现后 6 个月内对承揽人发出有确定日期的书面通知,承揽人即应对定作人或其继承人承担责任。一切与之不同的约定均为无效。

在前款所指的情形,如果承揽人提供材料,或者拟定设计、规划和其他施工之必要文件,则也对材料的劣质或土地的缺陷承担责任。

提起诉讼的期限,自第 1 款所指的通知之日起计算 1 年。

第 1785 条 合同责任的免除

如果证明施工乃根据工艺规则,且严格按照拟定设计方案、规划和其他施工之必要文件的专业人士的指示进行,则在此等文件系由定作人提供时,不发生第 1784 条诸情形下的承揽人之责任。

第 1786 条 定作人的权能

即使已开始施工,定作人亦可赔偿承揽人已完成的工作、所产生的开销、提供的材料以及如果工作完成可得之利益,从而放弃合同。

第 1787 条 承揽人死亡时的付款义务

在合同因承揽人死亡而终止的情形,定作人有义务在已完成的工作对其有用的范围内,按为整个工作约定的报酬之比例,对产生的开销和提供的材料付款。

第 1788 条 工作成果非因当事人过失而灭失

如果工作成果非因当事人的过失而灭失,合同依法当然解除。

若由定作人提供材料,承揽人有义务返还未灭失的部分,定作人

并无义务支付未完成部分的报酬。

涉及固定价格或按单位度量之承揽合同的,承揽人应就未施工部分按比例返还报酬,而无义务重做或修复。在定作人一方,并无义务就未施工部分按比例支付报酬。

第1789条 工作成果实质性毁损

如果工作成果因不可归责于当事人的事由而发生实质性毁损,则准用第1788条之规定。

第四节 委托

第一分节 一般规定

第1790条 定义

依委托,受托人有义务以委托人名义并为其利益实施一个或多个法律行为。

第1791条 有偿之推定

委托被推定为有偿。

如果报酬数额未被约定,则依受托人的职业或行业价目确定;无此等价目的,依惯习;二者皆无的,由法官确定。

第1792条 委托的范围

委托不仅包括授权之行为,也包括为其履行而必需的行为。

若未被明确指示,一般委托不包括超出一般管理范围的行为。

第二分节 受托人的义务

第1793条 受托人的义务

受托人负以下义务:

1.除非有不同的规定,亲自实施委托所包含的行为,并受委托人指示的约束;

2.不迟延地将委托的实施通知委托人;

3.在规定的时间,或在委托人要求时,提交其实施账目。

第1794条 受托人的责任

如果受托人为其利益或其他不同的目的,使用应用于履行委托或应移交给委托人的钱款或财产,则有义务返还并赔偿损害和损失。

第1795条 共同受任的连带性

如果有数个受托人,且其有义务共同行为,则其承担连带责任。

第三分节 委托人的义务

第1796条 委托人的义务

委托人对受托人负以下义务:

1.除有不同约定外,为委托的实施和为此目的设定的义务的履行提供必要的便利条件;

2.支付其应付的报酬,并依惯习为受托人提供准备金;

3.报销为履行委托而支出的费用,以及此等费用支出之日起的法定利息;

4.对作为委托之后果的损害和损失进行赔偿。

第1797条 委托人的迟延

在委托人迟延履行其义务时,受托人可以不执行委托。

第1798条 受托人的优先权

受托人有权以作为已成立的法律行为之标的的财产,优先于其委托人和委托人的债权人,就其依第1796条享有的债权受偿。

第1799条 留置权

在委托人未履行其依第1796条第3项和第4项的义务时,受托人亦可留置其在履行委托时为委托人取得的财产。

第1800条 集体委托的连带性

如果有数个委托人,其对共同的受托人负有连带义务。

第四分节 委托的消灭

第1801条 消灭的事由

委托因下列事由消灭:

1. 委托的全部执行；
2. 合同期限届满；
3. 委托人或受托人死亡、禁治产或无资格。

第1802条　委托消灭之前的行为有效
受托人在知悉委托消灭之前实施的行为有效。

第1803条　为受托人或第三人利益的委托
委托亦为受托人或第三人的利益而成立的，委托人的死亡、禁治产或无资格不使委托消灭。

第1804条　委托因特别事由而消灭
委托因受托人死亡、禁治产或无资格而消灭的，其继承人或代理人、协助人应立即告知委托人，并同时采取具体情势所要求的措施。

第1805条　共同受任的消灭
有数个受托人共同履行义务的，即使消灭的事由仅涉及受托人之一，委托亦对所有受托人归于消灭，但有相反约定者除外。

第五分节　附代理的委托

第1806条　附代理之委托的准用规范
如果受托人因接受以委托人名义实施行为的权能而成为代理人，则第二编第三题之规范亦准用于委托。

第1807条　代理之推定
委托被推定为附代理的委托。

第1808条　因撤销或抛弃代理权而消灭
在附代理的委托中，代理权的撤销或抛弃意味着委托的消灭。

第六分节　未附代理的委托

第1809条　定义
受托人以自己名义实施行为的，即使第三人知晓委托的存在，对于其为委托人的利益并将责任归于委托人而成立的行为，亦由受托人取得所产生的权利并承担义务。

第1810条　受托人取得的财产的移转

受托人依委托自动负有将合同履行中取得的财产移转于委托人的义务,但善意第三人取得的权利不受影响。

第1811条 委托人承担的义务

委托人有义务承受受托人在执行委托中成立的义务。

第1812条 受托人对第三人不履行所承担的责任

除非另有约定,受托人不因与之缔约之人不履行其承担的义务而对委托人承担责任,但在合同成立时受托人知悉或应当知悉其无清偿能力的除外。

第1813条 财产不受受托人债务的影响

对于受托人在执行委托中取得的财产,只要在其债权人要求对此等财产予以扣押或采取其他措施之前作成有日期的文书,则其债权人不得就此等财产行使其权利。

第五节 寄托

第一分节 意定寄托

第1814条 定义

依意定寄托,受寄托人有义务接收照管某一财产,并在寄托人要求时返还之。

第1815条 向无能力人所为的寄托

向无能力人所为的寄托,仅在单纯是以收回所存部分以及对受寄托人受益的消耗部分主张价值为目的时,才产生民事诉权。

第1816条 寄托的证明

寄托的存在和内容,遵守第1605条第1款的规定。

第1817条 寄托的转让

未经寄托人书面授权,不得转让寄托,否则无效。

第1818条 无偿之推定

寄托被推定为无偿,但依不同之约定,或者依受寄托人专业品质、活动或其他具体情境,能推出付酬者除外。

如果当事人未确定报酬之数额,则根据合同成立地的惯习确定之。

第1819条 财产之照管和保存义务

对财产的保管和保存,受寄托人应尽债的性质所要求的以及与身份、时间和地点等具体情境相适应的普通注意义务,否则应承担责任。

第1820条 禁止使用寄托物

除非有寄托人或法官的明示授权,受寄托人不得为自己或第三人的利益使用寄托物。如果违反此项禁止义务,则应对包括意外事件或不可抗力在内的事由造成的财产减损、灭失或毁坏承担责任。

第1821条 受寄托人责任的免除

如果受寄托人证明即使未使用财产也会发生减损、灭失或毁坏,则不发生第1820条所规定的责任。

第1822条 照管之变更

存在紧急情况时,受寄托人可以不同于约定的方式进行照管,但须尽快地就此通知寄托人。

第1823条 无过失而发生的财产减损、灭失或毁坏

除第1824条规定的情形外,对于无过失而发生的财产减损、灭失或毁坏,不由受寄托人承担责任。

第1824条 减损、灭失或毁坏

财产减损、灭失或毁坏因其过失造成的,或者虽因财产本身的性质或明显缺陷而造成,但其在问题开始呈现时未通知寄托人并采取必要的避免或补救措施的,受寄托人应对此承担责任。

第1825条 密封寄托

财产之照管和保存义务,包括除寄托人授权外,维持包箱的封条、上锁或容器的外包。发生破损或砸撬的,推定为受寄托人的过失。

第1826条 违反密封寄托的责任

若因受寄托人的过失造成封条受损或锁具被撬,则应由寄托人声明寄托财产的数量和质量,但受寄托人提供不同证据者除外。

第1827条 秘密寄托

除非有法官命令,受寄托人不应侵犯寄托之隐秘,也不得被强制披露之。

第1828条 有价证券的寄托

有价证券或产生利息之文书的受寄托人,有义务在其到期时收取账款,实施使此等文书之价值得以保存的必要行为,并行使其相应的权利。

第 1829 条　不规则寄托

寄托人允许受寄托人使用财产的,合同根据具体情况转化为消费借贷或使用借贷。

第 1830 条　寄托财产的返还

即使已约定期限,受寄托人亦应在寄托人要求时返还寄托物,但合同乃为受寄托人或第三人的利益而成立者除外。

第 1831 条　附第三人利益的寄托

如果财产也以第三人的利益被寄托,且第三人将其附和通知于合同当事人,则受寄托人不得在未经第三人同意时通过返还寄托物而免责。

第 1832 条　不确定期限的寄托

合同中若未确定期限,受寄托人可随时返还财产,但须周到地提前通知寄托人,以便其接收。

第 1833 条　财产的提前返还

受寄托人有正当理由不再保管寄托物的,可在指定期限前返还给寄托人,如果其拒绝接收,则应提存之。

第 1834 条　应向其返还财产之人

受寄托人仅应将寄托物返还给委付人,或寄托之人,或合同成立之时被指定者。

第 1835 条　受寄托人嗣后无能力

如果受寄托人变得无能力,则其财产的管理人应立即着手返还寄托物,或在寄托人不愿受领时,则应提存之。

第 1836 条　犯罪所得的提存

如果受寄托人知悉寄托物为寄托人的犯罪所得,则不应向其返还,在此情形,其应立即予以提存并知会寄托人,否则须承担责任。

第 1837 条　返还时财产的状态

受寄托人应按其返还时的状态返还原寄托物及其从物和孳息。

第 1838 条　可分物的寄托

只要寄托财产可分,且合同成立时已被指定给相应的人,则受寄托人应将各部分返还给各寄托人。

第 1839 条　向数个寄托人返还

如果有数个寄托人,且未就向谁返还作出规定,则在未达成一致时,应根据法官确定的样式予以返还。

唯一的寄托人由数个继承人继承的,适用同一规范。

第 1840 条　由数个受寄托人返还

如果有数个受寄托人,则寄托人应向支配寄托物的受寄托人主张返还,并立即通知其他受寄托人。

第 1841 条　免于返还财产

受寄托人因不可归责于他的事实丧失寄托物之占有的,免除返还责任,但其应立即通知寄托人,否则承担责任。寄托人可以主张受寄托人已收回之物,并代位行使其权利。

第 1842 条　返还替代物的义务

无过失丧失寄托物的受寄托人,若受领另一替代物,有义务移交给寄托人。

第 1843 条　继承人因转让寄托财产的责任

受寄托人的继承人不知财产系寄托物而予转让的,仅应返还其受领之物,或在尚未向其移交价值时,转让其对取得人享有的权利。

若继承人知悉其为寄托物,则在遵守前款规定之外,尚须对损害和损失承担赔偿责任。

第 1844 条　因寄托人死亡返还寄托财产

寄托人死亡的,应将财产返还给其继承人、受遗赠人或遗嘱执行人。

第 1845 条　向被代理人返还寄托财产

寄托乃由管理人所为的,若其已终止管理或经营,则应向寄托合同成立时其代理之人返还。

第 1846 条　向代理人返还财产

由无能力人实施寄托的,即使其无能力在合同成立之后发生,亦仅可将寄托财产返还给其合法代理人。

第 1847 条　拒绝返还财产

除第 1836 条和第 1852 条规定的情形外,受寄托人不得拒绝返还财产,如果拒绝,则对损害和损失负责。

如果受寄托人否认寄托,而经证明寄托系其情理之中,则准用相同的规则。

第 1848 条 返还财产的地点

财产的返还,应在保管地为之。

第 1849 条 移交和返还的费用

移交和返还的费用,由寄托人承担。

第 1850 条 受寄托人所有的财产

如果发现寄托物属于受寄托人,而寄托人对其无任何权利,则受寄托人免除其所有义务。

第 1851 条 费用的偿还

寄托人有义务向受寄托人偿付照管和保存寄托财产所发生的费用,并支付相应的赔偿。

第 1852 条 留置权

受寄托人仅可留置财产至其依合同所应得者被清偿之时。

第 1853 条 由特别法规范的寄托

银行、合作社、金融机构、一般寄托仓储机构、互助机构和其他相似机构中的寄托,适用对其进行规范的特别法的规定。

第二分节 必要寄托

第 1854 条 定义

必要寄托,系在履行法定义务时或在不可预见的行为或情况的压迫下实施的寄托。

第 1855 条 接受必要寄托的强制性

除非有生理上的障碍或其他正当理由,所有人均有义务接受必要寄托。

第 1856 条 准用于必要寄托的规范

必要寄托补充适用意定寄托的规则。

第六节 司法寄托

第 1857 条 定义

依司法寄托,两个或更多的寄托人委托受寄托人就产生争议的财产进行照管和保管。

第1858条 司法寄托的形式

司法寄托合同应以书面形式为之,否则无效。

第1859条 财产的管理

寄托物的性质有要求的,受寄托人有义务管理之。

第1860条 由作为管理人的受寄托人成立的合同

受寄托人依第1859条规定成立的任何合同,如果在期限届满之前争讼能被终结,则其依法当然终止。

第1861条 司法寄托财产的转让

在寄托财产面临灭失或严重减损之紧迫危险的情况下,受寄托人经法官授权,且在寄托人知晓时,可以转让之。

第1862条 受寄托人的无能力或死亡

如果寄托人嗣后无能力或死亡,寄托人应为其指定替换者。有分歧的,由法官指定。

第1863条 寄托人的连带责任

对约定的报酬、由司法寄托产生的开销、成本以及其他任何债务的清偿,诸寄托人承担连带责任。受寄托人可在其债权未获满足的范围内留置财产。

第1864条 因被剥夺占有而主张财产

受寄托人被剥夺寄托财产之占有的,可以请求占据者返还之,其中包括未经其他寄托人同意或法官命令而占据寄托财产的任何寄托人。

第1865条 受寄托人的免责

受寄托人仅在争讼终结前,经所有寄托人的同意,或基于法官认定正当的事由,可被免责。

第1866条 财产的移交

财产应依争讼之结果移交给相应的人。

第1867条 准用于司法寄托的规范

在其能予适用的范围内,意定寄托之规范适用于司法寄托。

第十题 保证

第 1868 条 定义

依保证,保证人为他人债务提供担保,有义务在该债务未被债务人履行时,对债权人为特定的给付。

保证,不仅可为债务人的利益被设立,亦可为另一保证人的利益而被设立。

第 1869 条 无须债务人介入的保证

保证,可以无须债务人的指示,甚至无须债务人知晓,甚或可以违背其意思。

第 1870 条 法人的保证

只要有充分的权限,法人的代理人可以其被代理人的名义提供保证。

第 1871 条 保证的形式

保证应以书面形式为之,否则无效。

第 1872 条 将来之债的保证

可以为担保确定的将来之债或其金额尚未知晓的可确定之将来债务提供保证,但在该债务确定之前,不得对保证人为主张。

为附条件或附期限的债提供的保证,亦为有效。

第 1873 条 保证人义务的范围

保证人仅对其明确承诺者承担义务,且不得超过债务人所负欠者。但是,保证人以比债务人更为有效的方式承担义务的,有效。

第 1874 条 保证人义务的超出

如果发生第 1873 条所指的超出,则保证仅在主债务的限度内有效。

第 1875 条　保证的从属性

债务无效的,保证不得存在,但保证的设立若系担保某一由于人的能力瑕疵而可被撤销的债务,则不在此限。

第 1876 条　保证人的条件和担保之替换

有义务提供保证者,应推举有承担义务之能力的人,该人应有足以清偿债务的、且在本共和国领土内能予实现的财产。在此情形,保证人受债务人应履行其义务之地的法院管辖。

经债权人接受或法官准许,义务人得以质押、抵押或不动产质押替换保证,但法律有不同规定者除外。

第 1877 条　保证人无清偿能力

保证人变得无清偿能力时,债务人应以同时具备第 1876 条规定之条件的其他人替换之。

如果债务人不能提供另外的保证人,或未提供其他适当的担保,债权人有权要求立即履行债务。

第 1878 条　保证的范围

在未受限制时,保证及于主债的所有从债,以及在被要求清偿后针对保证人产生的诉讼费用。

第 1879 条　检索利益

未先对债务人财产进行检索的,保证人不得被强制向债权人为清偿。

第 1880 条　检索利益的可对抗性

保证人为能利用检索抗辩利益,应在债权人要求其清偿后以之对抗,并证明债务人在本共和国境内有能予实现的、足以清偿债务价值的财产。

第 1881 条　债权人疏于检索的责任

债权人对债务人财产疏于检索的,在此等财产的范围内对因其疏忽产生的无清偿能力承担责任。

第 1882 条　不被检索的财产

因优先之债而被扣押的财产、争讼中的财产、被抵押的财产、被设定不动产质权或质权的财产,就其为清偿此等债务所必要的部分而言,不应列入检索的考虑范围之内。

如果债务人的财产仅发生对部分债务的清偿,则债权人可就包括利息和费用在内的剩余部分对保证人提起诉讼。

第1883条　检索利益的不适用

在以下情形,不发生检索:

1. 保证人明确抛弃检索;

2. 保证人与债务人为连带责任;

3. 债务人破产。

第1884条　懈怠之债权人的风险

在保证人指明之财产的检索中有懈怠的债权人,承担此等财产的灭失风险或未因检索之目的而受追索的风险。

第1885条　保证人对债权人的抗辩

即使债务人已抛弃抗辩,保证人亦得以属于债务人的一切抗辩对抗债权人,但专属于债务人个人的抗辩除外。

第1886条　数个保证人的连带责任

对同一债务人、同一债务有数个保证人,且所有此等人负相等给付义务的,每一个保证人对全部债务承担责任,但其约定分割之利益的除外。

第1887条　分割之利益

如果已约定分割之利益,则一切被请求清偿债务的保证人,皆可要求债权人将其诉请缩减至其相应的份额。

如果保证人之一在另一保证人利用分割之利益时无清偿能力,则后者仅依其份额之比例对前者的无清偿能力承担义务。

第1888条　次保证人的检索利益

次保证人对保证人和债务人均享有检索利益。

第1889条　保证人的代位

清偿债务的保证人代位行使债权人对债务人享有的权利。

如果保证人与债权人达成和解,则不得超出其实际的清偿而请求债务人偿付。

第1890条　向保证人赔偿

应对保证人作出的赔偿包括:

1. 保证人所清偿之全部;

2. 自将清偿告知债务人之日起产生的法定利息,即使对债权人而言并不产生此等利息;

3.保证人使债务人知晓其已被要求清偿后对保证人产生的费用;
4.合理发生的损害和损失。

第1891条　保证人对连带共同债务人的代位

若有数个负连带义务的债务人,为全体债务人担保的保证人可就其清偿之整体对其中任一债务人代位行使债权人的权利。

第1892条　对主债务人之诉权的不适用

因未将已为的清偿通知于债务人,债务人亦清偿债务的,保证人对债务人不享有诉权。

上述规定不妨碍保证人对债权人行使索回权。

第1893条　保证人对共同保证人的追索

数人就同一债务对同一债务人提供保证的,已为清偿的保证人对其他保证人就其各自份额享有诉权。如果其中一人无清偿能力,则其份额按比例由其他保证人分担。

第1894条　债务人对保证人的抗辩

如果保证人未通知债务人而为清偿,债务人可以针对保证人利用其本可对抗债权人的一切抗辩。

第1895条　共同保证人之间的抗辩

共同保证人得以债务人对债权人的、且非债务人固有的相同之抗辩,对抗实施清偿的保证人。

第1896条　保证人提前清偿

提前清偿主债务的保证人,仅得在主债务到期后对债务人行使代位权。

第1897条　保证人清偿之前的诉权

在下列情形,保证人可以在清偿之前起诉债务人,以便债务人使保证人被解放,或不能使之被解放时,为保证实现其不确定的代位权而提供足够的担保:

1.债务人被法院传唤清偿;
2.债务人失去清偿能力,或实施旨在减少其财产的行为;
3.债务人有义务在确定期限内使保证人从保证中被解放,而该期限已届满;
4.债务已到期。

第1898条　有确定期限的保证

保证人就确定期限承担责任的,如果债权人未在保证期限届满后15日内通过公证机关或法院请求债的履行,或者其放弃已开始的诉讼,则保证人免其责任。

第 1899 条 无确定期限的保证

如果保证未确定期限,保证人可以请求债权人在债务到期时有效行使其权利并向债务人为请求。如果债权人不在被请求后30日的期限内行使权利,或者其放弃诉讼,则保证人免其义务。

第 1900 条 保证人因代物清偿而免责

如果债权人接受债务人代物清偿债务,则即使嗣后其因追夺而丧失该物,保证人亦被免责。

第 1901 条 保证因对债务人延期而消灭

未经保证人同意,债权人允许债务人延期的,保证消灭,但保证人事先接受者除外。

第 1902 条 保证人因代位不能而免责

只要保证人因债权人的某一行为而不能代位,即免其义务。

第 1903 条 债务人和保证人之间的混同

债务人和保证人的混同,不使次保证人的义务消灭。

第 1904 条 不构成保证的文书

保证或证明某人信用或清偿能力的荐函或其他文书,不构成保证。

第 1905 条 准用于法定保证的规范

在法律规定必须提供保证的情形,保证的提供在可予适用的范围内适用第1868条至第1904条的规定。

第十一题　仲裁条款与仲裁协议[①]

[①] 第 1906 条至第 1922 条已由 1992 年 12 月 10 日公布的第 25935 号法律《仲裁通则》(该法又被 1996 年 1 月 3 日颁布的新《仲裁通则》取代)之最后规定的首条废除。

第十二题　终身定期金合同

第 1923 条　定义

依终身定期金合同,约定移交一笔钱款或其他可消费物,以使其按约定的期次被支付。

第 1924 条　终身定期金的种类

终身定期金可以有偿或无偿地被设立。

第 1925 条　终身定期金的形式

终身定期金的设立以公证书为之,否则无效。

第 1926 条　终身定期金的存续期间

终身定期金的存续期间,应指定为一人或数人的一生。

按数人的生命确定存续期间的,合同中应确定定期金终止于谁的一生。

第 1927 条　终身定期金无效的事由

其存续期间按公证书作成之日已死亡之人的生命予以确定的,终身定期金无效。

按已罹患疾病之人的生命设立的终身定期金,如果在公证书作成之日后的 30 日内该人直接因该疾病而死亡,则合同亦为无效。

第 1928 条　按第三人的生命设立的定期金中债权人的死亡

依第三人的生命设立定期金的,在定期金的债权人先于第三人死亡时,定期金移转至其继承人,直至该第三人死亡。

第 1929 条　移转

定期金的存续期依第三人的生命设立的,定期金的债务人若先于第三人死亡,则义务移转至其继承人。

第 1930 条　终身定期金的调整

为保持其稳定价值而允许调整定期金的条款,有效。

第 1931 条　数个受益人

如果为数人的利益设立定期金时未明示每人享有的份额,则理解为其按相等份额受益。

第 1932 条　定期金的转让和扣押

禁止转让有偿设立之定期金的约款,或者禁止因受益人的债务而扣押此等定期金的约款,无效。

第 1933 条　生存之证明

若未合理证明按其生命设立定期金之人生存,则债权人不得请求支付定期金,但债权人的生命被指定为合同存续期间者除外。

第 1934 条　未予支付

未支付到期定期金的,债权人仅有权请求支付到期定期金和保证将来之定期金。

第 1935 条　因欠缺担保而解除合同

如果受领财产且有义务支付定期金之人未提供约定的担保,则为其利益而有偿设立终身定期金的受益人可以请求解除合同。

第 1936 条　因期限提前而支付

如果约定需就提前的期次支付定期金,则自就其生命而约定定期金之人死亡之时起已经过的当期视为期限届满。

如果债权人在下一支付期间死亡,则应按照所约定的依其生命设立定期金之人的生存天数,依比例而支付定期金。

如果提前为给付,应就其整体支付定期金。

第 1937 条　定期金的消灭

如果指定依某人的生存而支付定期金,则在该人死亡时,定期金消灭,而无须返还作为对待给付的财产。

第 1938 条　对债务人所致死亡的制裁

有义务支付定期金之人故意致使就其生命设立定期金之人死亡的,应连同孳息一起,返还所受领的、用做对待给付的财产,且不得要求返还之前已支付的定期金。

第 1939 条　负义务者自杀之效果

如果依支付定期金之人的生命设立定期金,而该人因自杀而丧失生命,则债权人有权要求在扣除已收受的定期金之数额后,返还财产及其孳息。

第 1940 条 终身定期金中的添加权

以两个或两个以上的人为受益人且依其生命设立定期金的,或者仅以其中一人为受益人的,除非有不同的约定,否则其中任何一人的死亡并不使生存者的份额增加,但此规定不适用于夫妻之间。

第 1941 条 依遗嘱设立的终身定期金

依遗嘱设立的终身定期金,在能予适用的范围内,遵守第 1923 条至第 1940 条的规定。

第十三题 游戏和博戏

第 1942 条 定义

依被允许的游戏和博戏,对于作为将来发生之事件的结果,或虽已发生但不为各当事人知晓的结果,输者有义务满足约定的给付。

依输者的经济情况,给付数额过巨的,法官可以衡平地减少该数额。

第 1943 条 未被批准的游戏和博戏

未被批准的游戏和博戏,系具有赢利性质、未被法律禁止,且其结果不被赋予诉讼请求权的游戏和博戏。

对来自未被批准之游戏和博戏的债务实施清偿的人,不得请求返还,但获胜中存在欺诈的,或请求返还者无能力的,除外。

第 1944 条 被禁止的游戏和博戏

被禁止的游戏和博戏,由法律明确指定。对其结果,不存在请求之诉权,已发生清偿的,依法当然无效。

第 1945 条 游戏和博戏债务之合法化的无效

第 1943 条和第 1944 条所指的游戏和博戏债务,不得成为更新之标的,不得就其清偿提供担保,也不得实施任何其他对其承认加以掩盖或隐藏的法律行为。但是,此无效不得据以对抗善意第三人。

此等债务也不得据以针对输者而签发依赢者指示的债权票证,但善意第三人的权利不受影响。

第 1946 条 由第三人清偿的债务不适用追索

第三人未经输者同意而清偿未被批准的游戏或博戏之债务的,不享有返还请求权。但是,如果输者向其清结已付价值,则应遵守第 1943 条第 2 款的规定。

第 1947 条 大众游戏和博戏

彩票合同,就体育竞赛、赛马、斗鸡以及其他类似节目和比赛的投注,适用相关的法律和管理规范。在此等情形,不适用第 1942 条第 2 款规定的酌减。

第 1948 条 抽奖和竞赛之批准

临时性的抽奖和其他公共竞赛,应由相应机关事先批准。

第 1949 条 收账诉权的除斥期间

就产生于被允许的游戏和博戏的债务请求清偿的诉权,自其结果为公众所知之时起 1 年失效,但特别法规定不同期限者除外。

第三篇　无因管理

第 1950 条　定义

欠缺代理权且不负担义务之人,就不知情的他人的事务或财产进行管理的,应为该他人的利益而管理。

第 1951 条　数个管理人的连带性

第 1950 条所指的行为由两个或两个以上的人共同承担的,其责任为连带的。

第 1952 条　财产或事务之主人的义务

即使未予明确追认,若财产或事务的主人利用管理之利益,亦应履行管理人以自己名义承担的义务,并对此承担责任;应报销管理人支出的费用,并支付此等费用开支之日起产生的法定利息;应赔偿管理人在管理中遭受的损害和损失。

管理乃以避免即将发生的损害为目的的,即使由此未产生任何利益,其亦负同样的义务。

第 1953 条　管理人的责任

法官应评估促使无因管理人管理的具体情境,以确定其责任程度,认定其应受偿还的费用之数额,并确定其在管理中所受损害和损失之赔偿额。

第四篇　不当得利

第 1954 条　不当得利之诉权

损害他人而不当得利之人,有义务对该他人进行赔偿。

第 1955 条　不当得利诉权的不适用

遭受损害之人可以行使其他诉权获得相应赔偿的,不发生第 1954 条所指的诉权。

第五篇　单方允诺

第 1956 条　定义

基于单方允诺,允诺人依其单方的意思表示有义务履行利益他人的特定给付。

欲使意思表示受领人成为给付的债权人,须其明示或默示同意,同意溯及至允诺之时。

第 1957 条　单方允诺的限制

单方允诺仅使法律规定的或利害当事人之间事先约定的情形下所允诺的给付产生约束力。

第 1958 条　实质关系的推定

依单方意思表示作出有利于某人的清偿允诺或债务承认的,该人无须证明基础关系,该关系的存在系被推定。

第 1959 条　公开允诺

通过公告向处于特定状态下的人或实施特定行为的人单方地允诺以给付的,允诺人从其允诺公开之时起因其允诺而承担义务。

第 1960 条　要求履行所允诺的给付

任何处于允诺所规定的特定状态下的人,或已实施允诺所提及之行为的人,可以要求履行所允诺的给付。

如果数人均有权主张该给付,则给付属于最先向允诺人通知处于该状态或实施该行为的人。

第 1961 条　复合允诺

对某目标公开允诺以给付的,如果数人就该目标开展合作,则应虑及其每个人对结果的参与份额,在所有他们之间公平分配该给付。

第1962条　无确定期限的公开允诺

无确定有效期限的公开允诺,无论是因为允诺人未予确定,还是因为从允诺的性质或目的不能推断,均使允诺人仅在一年期限内负担义务,该期限从作出公开允诺之时开始计算。

第1963条　公开允诺的撤回

所有对公众的允诺,均可在任何时候由允诺人撤回。

但是,如果有确定的有效期限,则仅得由允诺人基于正当的理由在所定期限内撤回,撤回对合理信赖允诺有效之人造成损害和损失的,允诺人负赔偿责任。

第1964条　撤回的无效

第1963条所指的撤回在下列情形无效:

1. 未按与允诺相同或相等的方式进行公告;
2. 允诺中规定的状态已实现,或允诺所提及的行为已被实施。

第1965条　撤回权的抛弃

撤回允诺的权利可被预先抛弃。

第1966条　竞赛奖赏之允诺

允诺以给付作为竞赛之奖赏的,仅于公告中定出实施竞赛之期限时,方为有效。

有关接受竞赛人参赛或授予其中何人奖赏的决定权,专属于该允诺指定的人,无指定时,属于允诺人,两种情形下决定均有约束力。

第1967条　获奖作品的所有权

第1966条涉及的竞赛获奖作品,如果在允诺公告中有属于允诺人之约定,则仅属于允诺人。

第1968条　准用规范

第1361条第2款、第1363条、第1402条、第1409条和第1410条之规定,在其与允诺的性质相容的范围内,亦予适用。

第六篇　非合同责任

第 1969 条　对迟延性的和有过错的损害进行赔偿

因故意或过失致人损害的,有赔偿义务。无过错或过失的,其行为人免责。

第 1970 条　风险责任

经由有风险的或危险之物,或因实施有风险的或危险的行为,致人损害者,有义务补偿之。

第 1971 条　责任的不存在

在以下情形,不产生责任:

1. 正常行使权利;

2. 正当防卫自己或他人的人身,或保护自己或他人的财产;

3. 为解除急迫的危险造成财产必要的灭失、毁损或受损,该必要状态应不超过防止危险之必需,且对牺牲的财产和挽救的财产须有明显的区别。财产灭失、毁损或受损由被解除危险之人负举证责任。

第 1972 条　对意外事件或不可抗力不承担责任

在第 1970 条规定的情形,若损失系意外事件或不可抗力之结果,或因第三人之主导行为或受损者的莽撞所致,则行为人不负补偿义务。

第 1973 条　法官对损害赔偿的酌减

如果莽撞仅仅共同导致损失的产生,则损害赔偿应由法官根据具体情况予以缩减。

第 1974 条　无意识状态下不承担责任

如果某人无过失而丧失意识,则对其造成的损害不承担责任。如果意识的丧失系他人行为所致,则该他人对前者导致的损害承担责任。

第1975条　有识辨能力之无能力人的责任

无行为能力人对于其有识辨能力所作出的行为造成的损害承担责任。该无能力人的法定代理人承担连带责任。

第1976条　无识辨能力之无能力人的代理人的责任

无能力人对其无识辨能力实施的行为所导致的损害不承担责任,在此情形,由其法定代理人承担责任。

第1977条　基于衡平的赔偿

如果受害人不能依前述规定获得救济,法官可依据各当事人的经济状况,考虑由直接行为人基于衡平进行赔偿。

第1978条　教唆和/或共同行为之责任

教唆或助推损害发生之人,也应对损害承担责任。责任的程度应由法官根据具体情况确定。

第1979条　动物致害的责任

动物的主人或对其进行照管的人,即使在动物丢失或迷失时,亦应对其造成的损害进行补偿,但经证明事件乃因第三人的行为或原因而发生的,除外。

第1980条　建筑物坍塌的责任

如果建筑物的坍塌源于未予维护或修筑,则其所有人对坍塌所致的损害承担责任。

第1981条　对下属所致损害的责任

有他人听其指令者,在该他人所致损害系发生于执行职务或履行相关服务时,应对此损害承担责任。直接行为人和间接行为人负连带责任。

第1982条　诬告之责任

明知归责之虚假或欠缺合理原因,而向管辖机关告发某人实施应受惩罚之行为的,可对其主张损害和损失之赔偿。

第1983条　连带责任

若数人对损害负责,则应承担连带责任。但是,已全部赔偿之人可以向其他人追索,其比例由法官根据每一参与者的过错程度予以确定。不能对每一参与者对责任程度进行确定时,应按相等份额进行补偿。

第1984条 精神损害

精神损害应视其程度及其对受害人或其家人的损害而予赔偿。

第1985条 赔偿的内容

赔偿范围为产生损害之作为或不作为所导致的后果,包括可得利益、人身损害和精神损害,行为和所产生的损害之间应当存在适当的因果关系。

赔偿的数额应自损害发生之日起产生法定孳息。

第1986条 责任限制的无效

对于因故意或不可原宥之过失而产生的责任事先约定予以排除或限制的,无效。

第1987条 承保人的责任

可以向损害之承保人提起赔偿之诉,承保人应与损害之直接责任人负连带责任。

第1988条 须保险之损害的法律确定

须遵守强制保险制度的损害之类型,应签订保单之人,以及此等保险的性质、限制及其他特征,均由法律确定。

第八编 时效与除斥期间

第一题 消灭时效

第1989条 消灭时效
时效消灭诉权,但不消灭权利本身。

第1990条 时效的不可抛弃性
主张时效的权利不可抛弃。一切旨在阻碍时效效力的约定无效。

第1991条 对已完成的时效的抛弃
可以明示或默示抛弃已经完成的时效。
某一行为实施的结果与利用时效之意思相矛盾的,视为发生默示的抛弃。

第1992条 禁止依职权宣告时效
如果时效未被援引,法官不得基于时效而判决。

第1993条 时效期限的计算
时效自诉权可被行使之日起开始进行,且对于权利人的继受人继续计算。

第1994条 时效中止的事由
在下列情形,时效中止:
1. 无能力人未处于其法定代理人庇护之下;
2. 在所得共同制存续期间,时效在夫妻之间中止;
3. 在第326条包括的人之间;
4. 在亲权或监护期间,时效在未成年人与其父母或监护人之间中止;
5. 在执行保佐期间,时效在无能力人与其保佐人之间中止;
6. 在请求和任命财产保佐人的间隙期,时效在保佐人处理的案件中发生中止；

7. 在其管理人继续履职期间，时效在法人和其管理人之间中止；

8. 不可能向秘鲁法院主张其权利。

第1995条 时效期间的恢复

时效中止事由消失后，时效恢复其进行，此前经过的时间予以添加。

第1996条 时效的中断

时效因下列事由中断：

1. 对债的承认；

2. 对债务人构成延迟之催告；

3. 通过诉讼请求传唤或通过其他方式通知债务人，即使是诉诸无管辖权的法官或机构；

4. 通过法院主张抵销。

第1997条 不发生中断的效果

在下列情形，不发生中断的效果：

1. 经证明，未通过诉讼请求传唤或以第1996条第3款所指的其他行为通知债务人；

2. 原告撤回其诉讼请求，或撤回其通知债务人的行为；或者被告撤回其据以主张抵消的反诉或抗辩；

3. 诉讼因放弃诉讼请求而终止。

第1998条 时效期间的重新起算

如果时效的中断因第1996条第3项和第4项规定的事由而发生，则时效自终止诉讼程序的裁决生效之时起重新进行。

第1999条 时效中止和中断的主张

任何有合法利益的人均可主张时效的中止和中断。

第2000条 时效期间法定性原则

仅有法律可以确定时效的期间。

第2001条 各种民事诉权的时效期间

除法律有不同规定外，各种诉权因下列时效而消灭：

1. 对人诉权、对物诉权、产生于执行之诉的诉权以及法律行为无效之诉权，为10年；

2. 各当事人就违反伪装行为所产生的损害和损失之诉权，为

7年;

3.就非劳务性的服务之提供而主张支付报酬的诉权,为3年;

4.请求撤销之诉权、(债权人的)撤销诉权,非合同责任之赔偿诉权以及针对无能力人之代理人履职所产生的诉权,为2年。

5.产生于扶养费的诉权,为15年。

第2002条 时效期间的届满

时效在期间最后一日届满。

第二题　除斥期间

第 2003 条　除斥期间的效力
除斥期间使权利和相应诉权消灭。

第 2004 条　除斥期间之期限的法定性
除斥期间的期限由法律确定,不允许相反的约定。

第 2005 条　除斥期间之继续
除第 1994 条第 8 款规定的情形外,除斥期间不允许中断和中止。

第 2006 条　除斥期间之宣告
仅可依职权或当事人的请求宣告除斥期间。

第 2007 条　除斥期间之期限的完成
即使其期限的最后一日并非工作日,除斥期间亦在该日届满。

第九编 公共登记

第一题 一般规定

第2008条 登记的种类

本编涉及的公共登记有以下种类：

1. 不动产产权登记；
2. 法人登记；
3. 委托和(委托)授权登记；
4. 身份登记；
5. 遗嘱登记；
6. 法定继承登记；
7. 动产登记。

第2009条 登记之法定制度

公共登记受本法典之规定、登记法和特别法规的约束。

前款包含船舶、飞行器、农业质押的登记以及其他由特别法规范的登记。

第2010条 据以登记的权源

除非有相反规定，登记依公文书中所记录的权源为之。

第2011条 调查原则

登记人员应认定据以申请登记之文书的合法性、文书制作人的资格、依此等文书推出的行为之有效性，以及其先前行为和公共登记之记录的有效性。

若涉及的是某一司法判决所裁定登记的部分，则前款规定不予适用，登记人员不负其责。在此情形，登记人员可向法官申请释明或补充所需的信息，或要求证明已支付应缴税款,但登记顺序的在先性不受妨碍。

第 2012 条　公示原则

推定所有人知悉登记之内容,此项推定不允许反证。

第 2013 条　合法性原则

登记记载的内容在未因登记申请而被纠正,或未被司法或仲裁机构通过生效判决或裁决宣告无效时,被推定为确定且产生其全部效力。

经证明身份篡改或文件虚假,且依现行规定如此设定的假设被证实时,应在管理所在地涂销登记之记载。

登记并不使依现行规定无效或可撤销的行为有效。

第 2014 条　登记之善意原则

某人在登记簿中表面上有出让之权限的,若第三人有偿地善意自其处取得某一权利,则其权利一经登记即可维持其取得,即使基于未记录在登记簿和为其提供支撑的档案证书中的事由,出让人的权利被撤销、取消、涂销或解除,亦同。

只要未证明第三人知悉登记的不准确性,即推定其为善意。

第 2015 条　连续原则

除首次登记外,权利未被登记其所自出的,不予登记。

第 2016 条　在先原则

登记时间的在先,决定登记所授予的权利的优先性。

第 2017 条　不容性原则

某一权源与已被登记的其他权源冲突的,即使其日期在先,亦不得被登记。

第二题　不动产产权登记

第 2018 条　所有权之首次登记

欲首次登记所有权,其权源,或在欠缺时,其补充权源,应被不间断地展示 5 年。

第 2019 条　可被登记的行为和权利

下列行为和权利可以在不动产所在地区或省的登记部门进行登记:

1. 设立、宣告、移转、消灭、变更或限制不动产之物权的行为和合同;

2. 期待权合同;

3. 所有权保留之约定和买回简约;

4. 被登记之行为或合同的效力所系条件的全部或部分实现;

5. 对被登记之权利的权利人的权能所作的限制;

6. 租赁合同;

7. 被确信证实的扣押和诉讼请求;

8. 依法官意见与可登记的行为或合同相关的判决或其他裁决;

9. 允许就不动产实施可登记行为的司法授权。

第 2020 条　预防性登记

第 2019 条所指的行为或合同在哪些情形成为预防性登记的标的,由登记法规指明。

第 2021 条　不可登记的行为或权源

与单纯占有相关的行为或权源,在取得时效之期限尚未完成时,不得被登记。

第 2022 条　登记之不动产上权利的可对抗性

欲以不动产物权对抗在该不动产上亦享有权利之人的,须据以对抗的权利先于被对抗之人的权利而被登记。

如果涉及不同性质的权利,则适用共同权利之规定。

第 2023 条　期待权合同的登记

期待权合同的登记,在其有效期间产生优先于一切登记在后的物权或债权的权利。

第三题　法人登记

第 2024 条　构成法人登记的登记簿

此项登记载于以下各登记簿中：

1. 社团；

2. 财团；

3. 委员会；

4. 民事合伙；

5. 农村公社和原住民公社；

6. 合作社；

7. 社会所有制企业；

8. 公法企业；

9. 法律规定的其他机构。

第 2025 条　法人登记簿中的登记

在社团、财团和委员会的登记簿中，应登记第 82 条、第 101 条和第 113 条所要求的数据。在民事合伙登记簿中，应遵守该主题的法律进行登记。此等登记簿中尚应登记以下内容：

1. 公证书或章程的变更；

2. 管理人和代理人的任命、权限和离职；

3. 解散和清算。

第 2026 条　适用特别法的法人

农村公社和原住民公社、合作社、社会所有制企业和其他由特别法规范的法人，依其申请进行登记。

第 2027 条　公共企业登记簿中的可登记的行为

公法企业登记簿中登记以下行为：

1. 设立之法律及其修改；

2.规章或章程及其修改；

3.董事会成员的任命、解职和辞职；

4.管理人员和代理人的任命和职权；

5.命令其解散、转型或转让的法律；

6.依其特别规范的规定应予登记的所有行为。

第 2028 条 登记地和特定行为的程式

法人的设立在其住所地登记。

代理人、受托人的任命以及代理权授予的登记,无须制作公证书。其登记仅须提交经公证员证明、载有相应协议之记录中有关部分的副本。

在法人的设立中,或在章程或规章的修改涉及更名时,保留名称登记优先的权利适用 30 个工作日的期限,期满依法当然因除斥期间而消灭。

成立中的法人享有(名称)保留权利的,或其名称在相应登记机关被登记的,不得采用与其相同的名称。

第 2029 条 在外国设立之法人的登记

在外国设立的法人,在该国规定的住所地之相应登记机关进行登记。

第四题　身份登记

第 2030 条　可登记的行为和裁决

此类登记中登记下列事项：

1. 宣告无能力和限制人之能力的裁决；

2. 宣告自然人失踪、不在、推定死亡、因被迫失踪①而不在和生存之承认的裁决；

3. 宣告取消资格、民事禁治产或丧失亲权的判决；

4. 授予监护人或保佐人职务的行为——应列明列入财产清单的不动产及其与所提供的担保的关系，以及其解职，(监护或保佐)结束、职务终止和辞职；

5. 恢复被禁止行使民事权利之禁治产人资格的裁决；

6. 宣告婚姻无效、离婚、分居及和解的裁决；

7. 采分别财产制之约定及其替换、非协议性的分别财产制，相应的保障措施及其终止；

8. 破产程序开始之宣告，以及根据该主题的法律应予登记的其他行为和协议；

9. 监护人或保佐人的任命；

10. 公证登记或法院承认的事实结合。

第 2031 条　司法裁决的登记

就第 2030 条规定的登记而言，司法裁决应已生效，但相应法律就破产作出的规定除外。

第 2032 条　有关裁判部分

在第 2031 条的情形，法官应命令将有关部分呈交

---

① 如被绑架、拘禁等。——译者注

登记处,否则应承担责任。

第 2033 条 登记的地点

登记应在利益相关者住所地的登记机关为之,若涉及不动产,尚应在不动产所在地登记。

第 2034 条 未登记之效果

在应予登记之地未登记其行为的,在该地善意成立有偿合同的第三人不受其影响。

第 2035 条 登记之涂销

法官命令涂销的,或依申请涂销时提交的文件证明涂销正当合理的,应涂销登记。

第五题 委托和授权登记

第 2036 条 可登记的文书

此类登记中登记以下文书:

1. 载有概括授权或特定行为授权之委托的文书;
2. 载有授权或委托之替补、变更和消灭的文书。

第 2037 条 登记地

此类登记应在稳定执行委托或代理之地的登记机关为之。

第 2038 条 善意第三人的权利

第三人基于缔约地之登记机关登记的委托或(委托)授权而善意、有偿订立合同的,不因未被登记的委托、授权及其变更或消灭而受损害。

第六题　遗嘱登记

第 2039 条　可登记的行为和裁决
此类登记中登记下列事项：
1. 遗嘱；
2. 遗嘱的更改和扩充；
3. 第 1 项和第 2 项所指行为的撤销；
4. 有关遗嘱无效、伪造或失效的已生效判决；
5. 诉讼中就剥夺继承权之正当性或抗辩所作出的已生效判决；
6. 剥夺继承权之撤销文书。

第 2040 条　登记地
登记在遗嘱人住所地的登记机关为之，遗嘱中涉及不动产的，尚应在不动产所在地登记。

第七题　法定继承之登记[①]

第 2041 条　应登记的行为和裁决

宣告被继承人之继承人的公证文书和生效司法裁决，必须在此类登记中予以登记。同样，公证员就法定继承之申请而签发的预防性记录和法官认为可予登记的诉讼请求，亦应予登记。

第 2042 条　登记地

第 2041 条所指的裁决在被继承人最后住所地之登记机关进行登记，此外尚应分别在动产和不动产所在地进行登记。

[①]　本题的原标题为"宣告继承人之登记"，1996 年 12 月 12 日公布的第 26707 号法律将本题更名为"法定继承之登记"，其中两个条文也有相应改动。——译者注

第八题　动产登记

第 2043 条　可登记的动产
依法可予登记的动产,系此类登记的客体。

第 2044 条　动产之认定
动产的认定方式,由创设相应登记机关的法律确定。

第 2045 条　可登记的行为和合同
第 2019 条规定的一切行为和合同,在可予适用的范围内均可在本类登记中予以登记。

第十编 国际私法

第一题 一般规定

第 2046 条 秘鲁人和外国人权利平等

民事权利为秘鲁人和外国人所普遍享有,但出于国家需要而针对外国人和外国法人规定的禁止和限制除外。

第 2047 条 应予适用的规范

调整与外国法律制度相关联之法律关系的准据法,依秘鲁批准加入的国际条约而予确定,若此等条约未予确定,则适用本编规范。

此外,国际私法理论确认的原则和标准可补充适用。

第 2048 条 秘鲁法官的管辖

法官仅应适用依秘鲁的国际私法规范被宣告为当予适用的该国国内法。

第 2049 条 外国规范的不相容

依秘鲁的国际私法规范属于外国法的规定,仅在其适用与国际公共秩序或善良风俗相冲突时,应予排除。

在此情形,适用秘鲁国内法的规定。

第 2050 条 外国制度的有效性

一切在外国制度保护下而规范取得的权利,只要依秘鲁的国际私法规范该制度当予适用,则其在符合国际公共秩序和善良风俗的范围内,在秘鲁有同样效力。

第 2051 条 依职权适用外国法规范

依秘鲁的国际私法规范当用的外国法,应依职权予以适用。

第 2052 条 作为证据的外国法

争讼当事人应就外国法的存在及其含义提供具有一致性的证据。法官可以拒绝或限制其认为不适当的证明方式。

第 2053 条 关于外国规范的存在及其含义的报告

法官可依职权或当事人的请求,申请政府通过外交途径,获得所涉准据法所在国法院就该法律的存在及其含义所作的报告。

第 2054 条 本国法咨询之解决

外国法院就本国法问题通过外交途径向其提交咨询的,最高法院有权解决之。

第 2055 条 外国法的解释

作为准据法的外国法规定,依其所属体系予以解释。

第 2056 条 外国规范之间冲突的解决

作为准据法的外国法中共存不同制度的,各地法律之间的冲突依相应外国法中现行有效的原则予以解决。

第二题　司法管辖权

第 2057 条　对住所在秘鲁之人的管辖

秘鲁法院有权受理针对住所在本国境内的人提起的诉讼。

第 2058 条　对财产诉讼的管辖

在下列情形,即使诉讼针对的是住所在外国之人,秘鲁法院亦有权受理因行使具有财产内容的诉权而引发的诉讼:

1. 诉权涉及位于秘鲁共和国之财产上的物权;涉及地产的,其管辖为专属管辖;

2. 诉权涉及的债应在本共和国境内执行,或其产生于在本国成立的合同或实施的行为;涉及的民事诉权产生于侵权行为或犯罪行为,或其后果发生在秘鲁共和国的,其管辖为专属管辖;

3. 当事人各方明示或默示接受其管辖。除在提交之同时或之前有相反约定外,对法院的选择为排他性的。

本条仅仅适用于法院之管辖,不影响当事人将具有财产内容的诉讼提交仲裁的权能。

第 2059 条　默示接受

无保留的出庭,为默示的接受管辖。

旨在对所涉诉讼提出异议的程序行为,或因其人身、权利或财产受到威胁或被采取强迫措施而实施的程序行为,不意味着对法院管辖的接受或延伸。

第 2060 条　就本国管辖事项发生的外国法院之管辖延伸或选择

选择外国法院,或将其管辖延伸,以受理因行使具有财产内容之诉权而发生的诉讼的,只要不违反秘鲁法院专属管辖的事项,不构成权利的滥用,也不违反秘鲁的公共秩序,则应予承认。

第2061条　对集合财产之诉讼的管辖权

依国际私法规范,秘鲁法为调整所涉事项的准据法时,即使诉讼针对的是住所在外国之人,秘鲁法院亦有权受理因行使与集合财产相关的诉权而引发的诉讼。

然而,只要不妨碍本编第四题的规定,秘鲁法院有权就位于秘鲁的财产,受理与被宣告破产者的总括财产相关的诉讼。

第2062条　人身诉讼的管辖

在下列情形,即使诉讼针对的是住所地在外国之人,秘鲁法院亦有权受理因行使与自然人身份和能力或与家庭关系相关的诉权而发生的诉讼:

1. 依国际私法规范,秘鲁法为调整该事项的准据法;

2. 当事人各方明示或默示接受管辖,但须案由与秘鲁共和国国境具有实际联系。

第2063条　必要之执法

即使其缺乏对实质事项的管辖权,秘鲁法院甚至有权针对住所在国外之人采取临时措施,以保护位于秘鲁共和国境内的自然人。

第2064条　仲裁协议优先于法院管辖

已被废除。

第2065条　司法一体性

有效受理诉请的秘鲁法院亦有权受理反诉。

第2066条　未决诉讼和既判事项

相同当事人之间就同一标的发生的先前诉讼悬而未决的,如果可以预见在不超过3个月的期间内,有管辖权的外国法院将作出可以在秘鲁被承认和执行的裁决,则秘鲁法院应中止审理。

在秘鲁继续的诉讼,被视为开始于将诉讼请求通知于被告之日。

如果已向其提交外国裁决,则秘鲁法院应使已为事项归于无效。

第2067条　秘鲁法院的消极管辖

秘鲁法院对于针对外国政府或其领导人、外交代表、国际组织及其代表提起的诉讼所享有的司法管辖权,适用由秘鲁批准加入的相关国际条约之规定。

除本题有规定者外,秘鲁法院对以下诉讼无司法管辖权:

1. 与位于外国之地产上的物权相关的诉讼;

2. 根据第 2060 条规定,当事人已接受外国法院管辖的事项;

3. 案由与秘鲁共和国国境无实际联系,有关自然人身份和能力或有关家庭关系的诉讼。

第三题　准据法

第 2068 条　自然人的开始和终止

自然人的开始和终止,适用其住所地法律。

如果某一法律效果取决于数人的生存,而此等人有不同的住所地法,且这些法律对生存的推定相互冲突,则适用第 62 条的规定。

第 2069 条　宣告不在

不在之宣告适用失踪者最后住所地的法律。不在之宣告对不在人财产所产生的法律效果,适用相同的法律。

不在者的其他法律关系,继续适用先前适用的法律。

第 2070 条　自然人的身份和能力

自然人的身份和能力,适用其住所地法律。

住所的变更并不改变依先前住所地法取得的身份,也不限制依该法取得的能力。

如果当事人依秘鲁法律有能力,则在秘鲁成立的与债权和合同相关的法律行为,不因欠缺能力而无效,但涉及单方法律行为,或涉及位于外国之地产上的权利的,除外。

第 2071 条　保护无能力人的制度

监护和其他保护无能力人的制度,依其住所地的法律。

对秘鲁境内的无能力人采取的紧急保护措施,以及对其位于本共和国的财产采取的紧急保护措施,依秘鲁法律。

第 2072 条 国家和公法法人的权利和义务

国家和其他外国公法法人,以及依对秘鲁有约束力的国际条约成立的国际性公法法人,可以根据秘鲁法律取得权利并承担义务。

第 2073 条 私法人的存在和能力

私法人的存在和能力,适用设立国的法律。

在外国设立的私法法人,在秘鲁被依法当然承认,且被视为有资格在秘鲁境内不固定地或个别地行使其一切诉权和权利。

欲在本国境内经常行使包含在其设立目的中的行为,前述法人应遵守秘鲁法律规定的时效。

外国法人被承认的能力不得超出秘鲁法律授予本国法人的能力范围。

第 2074 条 法人的合并

依不同法律设立的法人发生合并的,应在所有此等法律的基础上予以认定,合并发生在第三国的,尚应在合并地法律的基础上予以认定。

第 2075 条 结婚能力和实质要件

结婚能力和婚姻的实质要件,适用婚姻各方当事人各自住所地的法律。

第 2076 条 婚姻的程式

婚姻的形式,依其成立地的法律。

第 2077 条 夫妻的权利与责任

夫妻的权利和义务只要涉及其人身关系,即适用夫妻住所地法律。如果夫妻有不同的住所,则适用最后的共同住所地法律。

第 2078 条 婚姻财产制

婚姻财产制以及夫妻关于财产的关系,依夫妻最初住所地的法律。住所的变更,就变更之前或之后取得的财产而言,并不改变夫妻关系之准据法。

第 2079 条 婚姻的无效

婚姻的无效,适用其违反即导致无效之实质条件所应遵守的法律。

作为婚姻无效之事由的同意之瑕疵,依婚姻缔结地法律。

第 2080 条 婚姻无效之效果

婚姻无效之效果适用夫妻住所地法律,但关涉夫妻财产的法律效果适用婚姻财产制之法律。

第2081条 离婚和分居

离婚和分居时的权利,适用夫妻住所地的法律。

第2082条 离婚和分居的事由和效力

离婚和分居的事由适用夫妻住所地法律。但是,如果事由产生时夫妻曾拥有住所的,不得援引先于该住所之取得的事由。

相同之法律准用于离婚和分居的民事效力,但与夫妻财产相关的民事效力例外,其应遵循婚姻财产制的法律。

第2083条 婚生亲子关系

婚生亲子关系的确认,在婚姻缔结地法或子女出生时夫妻住所地法之间,适用最有利于婚生性的法律。

第2084条 非婚生亲子关系

非婚生亲子关系的确定,以及其效力和异议,适用双亲和该子女共同住所地的法律,或在无该住所地时,适用对该子女进行身份占有的父或母之住所地的法律。

如果双亲均未进行身份占有,则适用该子女住所地的法律。

第2085条 对子女的认领

对子女的认领,适用其住所地的法律。

第2086条 子女婚生性之获得(准正)

因嗣后婚姻使子女获得婚生性,适用婚姻缔结地法律。但是,如果子女住所地法律要求取得其本人同意,亦应适用之。

通过政府或司法宣告而准正所要求的准正人之能力,适用其住所地的法律;通过政府或司法宣告被准正的子女所要求的能力,适用该子女住所地的法律;准正亦须同时符合二法所要求的各项条件。

准正异议之诉,适用子女住所地的法律。

第2087条 收养

收养由以下规则规范:

1. 为使收养可能,要求收养须被收养人住所地法律和被收养地法律许可。

2. 收养人住所地法律适用于:

a. 收养之能力;

b. 收养人的年龄和民事状态；

c. 收养人配偶的最终同意；

d. 收养人为取得收养应满足的其他条件。

3. 被收养人住所地法律适用于：

a. 被收养人的能力；

b. 被收养人的年龄和民事状态；

c. 未成年人的双亲或法定代理人的同意；

d. 被收养人与其血亲之亲属关系的确定性断绝；

e. 对未成年人离开本国的核准。

第 2088 条 对有体财产的权利

有体财产上物权的设立、内容和消灭，适用物权设立之时其所在地的法律。

第 2089 条 在途有体财产

在途有体财产被视为位于其最终目的地。

就在途有体财产之物权的取得和丧失，当事人可以选择适用对权利设立或灭失之原始法律行为进行规范的法律，或选择适用有体财产寄发地的法律。

当事人的选择不得用以对抗第三人。

第 2090 条 有体财产的转移

有体财产的转移，不影响其依在先法律有效设立的权利。尽管如此，此等权利仅在符合新的所在地法律规定的要件后方可据以对抗第三人。

第 2091 条 关于有体财产诉权的时效

有体财产在时效期限内改变地点的，与其相关的诉讼时效适用必要时间补足地的法律，该必要时间依上述补足地的法律而定。

第 2092 条 关于交通工具的权利

在适用登记制度的交通工具上设立、转移和消灭物权的，适用登记实施地国家的法律。

第 2093 条 作品上的物权

与智力、艺术或工业作品相关的物权，其存在和范围适用条约和特别法的规定；如果不能适用此等规定，则适用该权利登记地的法律。

承认和行使该权利的要件由地方法律设定。

第 2094 条 法律行为和文书的形式

法律行为和文书的形式,适用制作地或调整该法律关系或行为客体的法律。文书乃于秘鲁外交或领事工作人员面前作成的,须遵守秘鲁法律规定的程式。

第 2095 条 合同之债

合同之债适用当事人明确选择的法律,未选择的,适用其履行地法律。但是,如果合同之债应在不同的国家履行,则适用主债履行地的法律,在不能确定主债的情形,适用合同成立地法律。

如果履行地未被明示,或依债的性质不能被确凿地推导,则适用成立地法律。

第 2096 条 意思自治

根据第 2095 条规定确定的准据法,决定应予适用的强制性规范和当事人意思自治的限度。

第 2097 条 合同外责任

合同外责任,适用引起损害的主要行为发生地所在国家的法律。在不作为责任的情形,适用推定责任人应作为之地的法律。

如果损害发生地的法律认为行为人应承担责任,而导致损害发生的行为实施地或不作为发生地的法律认为不负责任,则在行为人应当预见其行为或不作为的后果将在该地产生损害时,适用损害发生地的法律。

第 2098 条 依法律和其他发生根据产生的债

因法律规定、无因管理、不当得利和非债清偿产生的债,适用使债产生的行为完成地或应当完成地的法律。

第 2099 条 对人诉权的消灭时效

对人诉权的消灭时效,适用对该将消灭之债进行规范的法律。

第 2100 条 继承

不论其财产所在地,继承适用被继承人最后住所地法律。

第 2101 条 位于秘鲁的财产的继承

如果根据被继承人住所地法律,应将位于秘鲁的财产移转至外国或其机构,则此等财产的继承适用秘鲁法律。

第四题　国外判决与仲裁的承认和执行

第 2102 条　互惠原则

外国法院作出的判决在本共和国具有相应条约所赋予的效力。

若与作出判决的国家没有条约,则该判决与该国赋予秘鲁法院判决的效力相同。

第 2103 条　消极互惠

如果他国对秘鲁法院的判决不予执行,则产生于该国的判决在本共和国亦不生效。

在对秘鲁法院的判决进行实质审查的国家产生的判决,亦属前款规定中的判决。

第 2104 条　执行认可的要求

欲使外国判决在秘鲁共和国被承认,除第 2102 条和第 2103 条的规定外,尚须符合以下要件:

1. 非就秘鲁专属管辖事项作出裁决;

2. 外国法院依其国际私法规范和国际诉讼管辖的一般原则,有权受理该事项;

3. 根据诉讼地的法律,被告已被通知应诉;为其出庭已给予合理期限,且已为其辩护提供程序保障;

4. 依诉讼地的法律,判决具有既判效力;

5. 就相同的当事人和诉讼标的,在秘鲁不存在使该判决产生的诉讼请求提请之前即已开始的未决诉讼;

6. 若存在符合本题规定的承认和执行要件且裁决在先的其他判决,则不得与之抵触;

7. 不违反公共秩序和善良风俗;

8. 有互惠之证明。

第 2105 条　破产的外国判决

受理外国破产判决之承认的秘鲁法院,可自申请承认提交之时起采取相关的预防措施。

外国破产之判决在秘鲁的承认,应符合秘鲁法律就本国破产案件规定的通知和公开之要求。

在国外宣告且在秘鲁被承认的破产之效力,在位于秘鲁的财产和债权人权利方面,应符合秘鲁法律的规定。

法官应依秘鲁法律的规定,处理位于秘鲁的破产资产之构成、管理和清算,根据破产法律指明的次序,满足住所地在秘鲁的债权人的权利以及在秘鲁登记的债权。

如果没有住所地在秘鲁的债权人,也无在秘鲁登记的债权,或如果在根据前款规定各项权利获得满足后,破产人的财产有盈余,则应在预先由秘鲁法官就在外国发生的债权之核实和次序进行执行认可后,将该余额交予国外的破产管理人。

第 2106 条　外国判决的执行

符合第 2102 条、第 2103 条、第 2104 条以及第 2105 条规定的各项要件的外国判决,可由利害关系人申请在秘鲁予以执行。

第 2107 条　外国判决申请执行的形式

第 2016 条所指的申请应附有完整判决书的副本,该副本应获得适当认证并由官方翻译为西班牙文,此外尚应附有证明符合本题规定之各项要件的文书。

第 2108 条　执行外国判决的宣告程序

执行的宣告程序适用民事程序法典的规定。程序一经完成,外国判决与本国判决具有同等执行力。

就任意管辖的非讼事项作出的外国判决,无须执行认可。

第 2109 条　被认证的外国判决的证明力

被适当认证的国外判决在秘鲁被视为公文书而产生证明力,无须经过执行认可。

第 2110 条　外国判决的证明力

外国判决之既判事项的效力,如果符合本题规定的要件,则可在诉讼中予以利用,而无须经过执行认可程序。

第 2111 条 补充适用

本题规定在能予适用的范围内,亦适用于终止诉讼的外国裁决,特别适用于与民事救济相关的刑事判决。

对于仲裁裁决,专属适用《仲裁通则》的规定。

尾 题

第一节 最终规定

第 2112 条 民事和商事合同的统一

商事性质的买卖、互易、消费借贷、寄托以及保证合同,由本法典的规定调整。商法典第 297 条至第 314 条、第 320 条至第 341 条和第 430 条至第 433 条被废除。

第 2113 条 1936 年《民法典》的废止

由 1936 年 8 月 30 日总统令颁布的民法典废止,与本法典相冲突的其他法律亦予废止。

第二节 过渡性规定

第 2114 条 民事权利的规定

秘鲁政治宪法第 2 条确认的与民事权利相关的规定,自 1979 年 7 月 13 日开始适用。

第 2115 条 教区登记的有效性

与 1936 年 11 月 14 日之前实施的行为相关的教区登记证书,保留原法律所赋予的效力。

第 2116 条 继承权的平等性

第 818 条和第 819 条的规定,准用于 1980 年 7 月 28 日起发生的继承权。

第 2117 条 《民法典》生效前后之继承权的法律适用

在本法典生效之前死亡之人的继承人的权利,由先前的法律调整。自本法典实施之时起开始的继承,由其所包含的规范调整;但遗嘱处分应在本法典允许的范围内被执行。

第2118条　密封遗嘱的撤销

由遗嘱人或其他任何人持有的、依本法典之前的制度作成的密封遗嘱,若由遗嘱人启封、破毁、损坏或以其他方式废弃,则视为被撤销。

第2119条　提交密封遗嘱的义务

持有依本法典之前的制度作成的密封遗嘱的人,有义务在知晓遗嘱人死亡后的30日内向有管辖权的法官提交该遗嘱,否则就其迟延造成的损失承担责任。

第2120条　旧法的超常效果(从旧原则)

依旧法产生的权利,以及在旧法施行期间实施的行为,即使本法典不予承认,亦由旧法调整。

第2121条　既成事实原理

自其生效之时起,本法典的规定甚至适用于既存的法律关系之后果和法律状态。

第2122条　关于本法典生效前已开始的时效和除斥期间的规则

本法典生效前已开始的时效,由原法律调整。但是,如果自本法典生效之日起,其规定的时效期间已经经过,则即使依原法律需要更长的时间,亦发生时效之效力。除斥期间适用同一规则。

附一

《秘鲁民法典》条文修改情况一览表

（根据秘鲁司法与人权部"秘鲁法律信息网"截至 2016 年 7 月 9 日发布的数据）

序号	作为修改依据的法律	颁布和生效时间	所涉条文
1	第 25291 号法律	1990 年 12 月 24 日颁布	修改第 1776 条和第 1781 条
2	《农业投资促进法》（第 653 号法令）	1991 年 8 月 1 日颁布，同年 9 月 1 日施行	废除第 883 条
3	《私人投资增长框架法》（第 757 号法令）	1991 年 11 月 13 日颁布，同年 12 月 12 日施行	废除第 1599 条第 1 项和第 1913 条第 2 项
4	第 25372 号法律	1991 年 12 月 27 日颁布	修改第 2028 条
5	《民事诉讼法典》第一修正案（第 768 号法令）	1992 年 3 月 4 日颁布，1993 年 1 月 1 日施行	修改序题第二条以及如下条文：第 34、67、85（第 3 款）、92（第 5 款）、96、104（第 9 项）、108、109、110、120、121、122、182（第 3 款）、186（第 2 款）、195、200、277（第 1 项）、309、333（第 2 项和第 11 项）、344、345、354、419（第 2 款）、496（第 4 项）、542、664、751、794、795、815、853、865、987、1069、1236、1251、1252、1253、1254、1255、1372、1398、1597、2041 条；添加第 2 条第 2 款、第 58 条第 2 款、第 106 条第 5 款、第 181 条第 1 款第 1 项第 2 段和第 2 款、第 676 条第 2 款、第 875 条第 2 款和第 3 款、第 1399 条第 2 款、第 1412 条第 2 款、第 2011 第 2 款

续表

序号	作为修改依据的法律	颁布和生效时间	所涉条文
6	第25878号法律	1992年11月26日颁布	修改第1237条
7	《仲裁通则》①（第25935号法律）	1992年12月10日颁布	废除第七编第二篇第十一题"仲裁条款与仲裁协议"（含标题、第1906至第1922条）
8	第25940号法律	1992年12月11日颁布	修改序题第二条以及如下条文：第47（第1款）、60、256、281、292、1596、2037、2042条
9	《儿童与青少年法典》（第26102号法律）	1992年12月29日颁布	修改的条文②：第423（第3项和第4项）、462、463、466、470、471、472、474、475、503、526、533、557条；废除第464条
10	关于赠与的第26189号法律	1993年5月22日颁布	修改第1623条、第1624条和第1625条
11	第26205号法律	1993年7月2日颁布	修改第250条
12	第26364号法律	1994年10月2日颁布	添加第2028条第3款和第4款
13	第26451号法律	1995年5月11日颁布	修改第1433条
14	第26497号法律	1995年7月11日颁布	废除第70条至第75条以及第2030条至第2035条
15	第26572号法律	1996年1月5日颁布	修改第2064条、第2111条
16	第26589号法律	1996年4月12日颁布	重新加入第2030条至第2035条
17	第26598号法律	1996年4月24日颁布	再次修改第1236条

---

① 该法又被1996年1月3日颁布的新《仲裁通则》（第26572号法律）取代。

② 依《儿童与青少年法典》（第26102号法律）最后规定的第2条，此处所列民法典条文被修改。但因前者并未提供修改文本，故民法典的原条文事实上被维持。

续表

序号	作为修改依据的法律	颁布和生效时间	所涉条文
18	第845号法令	1996年9月21日颁布	修改第95条、第330条、第2030条第8项
19	第26680号法律	1996年11月8日颁布	修改第830条
20	第26707号法律	1996年12月12日颁布	修改第2008条第6项和第九编第七题的标题;再次修改第2041条
21	第26813号法律	1997年6月20日颁布	添加第104条第2项第2段
22	第26981号法律	1998年10月3日颁布	修改第378条第7项
23	第27048号法律	1999年1月6日颁布	添加第363条第5项、第402条第6项;废除第403条、第416条;修改第413条、第415条
24	第27118号法律	1999年5月23日颁布	修改第243条第3项、第248条第2款;添加第243条第3项第2段
25	第27184号法律	1999年10月18日颁布	修改第458条
26	《资产重组法》统一指令性文本(总统令 N°014-99-ITINCI)	1999年11月1日颁布	再次修改第95条、第330条、第2030条第8项
27	第27201号法律	1999年11月14日颁布	修改第46条、第241条第1项、第393条;修改第389条并添加最后一句
28	第27291号法律	2000年6月24日颁布	修改第141条第1款;添加第141-A条、第1374条第2款

续表

序号	作为修改依据的法律	颁布和生效时间	所涉条文
29	第 27420 号法律	2001 年 2 月 7 日颁布	替换第 1416 条、第 1423 条、第 1562 条
30	第 27442 号法律	2001 年 4 月 2 日颁布	修改第 379 条
31	第 27495 号法律	2001 年 7 月 7 日颁布	修改第 319 条第 1 款、第 333 条(第 4 项、第 7 项、第 8 项);再次修改第 345 条、第 354 条第 1 款;添加第 333 条第 11 项和第 12 项、第 345 – A 条
32	第 27646 号法律	2002 年 1 月 23 日颁布	修改第 424 条、第 473 条、第 483 条
33	第 27723 号法律	2002 年 5 月 14 日颁布	替换第 40 条
34	第 27809 号法律	2002 年 8 月 8 日颁布(60 日后生效)	再次修改第 95 条、第 330 条、第 2030 条第 8 项;添加第 330 条第 2 款、第 846 条第 3 款、第 852 条第 2 款
35	第 28384 号法律	2004 年 11 月 13 日颁布	修改第 359 条
36	第 28413 号法律	2004 年 12 月 11 日颁布	修改第 2030 条第 2 项
37	第 28439 号法律	2004 年 12 月 28 日颁布	添加第 415 条第 2 款
38	第 28457 号法律	2005 年 1 月 8 日颁布	修改第 402 条第 6 项
39	《动产担保法》(第 28677 号法律)	2006 年 3 月 1 日颁布(90 日后生效)	废除第 885 条第 4 项、第 6 项和第 9 项、第 1055 条至第 1090 条、第 1217 条
40	第 28720 号法律	2006 年 4 月 25 日颁布	修改第 20 条和第 21 条;废除第 392 条

续表

序号	作为修改依据的法律	颁布和生效时间	所涉条文
41	第29032号法律	2007年6月5日颁布	添加第387条第2款
42	第29194号法律	2008年1月25日颁布	添加第471条第3款最后一句
43	第29227号法律	2008年5月16日颁布	再次修改第354条第1款
44	第1071号法令	2008年6月28日颁布,9月1日施行	废除第1399条第2款、第2064条;添加第2058条第2款
45	第29274号法律	2008年10月28日颁布	修改第46条第3款第2项、添加第4项
46	第29633号法律	2010年12月17日颁布	修改第569条;添加第568-A条、第2030条第9项
47	第29973号法律	2012年12月24日颁布	废除第43条第3项、第241条第4项、第693条、第694条、第705条第2项;修改第696条第6项、第697条、第699条、第707条第1款、第709条、第710条第1款
48	第30007号法律	2013年4月17日颁布	修改第724条、第816条;添加第326条最后一款、第2030条第10项
49	第30084号法律	2013年9月22日颁布	添加第22条第2款
50	第30162号法律	2014年1月29日颁布	修改第511条
51	第30179号法律	2014年4月6日颁布	修改第2001条第4项;添加第2001条第5项
52	第30230号法律	2014年7月12日颁布	修改第920条

续表

序号	作为修改依据的法律	颁布和生效时间	所涉条文
53	第 30292 号法律	2014 年 12 月 28 日颁布	修改第 472 条
54	第 30311 号法律	2015 年 3 月 18 日颁布	修改第 378 条
55	第 30313 号法律	2015 年 3 月 26 日颁布	修改第 2013 条、第 2014 条
56	第 30323 号法律	2015 年 5 月 7 日颁布	修改第 471 条第 3 款
57	第 30364 号法律	2015 年 11 月 23 日颁布	修改第 667 条
58	第 30403 号法律	2015 年 12 月 30 日颁布	废除第 423 条第 3 项

附二

秘鲁民法典的改革*

徐涤宇

作者按:本文曾发表于徐国栋教授主编的《罗马法与现代民法·第二卷》(2001年号)(中国法制出版社2001年版)。其时也,秘鲁法律界不满足于通过特别法为颁行不久的民法典打补丁,1994年11月应运而生的修典委员会就是要对1984年民法典进行全面检讨和整体修订,而且其修订方案在本世纪初实已就绪。但时至今日,1984年的《秘鲁民法典》仍然只是通过历年的特别法被修修补补,修典委员会毕其功于一役的努力已经幻化为一种愿景。不过,即便如此,本文所描述的修典委员会当时的工作成果毕竟代表着秘鲁法律界对其新民法典的总结和反思,能帮助我们更好地理解秘鲁现行民法典的精义及其历史背景、发展趋势,故附录于此,以飨读者。

---

* 本文主要参考文献为徐国栋教授提供的两本西班牙语著作:*Reforma del Código Civil Peruano*, Gaceta Jurídica Editores, Lima, 1999;*Nuevo Código Civil*, Epgraf Editores, Lima, 1996。在此,对徐国栋教授表示深深的谢意。

引 言

秘鲁民法史上共有三次法典编纂活动。第一次编纂发生在1845—1847年,其草案在1852年获得通过后成为秘鲁的第一部民法典。该法典被分为3编:人法编、物编以及债和合同编。这种安排和法国民法典并不相同,其内容实质上和1828年出现的《塔皮亚对费布勒罗著作的最新编纂》以及1845年出现的《塔皮亚对费布勒罗著作的极新编纂》①等实用法学家的著作相类似。②

秘鲁第二次法典编纂活动导致1936年民法典的产生,由于当时新生的德国民法典向全世界展示的巨大活力和新颖性,秘鲁法学家置身于其影响下,对民法典调整的各主题逐步实行"个别化",换言之,把编名中使用的宏范畴转化为较小的范畴,以使法律调整更具有可分析性。按这种思想设计的民法典的基本结构为:序题;第一编,人法;第二编,家庭法;第三编,继承法;第四编,物法;第五编,债法。③ 这一结构是对罗马法传统的两大支派的综合:德国民法典的痕迹显然可见,但拉丁传统中的人法优位主义得到了保留,人法未被总则吞没,债法未因其"在近代法中的优越地位"而凌驾于人法之上,反而被置于末座。这一结构是秘鲁人的法律智慧的高度表现,它预示着这一民族由于其潜力的实现。1936年民法典在体系结构和具体制度的设计上进行的极大创新,使现行秘鲁民法典不得不建立在其基础上。

从1936年到1984年,虽然只经历了短短的48年时间,但秘鲁的政治、社会、经济、文化和技术生活发生了巨大变化,尤其是1979年的

---

① 费布勒罗是18世纪西班牙著名法学家,他在1739年出版了《法庭书记员指南或初学者的理论——实践性法学阶梯》第一部分(共三卷),该书仅涉及遗嘱和合同。后来,他又出版了该书的第二部分,内容涉及财产的分割。此后,其许多追随者分别对其著作进行补充和重新注释,其中包含塔皮亚的最新编纂和极新编纂。这些著作都采用了优士丁尼法学阶梯的体例。

② Véase Bernardino Bravo Lira, *Difusión del Código Civil de Bello en los Paises de Derecho Castellano y Portugués*, en *Andrés Bello y el Derecho Latinoamericano*, la Casa de Bello, Caracas, 1987, p.357.

③ See Elvira Mendez Chang, *Peruvian Codification and Roman System*, In manuscript.

宪法更吸收了新的人文精神,这导致了1984年新民法典对1936年民法典的取代。

1984年的民法典在法典世界享有很高声誉,这首先要归功于其人法编的巨大成就(后文将有介绍)。其次,该法典的立法技术和体系构造也颇值注意。可以说,1984年的民法典在这方面深受德国民法典和意大利1942年民法典的影响,其体系由序题、十编和尾题构成,共计2122条。除序题和尾题外,其他十编分别为:人法;法律行为;家庭法;继承法;物权;债(债的分类及其效果);债的发生根据;消灭时效和除斥期间(caducidad);公共登记(含不动产登记、法人登记、身份登记、委托和授权的登记、遗嘱登记、继承人之声明的登记和动产登记);国际私法。

1984年民法典颁行不到10年,秘鲁法学界又响起改革现行法典的呼声。1992年,秘鲁一些民法学者组成修典委员会,开始了对现行民法典的修改工作。1994年11月22日,通过第26394号法律,修典委员会正式成立。到目前为止(2001年),委员会的工作已近尾声。为使我国学者对秘鲁民法典的此次修改有一个较为全面的了解,本文拟就秘鲁1984年民法典所取得的成就以及此后的修改情况(尤其是1994年后的修改工作)作一阐述。

第一部分　秘鲁民法典的改革动因和基本思路

一、改革1984年民法典的动因[①]

对现行民法典进行修改,其实直接起因于该法典人法编的起草人对民法典草案审议委员会的工作的不满。当时,草案中人法编的某些先进条文被审议委员会废弃不用,但从比较法的角度来看,这些条文完全是应该得到通过的。于是,包括该编起草人在内的大多数学者认为,应该重新起草这些条文,以使这些条文被纳入民法典之中。随后,法学家们又开始对其他几编的工作提出修改意见。以此为起点,秘鲁

---

① 本部分参考文献为:Jorge Muñiz Ziches, *Reformas al Código Civil de 1984*, en *Reforma del Código Civil Peruano*.

法学界形成了对现行民法典进行改革的共识。在修典委员会成立后，委员会的成员们认真思考了改革的必要性，一致认为促使改革的主要理由起码有以下几点：

(1)自1984年民法典施行后，秘鲁的科学技术已有长足发展，而制定民法典的法学家受到当时社会经济条件以及政治体制的制约，对此预见不足。而另一方面，由于秘鲁法官的保守，司法实践中又缺乏完善现行立法的创造性判例。因此，1994年成立的修典委员会的任务之一就是对与此相关的主题进行修正，从而在立法的高度上对其加以补充和完善。例如，在民法典施行后的十几年时间里，秘鲁的经济发展导致了一些现代典型合同的出现，秘鲁法学家认为将此等典型合同纳入民法典的时机已经成熟。

(2)在1984年民法典的施行期间，事实上其部分规范已在不同程度上通过特别法被修订①，这就更需要将这些被修改的规范整合到同一个规范体系中去。

(3)1984年的民法典是在秘鲁1993年新宪法颁行之前制定的，它受到经济模式完全不同的原宪法的影响。1993年宪法的特点主要表现在三个方面：经济权利和社会权利的相对化和灵活化；国家在经济活动中职能的弱化；经济体制转向受宪法保护的自由市场模式。这种转化使得民法典的一些规范已不符合新宪法的精神。例如，新《宪法》第62条明确规定了合同自由原则，依其规定，如果某一法律行为是按照某一特定规范成立的，那么即使该规范后来被变更或废除，因该合同而产生的嗣后行为也应由该规范来调整。

(4)随着民法典的施行，其中许多缺陷也已显现出来。为维护其声誉，就必须对这些错误作出修正。

二、改革的基本思路

1. 思路之一：整体改革还是部分修改？②

---

① 通过对1996年出版的秘鲁民法典官方版本的统计，该法典被修改的条文多达82条，此外尚有9个条文被废除、6个条文被添加。

② 本部分参考文献为：Guillermo A. Borda, *El Problema de la Reforma de los Códigos Civiles*, en *Reforma del Código Civil Peruano*; Jorge Muñiz Ziches, *op. cit.*

附二 秘鲁民法典的改革

现代世界正围绕着经济、社会和技术的革命而发展,这对立法的改革也提出了要求。因为,法律秩序要想不成为此等进程的障碍,就必须紧跟变革的步伐。在有其民法典的国家,当法典经历相当一段时间而滞后于社会、经济的发展时,自然也会产生改革的需要。但这种改革是整体性的还是局部性的,往往取决于立法者是采取激进的还是相对保守的态度。

就整体改革而言,其优越性无可比拟:法典的全部内容将是和谐一致的,它们反映着同一个立法思想,并且在各规定之间也很少存在相互矛盾的地方,而这种危险在部分改革的情况下却是大量存在的(但这种矛盾也可通过新法默示地废除旧法得到解决)。不过,整体改革的激进性同时也是其危险性的表现。首先,变化着的现实社会不时要求迅速的变革,而民法典建立起来的内在逻辑马上就会不适应新的改革要求。于是,经常性的整体改革只会导致民法制度的变动不居。其次,一个旧民法典往往在特定的社会沉淀了相当的效果,时间已赋予其权威性和妥当性,而整体的改革意味的是一场彻底的革命,其产生的社会冲击力足以动摇一国民法制度的根基。因此,除非是社会、经济制度的根本变革致使产生整体改革的需要,各国在改革其民法典时,一般都采用渐进式的局部修改之方法。在法国、德国、意大利、巴西和智利等国,尽管其民法典的现代版本已非昔日风貌,但这种结果不过是通过渐进式的局部修改而获得的。

秘鲁民法典经历的是一条不同的道路。首先,在激进的秘鲁法学家的努力下,其1852年的民法典被1936年的民法典取代,而后者又被1984年的民法典所全盘替代。甚至在今天,法学家中仍然存在全面改革1984年民法典的声音。但在历经两次激烈的变革后,大多数秘鲁法学家在这方面的态度已变得审慎。尽管秘鲁政府此次成立了修典委员会,但其使命不再是拟订一个新的民法典,而只是在维持现行民法典结构的前提下,对其进行必要的修订,其目的在于使该民法典的内部体系以及它和其他法律制度保持和谐一致。

基于这种思路,修典委员会内部成立了几个修改小组,分别负责除有名合同、消灭时效和除斥期间、公共登记和国际私法之外的各编的修正工作。

2. 思路之二：民商合一①

本世纪的秘鲁立法运动,受法国立法的影响,一直将私法区分为民法和商法,并基于这种观念分别制定了民法典和商法典。但在目前的秘鲁,于改革民法典的同时,也存在着商法典、有价证券法和公司法的改革问题,并由此诱发了一场是否对私法进行实质性改革的讨论,其焦点就是民商合一的问题。

通过对商法历史的研究,可以发现,商法发源于13、14世纪商业资本家摆脱封建领主之重压这一进程。在当时,商人法和民法的分离,是商人区别于仍带有浓烈封建色彩之民事主体的必然结果。但在今天,这种区分是否仍有其合理性,却不无疑问。

按照传统理论,区分商事和民事的关键点在于商行为这一标准。但当今世界已普遍认为,商事(更准确地说是经济)支配着我们生活的基本方面,民事行为和商事行为的界线已变得模糊不清,民法中关于法律行为、债的规定完全可适用于商事领域。于是,界定的标准从客观标准(商行为)转向主观标准(以前以商人为标准,现在则以企业为标准)。这种新的立法导向,使得企业法成为当代商法的核心。我们不得不承认,在现代社会,企业已在市场中取得中心地位。从此种意义上说,纯粹的商事领域是存在的,该领域属于企业法规调整的范围。

另一方面,虽然商事(或从更广泛的意义上说是经济)支配着人类生活的主要方面,但幸运的是,人类还有其更为重要的生活领域。尽管人法或家庭法在某些方面具有经济的内容,但这并不意味着以其尊严和基本权利为存在前提的人类能以经济标准被评价。所以,对全人类而言,也普遍存在着一个纯粹的民事领域:人法、家庭法和继承法。

然而,区分商法和民法之标准的转化,毕竟消除了商事范围内的法律行为和民事法律行为之间的区别,民法典中法律行为编、债或合同编的规范已大多可适用于商事领域。这样,民法和商法在一定范围内的统一就有了理论和实践上的基础。

事实上,1984年的民法典已经朝着统一的方向迈出了实质性的一步。该法典第2112条将商事性质的买卖、互易、消费借贷、寄托、保证

---

① 本部分参考文献为：Lourdes Flores Nano, *La Reforma del Derecho Privado: la Unificación de las Obligaciones Civiles y Mercantiles*, en Reforma del Código Civil Peruano; Jorge Muñiz Ziches, op. cit.

等合同从商法典中调入民法典中,而质押、行纪、运输合同、保险合同和交互计算合同,仍维持其商事合同的性质。此外,该法典还将一整套商事渊源的规定纳入其文本。其中最为重要的,就是第 1542 条关于在商事机构取得之物不得被要求返还的规定:在商店或向公众开放的场所取得的动产,如果受到出售人之发票或单据的保护,则不得被请求返还。

基于以上理由和事实,修典委员会要考虑的就不再是应否民商合一的问题,而是如何处理商法典。对此,秘鲁的主流观点认为,既然已对民事和商事采取主观的区分标准,那么就应将企业法视为商法的核心,即以一个新的一般企业法取代商法典,其目的在于使企业法成为调整所有企业之规程的一般性规范。正是因为这种理由,秘鲁第 26936 号法律的第 1 条授权委员会通过新的商法典或一个能取代它的法律制度。同时,委员会也被授权制定保险合同法和航空与海商法。这些法律一旦颁行,商法典也将退出历史舞台。

总之,委员会在民商合一方面的工作计划可以综合如下:

(1)废除商法典,以一般企业法取代之。

(2)巩固民法典,采用渊源于商法的规范,并全面推进债法的统一进程。这样,在一切债和合同的领域,如果欠缺特别规定,民法典就成为补充性规范。

(3)将某些已经成熟的典型合同(如融资租赁合同、居间合同)纳入民法典。但对某些现代有名合同,如特许经营合同等,在是否将其纳入民法典的问题上存在极大争议。一些学者认为,以民法典规范这些合同是适当的,但另有学者认为,与其以立法形式强行推行尚未得到充分发展的合同,毋宁倡导合同自由原则。修典委员会对此的态度是,非典型合同的继续存在,可使当事人对其事务享有广泛的意思自由,因此不宜以严格的规范将其类型化。

(4)从民事规范中消除一系列妨碍经济活动的、对合同自由进行限制的规定,例如,民法典中有禁止约定不得转让某一财产的规定,委员会决定删除之。

第二部分　改革的具体内容

一、对民法典序题的修改①

秘鲁现行民法典和意大利、大多数拉美国家的民法典一样，首先在第一编之前设置关于法律之一般规定的序题，它们往往被当做法律制度的核心，不仅仅适用于民法典，而且也对所有的法律有效。在该章中，最突出的修改体现在以下几个方面：

(1)法律的渊源得以明确。现行民法典在序题中并未就法律的渊源作出直接规定，它只是在第8条规定："法官不得因法律的欠缺或缺陷而拒绝司法。在此等情形下，法官应适用法的一般原则，尤其是秘鲁法中隐含的一般原则。"

修典委员会的成员认为，应该在序题增设第一条规定，对秘鲁法的渊源作出明确规定。首先，法律规范因其渊源于公共权力而具有普遍性和强制性。其次，在秘鲁，印第安人为主要居民，他们主要集中在土著的农村地区，其祖辈的习惯根本就未因几个世纪的西方教化而被改变。因此，习惯的效力来源于民众的认同，在其随时日而具有约束力时，就毫无疑问地成为不能也不应被忽略的法律规则。当然，习惯只是第二位的法律渊源。并且，习惯要成为法的渊源，应该有一个被民众普遍认同而具有约束力的过程，那些不良的或非法的习惯，不应该被认为是法的渊源。再次，序题中新增的第一条将法的一般原则也列为法律的渊源，它承认三种具有规范价值的原则：规范体系中明示的原则(如平等原则)；从某一规范或规范群中推导出的默示原则，这是法律适用者之解释工作的产物，其功能在于补充法律的漏洞；由宪法材料或某一道德、政治哲学构成的体系外原则。最后，判决也被确认为具有重大意义的法律渊源。秘鲁的法学家认为，既然法官事实上不得拒绝判决，那么，在此种意义上，可以说法律是没有漏洞的。为

---

① 本部分参考文献为：Juan Guillermo Lohmann Luca de Tena, *Reforma del Título Preliminar del Código Civil*, en *Reforma del Código Civil Peruano*.

此,秘鲁的司法机关组织法明确规定已构成统一判例的判决具有强行力,从而确立了遵循先例的原则。

修正案中序题的另一个成就是确定了学理在民法渊源中所处的地位。在20世纪,法学家们极其尊重法律文本,有迹象表明,他们教授的不是民法,而是拿破仑法典。作为对这种注释法学派的回应,后来出现了自由的科学解释法学派,该学派也极大地影响了秘鲁学者。自1984年民法典施行后,秘鲁学者针对该法典作出了各种解释和批评。这些学说在法律的适用过程中起到引导作用,由此在事实上以学说推动了民法典随着社会条件的改变而被得到正确的理解。为此,修典委员会在序题增设第二条规定,明确了学理虽然不是法律的渊源,但它应发挥其对判决理由的指导性功能。

(2)关于法律的废除或变更。序题中拟修改的条文规定,法律的废除或变更,只能通过明示宣告、新旧法律规范之间的不兼容性或原法律规范完全被新法律规范所包容的方式进行。该条文的新颖之处在于,某一规范的废除,并不使原来已被废除或修改的规范重新生效。

(3)关于善意(buena fe)。1984年的民法典并未将善意上升到民法的一般原则的地位。修正案序题第五条规定,权利和义务应被善意地行使和履行(诚信原则)。此处的善意,可以依其主观的或客观的意义进行理解。在主观意义上,善意涉及的是人的意图或其在行为时的信念。例如,当非法占有人因不知或错误而相信其占有合法时,他就是善意的。在客观意义上,善意是根据私人的行为来判断的。一般认为,在某一行为符合"诚信的"(recto y honesto)这一要求时,它就是善意的。在此意义上,善意被称为"法律标准",即在社会上被普遍视为典范的行为标准。

和其他有同样规定的民法典一样,该条也未就违反善意的情形设定处理性规范。按照修改者的解释,在此情形下,受害人享有被称为"诈欺抗辩"(exceptio doli)的救济手段,他可以据此削弱、排斥或阻止权利人或义务人的企图。

(4)权利不得滥用和权利失效原则的确立。修正案中序题第六条和第七条事实上确立了权利失效和权利不得滥用原则。

①权利失效原则。① 序题中新增的第六条规定,如果某一主体有正当理由合理地相信另一主体不会行使和其先前行为相矛盾的权利,则后者对该权利的利用是非法的。此条之创设理由建立在诚信原则之上。

②权利不得滥用原则。权利的滥用(abuso del derecho),是指某一行为虽然未超过主观权利的界限,但它已通过权利的行使或不行使而违反某种体现社会共同价值的普遍法律义务,因此具有反社会性。这种非法行为不属于民事责任规制的范畴,因为"反社会性"只是"不规则的"或"不正常的",换言之,它违反的是抽象的社会道德,而不是具体的法律义务。秘鲁学者认为,权利人行使权利时,如果明显超出善意的界限,以至于权利的行使违背相应法律得以构建的制度性目的和社会功能,就不应受到法律的保护。因此,1992年12月11日公布的第25940号法律对法典序题的第二条作出修改,明确规定法律不保护权利的滥用性行使或不行使。新的修正案在序题的第七条沿袭了该条文。

在发生权利的滥用时,该条文规定,利害关系人在要求赔偿或有其他主张时,可以请求采取适当的防范措施,以临时性地避免或消除滥用行为。对此,法官的任务就是根据自己的看法来判断是否以及何时出现了滥用行为,并决定采取何种措施是适当的。由此可见,该条规定属于授权性规范。

(5)关于对法律的诈害(fraude a la ley)。按照修正案中序题第九条的规定,如果某人实施的行为是意图利用另一具有不同目的的规范,来达到违反某一规范的目的,则构成对法律的诈害。在本条规则确立之前,秘鲁学理和判例为制止此类隐蔽性的违法行为,通常须借助关于诈欺、对债权人的诈害(债权人据此取得撤销权)、隐藏行为和权利滥用的规定。但是,对法律的诈害毕竟不同于这些不适法行为,因为,为了规制诈害法律而建立的规范所要保护的是作为一个整体的法律制度,它并不侧重于对某一方当事人利益的保护。正是基于这一理由,该条规定诈害法律的行为无效,并且它规定被意图规避的法律

---

① 秘鲁民法典修正案中并未使用"权利失效"一词。笔者在此借用了日本和我国台湾地区学者所用的概念。参见王泽鉴:《权利失效》,载《民法学说与判例研究》(第1册),中国政法大学出版社1998年版。

规范应得到适用。

（6）关于法律的解释。1984年民法典序题第四条规定,确定例外情形或限制权利的法律,不能通过类推的形式被适用。修正案第四条更是对此严加限定。依其规定,规定一般规则之例外情形的法律规范,以及限制权利或规定制裁的法律规范,应严格适用于此等规范所规定的情形,不得对其进行扩张解释或类推适用。该规定事实上是要求解释者应考虑法律文本的字面含义,并参酌其中包含的目的,而不得擅离文义进行随意的主观解释。

二、对人法编的修改①

秘鲁1984年的民法典第一编为人法。该法典在世界范围内都被认为是一部立法技术优良的法典,其中尤以人法编备受赞颂。在1985年由秘鲁大学组织的"秘鲁民法典和拉丁美洲法律制度"国际会议上,外国学者(尤其是意大利学者)认为,"秘鲁民法典是世界上最好的民法典,其中尤为突出的是人法部分"②。法典的新颖性极大地震动了以欧洲为主的法学家,他们很难想象秘鲁民法典出自一个发展中国家的本国法学家之手。

撇开该法典的技术和体系特点不论,1984年的民法典最卓越的贡献在于,它在许多规定中体现了权利的人文主义和社会连带观念。在该法典里,许多制度中隐含着人文思想,它试图超越以无限的唯物主义(实利主义)为标志的各国民法典。在此意义上,可以说秘鲁民法典以人本主义为其基础观念,是第一部摆脱法国民法典及其他所有以个人和财产为主导理念的民法典之影响的法典。换言之,在其他所有法典中,"拥有"(to have)在位阶上高于"存在"(to be),即财产权被界定为人本身权利之上的"绝对的、神圣不可侵犯的"权利,对其保护优于

---

① 本部分的参考文献为:Carlos Fernández Sessarego, *Breves Comentarios sobre las Enmiendas Propuestas al Libro Primero del Código Civil sobre el Derecho del Concebido y de las Personas Naturales*;Javier de Belaunde López de Romaña, *Reforma del Código Civil y las Personas Jurídicas*, en *Reforma del Código Civil Peruano*.

② Véase José LEON BARANDIARAN, *Presentación a la séptima edición del libro Derecho de las Personas. Exposición de Motivos y Comentarios al Libro Primero del Código Civil peruano*, del autor de este ensayo, Edit. Grijley, Lima, 1998, p.5.

对人本身的保护,而秘鲁民法典正好相反。

基于以上观念,秘鲁民法典至少在人法编进行了一次革命。

首先,该法典采用"权利主体"的概念,对"人"和"权利主体"两个概念进行了有效区分①,从而很好地吸收了一种新的分类方法。在此基础上,法典在立法史上第一次将"胎儿"和"未经登记的组织体"②纳入权利主体的范围,突破了此前各国民法典仅将自然人和法人视为权利主体的窠臼。其中,"未经登记的组织体"和法人的组织形式一样,也包括社团、财团和委员会。③

其次,1984年的民法典在"人格权"一章规定,生命权、身体完整权、自由权、名誉权及其他由人所固有的权利不可抛弃,也不得成为转让的客体(《秘鲁民法典》第5条);对身体本身的处分行为,以不对身体的完整造成永久损害或不违背公序良俗为条件;人体器官的捐献,以不严重损害身体健康或不减损捐献人的寿命为限。此外,该章以及"姓名"一章,还对个人或家庭的隐私权、个人的肖像权和声音权、姓名权等作出了具体而详尽的规定。为使这些权利得到切实保护,《秘鲁民法典》第17条以一般性条款对人格进行一体保护:该章规定的任何人格权被侵犯时,受害人或其继承人均享有请求停止损害之诉权(此外尚可根据债法的有关规定请求损害赔偿);侵犯人格权的责任是连带的。

1984年民法典在人法编取得的成就,是秘鲁民法典在世界法典编纂史上独树一帜的主要标志。因此,秘鲁学者认为,对该编的修改,不应使人以为该编已经过时,或存在大量漏洞需要立法补充。修改委员会的任务,应该是:①根据具体的情况,使某些规范更具可操作性,例如对胎儿的法律待遇;②修正法典施行期间所发现的错误;③根据法律制度的最新发展丰富某些条文,例如完善关于基本人格权和隐私权

---

① 意大利罗马大学教授 Pietro Rescigno 对此评价说:"在技术领域,秘鲁民法典从术语开始,顺应了在意大利学理上日益扩散的一种潮流,即以'权利主体'的概念取代诸如人格和资格之类的陈旧用语。"Véase Comentarios al Libro de Derecho de las Personas, en El Código Civil peruano y el sistema jurídico latinoamericano, Cultural Cuzco, Lima, p.234.

② 《秘鲁民法典》第77条规定,除特别法另有规定外,法人的生存自其在相应的登记簿上被登记之时起开始。所以,此处的所谓"未经登记的组织体"不是法人。

③ 《秘鲁民法典》中的委员会和《意大利民法典》中的委员会有着同样的性质。因此,可就这一问题参见《意大利民法典》第39条至第42条的规定。

的规定;如此等等。综合起来,人法编的修改主要集中在以下两大方面:

(一)对自然人部分的修改

1. 可操作性方面的修正:对胎儿的法律待遇

《秘鲁民法典》第1条①规定:人自其出生之时起成为权利主体;人之生命开始于受孕;胎儿就一切对其有利之事而言,为权利主体;财产权的取得以其活着出生为条件。此条文为该法典最先进的规定,在世界范围内引起广泛的注意。然而,该规定在法典施行过程中却被发现,对法律的运用者来说,不易对其条文作出正确解释。这些运用者,主要是指对这种制度缺乏经验或对其最新发展不甚了解的人。例如,这些人往往受到拟制理论的影响,根据第1条中"(胎儿)财产权的取得以其活着出生为条件"这一规定,错误地认为该条件是指"停止条件"。事实上,胎儿在法典中已被确认为权利主体,只是其权利的行使要"悬止"到其活着出生之时。因此,胎儿显然是现实地享有其一切权利的权利主体,而无须等到其活着出生之时。在这种意义上,与其说第1条规定的是"停止条件",毋宁说是"解除条件",即胎儿如果不是活着出生,则其权利归于消灭。

从立法技术方面看,该法典第1条中"胎儿就一切对其有利之事而言"的表述是多余的。因为胎儿既为权利主体,自然具备享有一切民事权利的资格。

基于以上理由,民法典修正案第1条规定,人的生命开始于受孕;胎儿为权利主体;胎儿现实地享有其一切权利。此外,该条第2款为了区分胎儿不同性质的权利的消灭,明确了其人格权在胎儿死亡时消灭,而其财产权则自胎儿死亡时起,由原来的权利人或其继承人取得。

2. 对传统错误的克服:取得权利的能力不允许例外

传统理论错误地认为取得权利的能力可以由法律规定其例外。《秘鲁民法典》受到这一理论的影响,在其第3条规定:除非法律明示规定了例外,所有的人均可享有民事权利。显然,法典并未有效区分"取得权利的能力"和"行使权利的能力"这两个概念。对权利的享有

---

① 《秘鲁民法典》中对其条文采用两种排序方法:序题中的序数采用罗马数字表达;从第一编开始则以阿拉伯数字对全部条文重新排序。为区别序题和后面编章中重叠的条文顺序,本文以中文大写数字代表该法典序题中的条文数字。

是人与生俱有的,取得权利的能力和自由一样,不允许受到任何削减、限制或存在例外,它只是在人死亡时归于消灭。只有行使权利的能力才允许存在例外。换言之,尽管法律不得限制所有的人作为人而对一切权利的享有资格,但它完全可对行使此等权利的能力加以限制。例如,关于外国人不得在内国取得土地之所有权的规定,事实上是对行使权利之能力的限制,而不是对取得权利之能力的限制,因为他保留着在将来某一时刻取得该权利的资格。例如,在限制其作为所有权人而行使其权利的法律规定在以后被废除时,他就可以取得行使权利的能力。这说明了他从来就未丧失过其取得权利的能力。因此,修改后的条文规定:所有的人可享有人所固有的权利,但法律明示地限制其行使的除外。首先,该条文明确了取得权利的能力是"人所固有的",这对所有的人都没有例外;其次,该条文明示规定行使权利的能力才是唯一允许存在例外的。

3. 对人格权内容的丰富:个人身份权(derecho a la identidad personal)和健康权的嵌入

修正案在第4条(对现行《秘鲁民法典》第5条的修改)增加了两种新型的人格权:个人身份权和健康权。此处所谓的个人身份,是指某人在社会中个性化的标志和特征的总和,亦即使每个人"是他自己"而非"他人"的特征总和。它分为静态的身份和动态的身份。个人身份权不同于其他诸如姓名权、隐私权、名誉权或著作权之类的相似权利类型,它广泛地涉及性别的认定及其他身份认定问题,可以被认为是一种一般性的人格权。这种权利是最新的一种人格权,它在葡萄牙宪法、秘鲁1993年的宪法以及阿根廷布宜诺斯艾利斯市的宪法中都得到了规定。修正案之所以将其纳入民法典,主要是为了使宪法的规定具体化。

1993年的《秘鲁宪法》第2条第1款还确定了获得福利的权利,这种权利包括健康权及其他诸如获得体面住房、可靠工作职位、适当报酬的权利,其中健康权是核心权利。由于健康权是在其最广泛的意义上被理解的,也就是说,它是一种整体的获得福利的权利,所以其内容不仅仅包括对健康的支配权,同时也包括在健康方面获得社会福利的权利。

4. 对科学发展带来的问题的调整

现代科学的发展,使民事立法面临着一场挑战。一方面,必须保护人类不受来自科学发展的侵害;另一方面,科学研究及其给人类健康带来的利益这两方面的正常发展又不能受到阻碍。为此,修典委员会在民法典中增加了两条新的规定,即第5条和第5a条。

修正案第5条对两种需要得到法律保护的状况作了一般性规定。该条第1款规定,任何人都不应侵犯人的纯正性。这样,就禁止了一切意图创造混种或其他任何怪物的行为。该条第2款保护的是人的基因,即除非是以防止、减少或消除严重疾病为目的,该款禁止为了其他任何目的而改变人的基因。同样,诸如无性繁殖(非自然繁殖)、人种和性别的选择、身体或人种特征的改变之类的遗传制造手段,也是被禁止的。

第5a条对三种情况进行了规制:(1)人体胚胎,其细胞、组织或器官,不得被转让、制造或损坏,但对死胎之器官或组织的移植却是允许的;(2)只能是为了生育的目的,才能对卵子进行人工授精;(3)借他人进行生育或传宗接代的协议是不可执行的。

除此之外,修正案第6条将将人的身体、器官、组织、细胞、其产品以及基因不得进入商业流通领域这一原则纳入原第6条的条文中。因此,该条明确规定他们不是财产权或专利权的客体,且对其转让或利用是无偿的。显然,其中否定了人格的物化之理论倾向。

5. 其他方面的修改

其他方面的改革主要是充实和完善现行民法典的有关规定,如对个人和家庭之隐私权的具体化、对侵犯人格权之救济手段的完善;另一些修改涉及对怀孕和分娩的承认、姓名权、住所、死亡和推定死亡等制度,但由于这些修改的意义相对较小,故不赘述。

(二)对法人制度和未经登记的组织体的制度所作的修改

秘鲁现行民法典之人法编将法人和未经登记的组织体设为第二部分,以示其和自然人的区别。修典委员会在这方面的工作主要有两个:拾遗补漏和整理民法典颁行后部分被修改的制度。

1. 关于总则部分的修改

(1)法人的创设。现行《秘鲁民法典》在第76条第1款和第2款分别规定了私法性质的法人和公法性质的法人。修典委员会在这方面只是明确了后者应由其特别法调整,民法典的有关规定仅为补充规范。此外，修正案对公法性质之法人的创设采取特许设立主义，规定此等法人应通过法律或具有法律效力的规范来设立。

按照现行《秘鲁民法典》第 77 条的规定，私法性质的法人，自其在相应的登记簿上被登记之日起开始存在。那么，对于法人登记之前以其名义成立的行为和合同，又应作何处理呢？有趣的是，1936 年的民法典编纂者早已忧虑到这种情形。按照该法典的规定，法人一经登记，其登记的效果就溯及至登记之前成立的行为和合同。但现行民法典对此作出了修改，规定：为使上述行为被看做是法人的行为，须由法人在登记之后的 3 个月内予以追认，否则应由行为人承担连带责任。然而，修典委员会认为，回到 1936 年民法典的立场上去更为合理。于是，修正案第 77 条规定，法人一经登记，在此之前以其名义成立的行为和合同即对法人生效；如未经登记，则由行为人对第三人承担无限连带责任。

(2) 关于法人的能力。1936 年的民法典对法人的能力沿用了目的限制的原则，但该原则并未在 1984 年通过的民法典的最终文本里出现。修典委员会认为不应回避这一问题，因此在第 78 条插入一款，规定法人为贯彻其社会宗旨，享有并可以承担不专属于自然人的权利和义务。实质上，这等于是说法人的能力仅受其自然性质的限制，它和法人之社会目的的关系并不明显。

(3) 关于法人人格的否认。现行《秘鲁民法典》第 78 条明确承认法人和其成员是不同的权利主体。这一原则虽然是法人制度的最大优点，但它也可能被法人利用作为诈害法律和从事非法活动的工具。因此，在一些国家已出现诸如"揭开法人面纱""否认法人人格"的理论和判例。在秘鲁，虽然尚未出现此类判例，但其在立法上已通过禁止对法律的诈害，默示地规定了特定情况下可否认法人的人格。修典委员会此次更是在第 78 条增加最后一款，授权法官在法人对其人格进行滥用或诈害性利用时，可以否认其人格区别于其成员的人格。

(4) 关于法人的名称。为丰富法人制度中的一般规定，修典委员会增设第 78a 条，对法人的名称作出了以下规定：除非已被证明业经授权，任何公法性质或私法性质的法人，都不得采用和先前存在的法人同样的或类似的名称；也不得采用在法人种类上导致错误的任何表述，或采用包含驰名商标或商号、公共组织或机构之名号以及其他受法律保护的名称在内的名称。

(5)关于法人的民事责任。传统理论认为,在法人和其管理人员之间存在一种代理关系。于是,对于法人的责任,可在逻辑上得出如下结论:只有管理人员在委任范围内实施的行为,才对法人具有约束力。在现代民法中,法人有机体说以其合理而现实的方式,解决了这一问题:法人的代表人和管理人员是其机体,他们实施的行为应被看做是法人自身的行为。

在秘鲁,1936年和1984年的民法典都未就此作出规定。司法实践中只是借助1936年《秘鲁民法典》第1144条和现行《秘鲁民法典》第1981条关于本人(principal)对雇员所致损害应承担责任的规定,得出法人应对其代表人在执行职务过程中产生的损害承担责任的结论。为有效地解决这一问题,修典委员会增设第78c条,一方面规定法人应就其成员对第三人造成的损害承担民事责任,另一方面又明确法人的代表人应就其可能对法人造成的损害承担责任。

(6)赢利性法人和非赢利性法人。现行民法典虽未对赢利性法人和非赢利性法人作出区分,但秘鲁学者曾普遍以是否以赢利为目的作为其区分标准。这种区分标准在实务中产生了不良后果,因为,这样就以非赢利性法人的所谓非赢利性目的,限制了此类法人为解决其社会宗旨而开展正常的经济活动。

修典委员会吸收外国新的理论,认为法人的赢利性和非赢利性主要取决于法人和其成员的关系。在赢利性法人中,其成员追求共同的发展目标并谋求利润,其最终目的是为了在成员之间分配红利。在非赢利性法人中,并非法人不得赢利,只不过其利润不得在其成员之间进行分配。因此,修正案中增加了第78f条的规定,矫正了两种法人的区分标准。

(7)关于法人的合并。现行民法典并未对法人的合并作出一般性规定,而公司法中也只有关于公司合并的特别规范。因此,实务中已产生误解,以为法人的合并只能在公司法人之间或法律特别规定的法人之间发生。为澄清这一问题,修典委员会在第78e条规定,两个或两个以上的法人只要属于同一类型,即可进行合并;倘若两个法人性质相同但不属同一类型,例如一个为非赢利性的社团法人,另一个为非赢利性的财团法人,则在其合并前,需事先将其中之一转型。此外,该条最后一款还对法人的分立作出了规定。

（8）关于法人的解散。法人的生命不可能突然停止，其终止必须经过一个过程。因此，有必要区分解散（disolución）、清算（liquidación）和消灭（extinción）。其中，解散相当于法人法律关系终止的开始，其目的是使一切旨在便利清算的行为得以实施，从而使法人最终归于消灭。所以，在发生解散时，法人的人格在清算的范围内仍然存在，但其权利能力的范围以清算为限。据此，新增的第78i条明确了法人终止的三个阶段（解散、清算和消灭）的法律效果。

2. 对现行法典中规定的各种类型的法人的完善

1984年民法典针对非赢利性法人，将其分为社团（asociación）、财团（fundación）和委员会（comité）三种类型。至于赢利性法人，他们已被规定在商事特别法中，法典中只有总则部分可以作为其补充性规范。因此，民法典修正案也只是针对这些类型的非赢利性法人作出了相应的修改。由于篇幅所限，本文不拟对这些琐碎的修改详加介绍。

三、对法律行为编的修改[①]

1984年的民法典继受德国民法典关于法律行为的理论，将其独立成编（第二编），但它并没有在人法、法律行为制度和诉讼时效制度的基础上构建总则。此外，法典摆脱了法国民法典的影响，将代理和委任作出了有效区分，从而将代理规定在法律行为一编中。显然，这是承认授权行为独立于基础法律关系的结果。

修典委员会对法律行为编最重要的修改主要是以下几个方面：

（1）对法律行为生效要件的修正。《秘鲁民法典》第140条将法律行为定义为"旨在设立、调整、变更或消灭法律关系的意思表示"。根据该概念，该条对法律行为的生效要件也作出了规定。秘鲁学者将其归纳为五个方面：①意思表示；②行为人的能力；③标的在物理上和法律上是可能的；④合法目的；⑤遵守规定的、不被采用即导致无效的形式。

---

① 本部分参考文献为：Fernando Vidal Ramírez, *Los Requisitos de Validez del Acto Jurídico*, en *Reforma del Código Civil Peruano*；Jorge Muñiz Ziches, op. cit.

修正案针对这五个要件分别作了修改。首先,它认为意思表示不是法律行为的生效要件。其次,它明确规定主体必须具备完全的行使权利的能力(法律规定的例外情形除外),从而有效地区分了享有权利的能力和行使权利的能力。同时,它也规定主体应能合法地实施法律行为,亦即他应当是有权处分人或有权代理人。再次,修典委员会认为,上述第三个要件只应适用于产生给予、作为或不作为之义务的法律关系。这种认识决定了给付(包括给予、作为和不作为)在物理上应该是可能的,并且所给予的财产以及作为或不作为应该是确定的。此外,修正案也以"可以合法交易"的表述取代了"法律上可能"的说法。最后,修正案对第四个和第五个要件中的某些用词作了修改。

(2)现行《秘鲁民法典》第141条是关于意思表示的规定,该条第1款规定了意思表示可以是明示的或默示的,但第2款又规定了在以下两种情况下不能采用默示的表示:法律要求明示表示的;行为人有保留或有相反声明的。修正案增加了几种根本不存在意思表示的情况:某人因暂时的原因丧失判断能力,此时他因欠缺表示之意图而仅在表面上存在意思表示;戏谑行为因欠缺内心意思而不构成为意思表示;基于身体胁迫(violencia física)①而作出的表示,由于完全欠缺内心意思,所以也不是意思表示。显然,最后一种情况修改了现行民法典的规定,认为胁迫不是意思表示的瑕疵问题,它属于欠缺意思表示的情形,这样,在修正案中,胁迫导致的是意思表示的不构成,而非法律行为的可被撤销。

(3)关于伪装的意思表示(simulación)。修典委员会认为,伪装的本质不是内心意思和表示意思的不一致,也不是表示之意思和隐藏行为的不一致,而是当事人各方表示的意图和其真正意图的不一致。因此,伪装的意思表示中不存在当事人的真实意图,它在当事人之间不应产生任何法律效果。

(4)关于导致意思表示之瑕疵的错误(error)。修典委员会认为,要将错误的概念界定为意思表示的瑕疵,须错误具有可确定性这一因素。有鉴于此,修正案将该因素增加为构成错误的第三个要件。此外,修正案精确地划分了错误的种类,区分了可能存在于意思形成中

---

① 该词是和精神胁迫(violencia moral)相对立的概念。

的错误和表示过程中的错误。

四、家庭编的改革①

1984年民法典家庭编的最大成就在于对事实结合(事实婚)的规制,并且法典也通过一系列措施实现了夫妻平等和所有子女一律平等的思想。然而,由于家庭本身的性质,家庭立法注定要受到诸如社会经济条件、科技发达程度以及扎根于一国的风俗和习惯等各种因素的影响。在这些因素发生变化时,家庭法的改革也就有其必要了。

正是因为家庭法之改革的复杂性,修典委员会到目前为止也未提交最后的修正案。从目前占有的资料来看,修改工作虽然也涉及许多单纯的技术性问题,但主要还是围绕所谓"家庭法的支柱"展开的。因此,在介绍《秘鲁民法典》家庭编的改革时,笔者也以这些基础观念为中心而展开。

(1)在家庭法中,强行性规范应占主导地位。因此,尽管意思自治原则仍然在婚姻、收养、子女认领等制度中有其一席之地,但它已受到公共利益和强行性规范的限制。基于这种观念,在秘鲁也存在着将家庭编从民法典中分离出去的思潮。

长期以来,家庭法一直就被认为是私法的组成部分,因为私法是调整人类活动的共同法,家庭的形成及其特征被包含在其中。然而,目前许多法学家认为,家庭是社会的基本细胞,国家虽然应尊重个人的意思自治,但也有义务借助公法性质的规范为家庭提供保护。因此,秘鲁许多学者认为,将家庭编分离出来,并把所有和家庭有关的规范,例如实体性规范、程序性规范、公法性规范、私法性规范,集中在一个法律体系(家庭法典)中,会具有极大的现实便利性。不过,大多数秘鲁学者还是认为,家庭法即使独立成典,也不会使其构成为公法的一部分,相反,它仍然属于私法的范畴。基于这种原因,修典委员会事实上并未认同分离家庭编的主张,而只是在民法典家庭编的框架内对其作出部分修改。

---

① 本部分的参考文献为:Max Arias-Schrei ber Pezet, *Reforma del Libro de Familia*, en *Reforma del Código Civil Peruano*;Jorge Muñiz Ziches, *op. cit.*

(2)家庭是社会的自然因子,因此它要求国家通过宪法、民法典和其他特别法给予恒久而慎重的关注。随着家庭观念的不断变化,法律也应作出适时的回应。

在这一方面,最突出的例子是事实婚问题。事实婚作为一个现实问题,不仅在秘鲁这样的发展中国家,而且在发达国家,都因婚姻观念的变化而呈上升趋势。但由于各国普遍采用形式婚主义,所以事实婚往往不能在法律上得到承认,因而也就逸出了法律调整的范围。

《秘鲁宪法》第5条规定,事实婚使结合者之间产生财产共有关系,并且在可适用的范围内准用关于夫妻收入财产共有制的规定。现行《秘鲁民法典》第326条对事实婚作出了类似的规定。值得注意的是,依该条第3款的规定,如果事实结合是因单方的决定而终止,则法官可依被遗弃者的选择,判给其一定数额的赔偿金或扶养费。但总的来说,《秘鲁宪法》和现行《秘鲁民法典》都不承认事实婚可在人身关系方面产生法律效果。

修典委员会认为,一方面,全面承认事实婚的效力会弱化婚姻制度,而《秘鲁宪法》第5条的规定也只是赋予事实婚在财产方面的限制性法律效果;但另一方面,如果不对事实婚这一在秘鲁占绝大比例的男女结合方式给予全方位的关注,也就是采取了一种不负责任的态度。因此,修典委员会建议在第234条关于婚姻的定义中增加第3款:一男一女为了达到与婚姻目的相同的目的,并承担与婚姻相同的义务,从而自愿形成并予维持的结合,在其中不存在结婚的障碍时,就构成了能产生法律规定之效果的事实家庭。它不仅赋予事实结合以财产关系上的法律效果,同时也承认其人身关系上的法律效果。此外,为使该规定具有可操作性,修典委员会还试图对事实婚的具体法律效果作出规定。①

(3)家庭制度以爱、性的结合、生育、援助和合作等自然需要作为其基础,宗教、道德伦理和习惯往往对其影响很大。但在这些观念发生冲突时,不同的法律制度采取了不同的态度,这反映了在不同的时期、不同的社会文化背景下,有关家庭的法律制度体现着不同的价值

---

① 关于事实婚的具体法律效果,许多国家都是通过判例法的形式加以发展的。参见吴天月、徐涤宇:《论身份的占有——在事实和法律之间》,载《法商研究》2000年第6期。

观念。这在婚姻制度方面表现得尤为明显。

在结婚制度上,秘鲁现行民法典已相当全面地接受婚姻自由、男女平等的观念。所以,修典委员会只是就繁琐的结婚程式以及一些残存的歧视性规定作出小范围的修改。首先,修典委员会建议根据不同地区的具体情况,简化结婚程式,并对婚姻的缔结采取免费的原则。其次,委员会建议删除一些带有宗教歧视性的规定。例如,《秘鲁民法典》第260条第2款规定,婚姻也可以在相应的市长授权的当地教区牧师或主教面前缔结。① 该规定显然是对其他宗教的歧视性规定(第268条也有类似规定),因此应作出修改。

修改工作的复杂性主要集中在离婚制度②上。长期以来,秘鲁的婚姻制度受到教会法的影响,存在着一种保护婚姻的态势,这些都反映在以前颁行的民法典对离婚所作的限制性规定中。例如,由于当时进行改革的法学家们反对离婚制度,所以1936年的民法典以改革不包括离婚制度在内的特定几编为限,而离婚问题仍然是由此前颁行的法律调整。1984年的民法典中也存在和先前民法典并无显著不同的分居制度(包括协议分居和有事由的分居)。其中,分居的事由可以作为判决离婚的事由,但这些事由是有限制的。因此,按照1984年民法典的规定,配偶一方为了离婚,可采用协议离婚的方式,也可利用《秘鲁民法典》第333条规定的事由诉请判决离婚。

在协议离婚中,出现的问题不会太多。但在一方反对离婚时,由于民法典只是非常有限地规定了10种可据以请求判决离婚的事由,而且这些事由都是以配偶一方有过错为前提,所以意图离婚的一方往往很难达到其目的,这实质上是一种认为婚姻应该是不可解除的观念在主导着立法者的思想。

不可否认的是,离婚不仅涉及夫妻关系的解除,而且也影响到夫妻和其卑血亲的关系,从而直接动摇家庭的稳定性和安全性。但智利著名法学家Carlos Cantero一针见血地指出,"我们都颂扬婚姻制度,我们都永远热爱婚姻,但残酷的现实表明感情的破裂是存在的"。因此,修典委员会认为,《秘鲁民法典》第333条应被修正,民法典中应承

---

① 依《秘鲁民法典》第259条的规定,婚姻主要应在当地市政府里缔结。
② 秘鲁民法典中的离婚制度也包含有关分居的规定。因此,在论述其离婚制度时,当然也包含分居制度。

认无过错人的离婚形式。换言之,只要存在婚姻已不可被修复的充足理由,则无须考虑是否存在有过错的一方,即可判决离婚。

但是,修典委员会的工作并未到此止步。在他们看来,离婚已从传统的"制裁"观念转向现代的"救济"观念。以爱和共建家园的美好愿望为起点的婚姻,在结合只不过是一场虚假的作戏时,就发生了蜕化。联结夫妻的支撑点既然已被损坏,法律对这种事实状态加以承认就不是对婚姻的破坏,而是正当地以现实来取代虚拟的状态。事实上,在秘鲁国会中,已出现过一些法律提案,认为在夫妻共同生活已确定地终止至少 5 年时,就应像西班牙 1981 年的一项法律(在葡萄牙、荷兰、瑞士、委内瑞拉等国有类似的规定)一样,承认事实离婚或曰单方离婚。这种做法已在修典委员会里得到广泛讨论,而目前关注的则不是是否接受该制度的问题,而是如何避免对事实离婚的滥用。为此,委员会认为应为事实离婚(或单方离婚)规定一些特定的条件。基于上述理由,修典委员会拟对第 335 条、第 345 条、第 354 条作出相应修改。①

(4)当今社会中,不仅男女之间,而且婚内子女和婚外子女之间,在法律上已是绝对平等。现行《秘鲁民法典》在这方面已迈出一大步,它分别在其第 234 条第 2 款和第 235 条第 2 款作出了原则性规定,并且其许多条文也体现了这一精神。但修典委员会仍然就此提出了一些加以完善的意见。例如,面对妇女在家庭中充当的特殊角色,委员会建议在该编第二章"配偶间的人身关系"中规定,专门从事家庭和子女之照顾工作的妇女,应有权要求其夫支付法律规定的报酬。再如,《秘鲁民法典》第 337 条规定,虐待、重大侮辱和丧廉耻的行为,由法官虑及配偶双方的教养、习惯和行为后加以评判。修典委员会认为这是一条歧视性的规定,它违反了夫妻平等的原则,应该予以废除。

在子女权利一律平等这一原则上,委员会首先建议采用已由秘鲁签署的一些国际条约中的规定,即所有的人都有权知晓其父亲并维护其家庭身份。可以说,这项原则是所有子女一律平等的基础。然而,在现实中,婚内子女和婚外子女之间的差别仍然是存在的,这尤其体

---

① 《秘鲁民法典》第 335 条规定,任何人都不得基于事实本身提出(分居)请求。这事实上是对事实分居和事实离婚的否定。修典委员会对该条增加了一个例外规定,即在夫妻共同生活已确定地终止一定期间后,可以认为存在事实分居(或事实离婚)。

现在父子关系的认定方面。例如,对于婚内子女,往往存在父子关系的推定①,而对婚外子女之亲子关系的认定,往往要借助认领和亲子关系的宣告等制度。显然,这些制度已受到现代科技和医学理论的质疑:一方面,虚假的、不合实际的推定很容易被现代生物学证明手段(如 DNA 鉴定、基因分析)推翻;另一方面,认领等制度置客观的生物联系于不顾,过分强调了父母的意志。因此,修典委员会认为,在亲子关系的认定方面,应抛弃原有的、以迹象和推定为基础的封闭性制度体系,代之以一个允许采用各种科学证明手段的开放性制度体系。

基于这种理念,修典委员会拟对亲子关系的认定进行全面的改造。首先,委员会建议采用如下一项原则:亲子关系可以基于自然原因或收养而发生,自然的亲子关系可以是婚内的或非婚内的。对于自然的亲子关系,应承认一切业经证实的科学证明手段(尤其是生物学上的证明手段)都可用做其认定基础。这样,现行《秘鲁民法典》第 361 条关于婚内子女之推定的规定就应得到修正。换言之,在两种情况下,该推定是不能适用的:①尽管子女是在第 361 条假设的情况中出生,但通过科学的生物学证据能推翻自然亲子关系之存在的;②科学地看,婚内受孕的胎儿完全可能在婚姻关系解散后 300 天之外出生。

与此密切相关的是,现行《秘鲁民法典》第 363 条、第 364 条、第 365 条和第 366 条规定也应被废除。因为,这些条文都是关于父子关系之否认的规定,而其中规定的夫可提起否认之诉的各种理由,如子女乃于婚姻成立后 180 天内出生,夫无生育能力,夫在子女出生前 360 天内的前 120 天中未与其妻同居,等等,都是不可靠的推测,不足以证明父子关系的不存在,并且其证明结果也完全可以通过生物学证明手段加以推翻。

此外,在对婚外子女的承认和司法宣告两项制度上,委员会也建议广泛运用现代生物学上的证明手段,以承认自然亲子关系在生物联系上的客观性,而不是过于突出父母意志在认定自然亲子关系方面的强势地位。例如,《秘鲁民法典》第 387 条规定:对父子关系或母子关

---

① 《秘鲁民法典》第 361 条规定:婚内出生的子女,或在夫妻关系解除后 300 天之内出生的子女,应认为夫为其父。

系的承认和宣告性判决,是婚外亲子关系的唯一证明手段。对此,修典委员会建议将任何基因分析方法添加为证明手段。再如,对于《秘鲁民法典》第402条的规定,委员会也有类似的修改建议。

(5)家庭是子女的第一所学校。就子女在今后教育中的发展而言,他们在家庭中的成长具有最重要的意义。修典委员会在这一问题上的看法非常简单。他们认为,《儿童和青少年法典》已对亲权和监护等问题考虑得非常周详,例如子女顺从父母的义务(只要父母的命令不违反法律且不损害子女的权利)、努力学习的义务、在尊血亲病老时予以照料的义务以及父母或监护人对子女或被监护人应尽的义务等,委员会的工作只是将这些规定整理到民法典中去。

(6)在秘鲁,家庭立法中应注意不同居民在种族、语言、习俗方面的差异,因地制宜地制定一些特别规范。但考虑到法律毕竟是施行于全国的,它不能兼顾有着如此复杂之背景的各种居民,因此,委员会认为,在法律明确提及家庭习惯或在法律未作任何规定的情形中,家庭习惯应成为法的渊源;如果习惯最为平衡地满足家庭利益,法官可在例外情形根据家庭习惯法作出判决。

五、继承编的改革[①]

1984年民法典的继承编维持1936年的原则和体系,除了废除特留份中的追加份额和为生存配偶增加新的权利外,几乎未对其作出改变。

本编改革所追求的目标是使继承法现代化、赋予遗嘱人更大的权限、吸收一些新的制度或对现行继承制度中的某些制度加以完善和阐明。以下几方面为该编的主要修改内容:

(1)在继承人的责任上,修正案限制了"超过遗产负荷力的"(ultra vires hereditatis)责任[②],建立了真正的"在遗产负荷力范围内

[①] 本部分的参考文献为:Augusto Ferrero Costa, *Propuesta de Reforma de Algunos Artículos del Libro de Sucesiones del Código Civil, con su Correspondiente Exposición de Motivos*, en *Reforma del Código Civil Peruano*; Jorge Muñiz Ziches, *op. cit.*

[②] 关于此种责任,参见〔意〕彼德罗·彭梵得:《罗马法教科书》,黄风译,中国政法大学出版社1992年版,第440页。

的"(intra vires hereditatis)责任。按照现行《秘鲁民法典》第661条的规定,继承人仅在所继承财产的范围内对继承的债务和负担承担责任。但在第662条中,法典事实上又将"超过遗产负荷力的"责任作为例外而规定下来,因为按照该条规定,继承人诈欺性地隐匿遗产者,或者虚构债务、恶意处分被继承人遗留的财产,从而损害遗产债权人的权利者,就丧失第661条赋予的利益。换言之,在上述两种情况下,该继承人不得援引第661条的规定,主张仅在所继承财产的范围内对遗产债务和负担承担责任,他实际上已承担一种无限责任,即在所继承的财产不足以清偿此等债务和负担时,他还必须以其自己的财产全部清偿遗产债务和负担。

显然,该制度使继承人转化为强制性的继承人,也就是说,他已丧失放弃继承的权利,因为他已不能从继承程序中抽身退出。此外,在这种情形中,继承也已变成有代价的继承,继承人不但得不到任何财产,反而要使其自己的财产受损。可以说,诈欺性继承人承担的这种责任有其合理性的一面,但要他以自己的财产对全部的不能以遗产清偿的遗产债务和负担承担责任,又未免过于苛刻。因此,修典委员会对第662条作出修改,规定此种情形下的继承人仅按其遗产份额的比例,对超过遗产价值范围的遗产债务部分承担责任。

(2)现行《秘鲁民法典》第725条和第726条分别规定:有子女、其他直系卑血亲或配偶者,可自由处分其财产的1/3;只有父母或其他直系尊血亲者,可自由处分其财产的一半。修典委员会认为,这是对遗嘱人意思自治和自由支配其财产的过分限制,因此建议将此等可自由处分的财产份额分别修改为一半和2/3。

(3)对某些条文进行技术性修改或加以完善和阐明。此类修改多而琐碎,主要涉及的是以下三个方面:①基于体系的考虑所作的修改。此项工作主要是按照体系的要求,协调继承法编和其他数编中有冲突或不相衔接的规定。例如,《秘鲁民法典》第689条规定,关于法律行为之负荷(modalidades)的一般性规定,可适用于遗嘱处分;违反法律强行性规范的条件和负担,视为未被设定。修典委员会认为,遗嘱本来就是法律行为的一种,因此,该条规定过于狭窄,应被修改为:关于法律行为的规定,除和遗嘱的性质不相容者外,均可适用于遗嘱。②对概念性错误的纠正。由于《秘鲁民法典》主要是参考《西班牙民法典》《法国民法典》和《德国民法典》制定的,所以存在着一些前后矛盾的概念性错误。例如,《秘鲁民法典》第 674 条规定,自由管理其财产的人,可放弃继承和遗赠。这条规定来源于《西班牙民法典》第 992 条,但其中所谓的"自由管理其财产的人",容易使人将其和特留份、可自由处分的财产份额联系起来,从而使人误以为只有那些没有特留份继承人的人,才能放弃继承。有鉴于此,修典委员会拟将该条改为:有行为能力者,可亲自或通过其委托代理人放弃继承和遗赠;无行为能力的人,可通过其法定代理人放弃继承和遗赠。③对某些规定加以完善和补充。

六、物权编的修改①

《秘鲁民法典》物权编由总则、财产、主物权(含占有、所有权、共有、用益权、使用权和居住权、地上权、地役权②)和担保物权(含质权、不动产质权、抵押权、留置权)四大部分构成。其改革以前三部分为对象,不包括对担保物权的修改。其中,比较重要的改革体现在以下几个方面:

(一)对财产的新分类

表面上看,对财产进行分类似乎主要是取得教义上的效果,其中并无实质性意义。但事实并非如此,因为分类决定着不同财产之所有权的移转、担保物权的设定、所有权的证明以及在各种财产上设立的权利的性质问题。因此,分类标准的不同,也往往决定各国物权制度设计上的差异。

受法国法系各民法典的影响,秘鲁 1936 年和 1984 年的民法典都未有效区分物和财产的概念,因而其所谓的物权,并非仅以有体财产为其客体。③ 在对财产分类时,其最主要的分类是动产和不动产的两分法。这种分类针对的是所有财产,也就是说,不仅有体财产,而且无

---

① 本部分参考文献为:Jorge Avendaño Valdez, *Las Modificaciones del Libro de los Derechos Reales*, en *Reforma del Código Civil Peruano*.

② 《秘鲁民法典》将用益权、使用权和居住权、地上权、地役权视为主物权,其原因应在于它深受法国法的影响,把此等物权作为所有权的派生权利对待。

③ 但《秘鲁民法典》第 884 条规定,无体财产权(指知识产权)由其特别法调整。

体财产,都可以被分为动产和不动产。修正案并不打算取消这种分类,但委员会已认识到将无体财产区分为动产和不动产是错误的,因此,他们只是将这种分类限制在有体财产的划分上。

不过,委员会主要的目标却是要对财产设立一个新的分类标准,即以财产是否在登记簿上得到登记为标准,将其区分为已被登记的财产和未被登记的财产。实际上,这种分类在制定1936年的民法典时就已经被论证过。尽管当时的学术界极力赞成此种分类方法,但它最终未得到法典审议委员会的认可。此后,1984年的民法典在某些规范中显然采用了可登记性这一分类标准,然而它毕竟没有明确将财产分为已被登记的财产和未被登记的财产。在这次的物权编改革工作中,委员会已就这种新的分类标准达成共识,一致认为这对物权的变动、担保物权以及登记制度的科学设计,将大有裨益。

(二)物权的设立、变更或消灭

将财产区分为已被登记的财产和未被登记的财产,其直接意义涉及物权变动的立法模式。就已被登记的财产而言,一切设于其上的物权,在被移转、变更或消灭时,都要求在相应的登记簿上进行登记。因此,已被登记的房屋、汽车或公司股权的出售,都须被登记。登记的欠缺将导致出售的未发生。这样,登记就有了创设物权的效果。

在涉及未被登记的财产时,一切物权的设立、变更或消灭都要求有交付的存在,即交付是在此等财产上设定的物权的变动要件。因此,在出售未被登记的房屋、就画廊设定的用益权或就珠宝设定的质权时,交付是必不可少的。事实上,现行《秘鲁民法典》第947条已经规定,除法律另有规定外,动产所有权的移转随交付而实现。修正案只不过将这一要件扩展适用于所有的物权变动情形。并且,需注意的是,修正案中的所谓未被登记的财产,和该财产是不动产还是动产根本无关。

与此相关的是,委员会建议区分权源(título)和方式(modo)。前者是作为法律原因的合同,后者则为导致物权产生或消灭的事实。就已被登记的财产的变动来说,方式是登记,而就未被登记的财产的变动而言,方式是交付。

采用新的财产分类标准的另一个后果是修改善意取得制度。按照《秘鲁民法典》第948条的规定,善意取得应适用于动产所有权的取得。修典委员会认为,一方面应将该制度扩大适用于所有物权的取得,另一方面又要将该规则的适用限制在未被登记的动产范围之内。

(三)对占有制度的修改

1. 以非法占有(posesión ilegítima)的概念取代容假占有(posesión precaria)的概念

现行《秘鲁民法典》第911条使用了容假占有而非非法占有之概念。所谓容假占有,是指无权源或权源已失效的占有。显然,容假占有不包括无权利的占有。因为,赋予占有人以权利的权源(título)如果是由无权利之人作成,则该占有虽然是有权源的占有,但该权源对取得人来说显然是非法的。为弥补这一缺陷,修典委员会决定采用非法占有的概念,以将无权源的占有、权源已失效的占有以及无权利的占有都纳入法典的调整范围。

2. 对占有增加了新的推定规则

修正案保留了现行民法典中规定的各种关于占有效力的推定规则,同时又增加了一项新的推定规则,即除非有相反证据,推定其权利已被登记的所有人为占有人。这样,占有制度中就存在着反映正反两面的两个推定:一方面,将占有人推定为所有人;另一方面,又将权利已被登记的所有人推定为占有人。该规则的意义和所有权的证明密切相关。在传统理论中,为了证明不动产所有权,须求助于所谓的"对各个权源的调查",即确定在取得时效期间内发生的各个移转行为的有效性,以便现在的权利享有人可以将其前手的占有期间计入自己的占有,并因此以"时效取得"作为其权利的证明。然而,为以这种方式利用取得时效,就必须证明现在的所有人和其前手一直是同一财产的占有人。① 这种证明方式往往是极为困难的。由于这一缘故,同时也因为所有人往往也就是占有人,所以修正案中增加了这一导致举证责任倒置的推定规则。

(四)关于所有权的永久性

现行民法典在这一问题上出现了两个矛盾的规定。一方面,《秘鲁民法典》第927条规定请求返还所有物的诉权不受时效的约束,这

---

① 关于所有权的证明,可参见尹田:《法国物权法》,法律出版社1998年版,第248页以下。

等于是说所有权不因单纯的不行使而消灭,换言之,它承认了所有权的永久性。但在另一方面,《秘鲁民法典》第 968 条第 4 款又规定,不动产的所有权因 20 年不行使而消灭。此种情形下,该财产就移归国家所有。

那么,是应该明白地、毫不含糊地确认所有权的永久性,还是针对特定种类的财产规定所有权因不行使而消灭呢? 修典委员会内部在这一问题上发生过激烈争论,但最终还是第一种观点获得胜利。因此,修正案也就废除了第 968 条第 4 款的规定。

七、对合同总则的修改①

《秘鲁民法典》第六编是关于债的一般规定,而第七编的标题则为"债的发生根据"。第七编共分为六大部分,其中第一部分和第二部分分别为"合同总则"和"有名合同(相当于合同分则)",后面四大部分则就债的其他发生根据(无因管理、不当得利、单方允诺和非合同责任)作出规定。修典委员会认为,第六编基本无须作出修改,而第七编的修改也集中在合同总则部分。

当时起草合同总则部分的秘鲁法学家 Max Arias-Schreiber Pezet 深受 1942 年《意大利民法典》第四编第二章的启发,其许多规则直接渊源于该法典,如非常损失(lesión)、给付负担过重、指名合同等。可以说,意大利的学说构成了《秘鲁民法典》之合同总则的理论基础,并由此成为秘鲁学者研究合同理论的基本素材。但在《秘鲁民法典》施行的十几年时间里,由秘鲁的现实状况引发了合同总则的一些适用问题,而这些问题在意大利却是未曾发生过的。因此,修典委员会认为,为使合同总则部分的规定和秘鲁的现实情况相适应,必须对其进行改革。概括起来,修改工作是在以下诸方面展开的:

1. 消灭了一些不必要的概念重复

由于 1984 年民法典的法律行为编和债的发生根据编乃由不同的人起草,所以在定义法律行为和合同时存在不必要的重复。为避免概

---

① 本部分的参考文献为:Manuel de la Puente y Lavalle, *Contratos en General*: *Motivación de Propuestas*, en Reforma del Código Civil Peruano; Jorge Muñiz Ziches, *op. cit.*

念的重复,修典委员会对合同进行重新定义:合同是旨在设立具有债的性质的财产法律关系的多方法律行为。由此指出合同只是法律行为的一种,并强调了其作为债的发生根据和财产性的一面。

2. 纠正概念上的错误

合同总则中有许多关于合同解除的规定,如第 1365 条、第 1372 条、第 1428 条至第 1433 条等。显然,"合同的解除"的表述是错误的。因为,合同本为法律行为的一种,是旨在设立法律关系的意思表示。合同一经成立,本身是不可解除的,可解除的应该是因合同而产生的法律关系。因此,修典委员会将法典中所有此等表述都改为"合同所生法律关系的解除"。类似的例子举不胜举。

3. 有效区分达成合意(concertación)和合同完成(perfeccionamiento)两种事实因素

《秘鲁民法典》第 1352 条规定,除应遵守法律规定之形式的合同外,合同因当事人各方的同意而完成。修典委员会认为,该条规定未对达成合意和合同完成这两个不同的事实因素加以区分。

一般而言,在诺成合同中,达成合意和合同完成是同时发生的。但在附停止条件或其某些内容(如价金)由第三人决定的合同中,意思表示的达成一致并不意味着合同的完成。另一方面,就要式合同而言,其完成需要两个要素:合意和程式。有鉴于此,修典委员会决定将该条改为:除应以法律规定的程式表示同意的合同外,合同因当事人各方的同意而达成。

4. 区分撤销和解除两种不同的情况

现代学理认为,前者是指合同因其达成合意之时存在的事由而不产生效果,后者是指合同因达成合意之后发生的事由而不产生效果。因此,宣告撤销的判决具有溯及至达成合意之时的效力,但宣告解除的判决是否具有溯及力,在学者间颇有争议。修典委员会采纳了这种理论,并在解除的效力这一问题上,建议的条文(第 1372 条)区别司法上的解除和司法外的解除,分别赋予其不同的效力:前者自宣告之时起发生效力,后者的效力则溯及至达成合意之时。

5. 就相关制度作体系上的调整

《秘鲁民法典》第 1366 条至第 1369 条规定了某些人不得通过合同、遗赠、公共拍卖、中介人而直接或间接地取得物权。修典委员会认为这些条文涉及的是物权之取得的问题,因此应放入物权编。

6. 对要约、承诺规则的修改

(1)按照第1378条的规定,未遵守要约人要求的形式作出的承诺,不发生效果。学理认为,该条中的承诺事实上相当于一个新要约。所以,修典委员会决定将该条合并规定在第1376条中,把这种承诺和迟到的承诺、与要约不合的及时承诺都视为反要约。

(2)按照第1385条第1款和第2款的规定,如果要约人以直接联系的方式,向某人发出未附确定或可确定之承诺期限的要约,则该要约在未被立即承诺时失效;如果要约人非以直接联系方式,向某人发出上述性质的要约,则在以同样联系方式作出的答复到达要约人所需的充分时间业已经过时,该要约失效。修典委员会认为,这种硬性规定未能照顾各种具体情形,在适用中可能有失偏颇。例如,试图就一本旧书成立使用借贷合同的要约,和以成立汽车买卖合同为目的的要约,在适用该条规定时就应该有很大的区别。因为,答复前者无须太多的考虑时间,但在对后者进行承诺时,则往往需要一段犹豫时间,而不可能作出即刻答复。显然,在该条第1款规定的情形下要求即刻承诺有其合理性的一面,但也应该承认,如果相对人依交易的性质、交易习惯或各种具体情况,而在合理的期间内作出承诺,则虽然不是即刻的承诺,要约也不应因此失效。与此同理,该条第2款中规定的所谓"充分时间"也足以引起争议,所以也应将其确定为"根据交易的性质、交易习惯或各种具体情况而确定的合理期间"。基于这种观点,委员会对两款规定作出了相应的修改。

7. 关于附合合同和一般缔约条款(cláusulas generales de contratación)

现行《秘鲁民法典》第1390条至第1401条是关于附合合同和一般缔约条款的规定。在该法典中,所谓附合合同,是指一方当事人在要么全盘接受、要么全盘拒绝另一方当事人确定的合同条款时,因选择全盘接受而成立的合同(第1390条);而一般缔约条款,则为某人或某一机构以一般的、抽象的形式单方面预先拟订的条款,其目的在于为将来一系列特定的合同确定其固有的规范性内容(第1392条),此类合同具有示范性和任意性特征。按照第1393条和第1395条的规定,由行政机关核准的一般缔约条款,自动地插入一切为按这些条款缔约而作出的要约之中,但当事人可以明确约定不将某些确定的此类条款插入要约之中。

《秘鲁民法典》的这些规定是1936年民法典中所没有的,它们渊源于《意大利民法典》的相关规定(第1339条至第1342条)。为使这些规定更好地施行于秘鲁,修典委员会在以下几方面提出了加以完善的建议:

(1)明确第1393条、第1394条、第1395条和第1396条中所指的行政机关为"国家维护竞争和保护知识产权局"(INDECOPI)。因此,只有该局核准的一般缔约条款才是行政机关核准的一般缔约条款(第1393条新增的第2款),并且该局有义务确定关于财产和服务的一般缔约条款(修改后的第1394条)。

(2)依第1395条的规定,当事人可以明确约定不将某些特定的由行政机关核准的一般合同条款插入要约中。该规定强调了此类条款的示范性和任意性特征,使其和附合合同区别开来。但修典委员会认为,一般合同条款之所以区别于个别商定的条款,就在于其不可改变性,也就是说,这些条款要么被全盘接受,要么被全盘拒绝。如果一般合同条款可被当事人以约定方式加以排除,实际上也就是承认可以就任何一般条款进行磋商。此外,由行政机关核准某些一般合同条款,并规定其自动插入要约之中,其目的在于一方面为缔约者提供便利(此类条款之示范性的表现),另一方面保护处于弱势地位之消费者的利益。而第1395条的规定,意味着开启了一扇允许通过约定取消此项保护的大门。因此,修典委员会建议将该条改为:如果当事人约定不将特定的由行政机关核准的一般合同条款插入特定合同的要约之中,则该合同应被视为均势合同(普通合同),并且不应适用关于一般合同条款的规定。

(3)第1401条规定,在一般合同条款或由一方当事人拟订的格式条款存在疑问时,应作有利于他方的解释。修典委员会认为,合同解释是旨在探求其固有意义的活动(客观解释)。所以,解释一般合同条款和附合合同中由拟订人提供的条款时,也必然要寻找该拟订人所欲赋予的本来含义。第1401条的规定显然是对解释的歪曲。要求拟订人负担清晰表述的义务,并且在其未能履行此项义务时,通过规定对有疑问的条款作有利于他方的解释,来达到对其进行制裁的目的,是值得称颂的。但需要检讨的是,将这种完全不同于解释之性质的东西称为解释。利用解释来实施对一般条款的间接控制已受到激烈批判。因此,委员会拟将该条文改为:在一般合同条款或附合合同的条款的含义模糊或模棱两可时,应作最符合合同之性质和目的的解释(这是第170条关于法律行为之解释的规定),只有在仍有疑问时,才应将其理解为有利于拟订人的相对方。

8. 完善双务合同中的抗辩权制度

《秘鲁民法典》第1426条是关于双务合同中同时履行抗辩权的规定。为使履行抗辩权的规定更趋完善,修正案在该条增加了关于先履行抗辩权的规定,即后履行义务人在负有先履行之义务的人未履行其义务时,在相对人实际履行或提供担保之前,也可拒绝履行自己的义务。同时,修正案借鉴先进的立法经验,对第1427条关于不安抗辩权的规定作出了完善,规定义务人在行使不安抗辩权时,应考虑相对人的利益及其所负给付义务的性质。

9. 引进实质性违约的概念

《秘鲁民法典》第1428条规定,如果当事人一方不履行其义务,对方当事人可请求履行或解除合同。不过,按照第1362条规定的诚信原则,就应该承认,即使某些履行是不完全的,但只要履行在实质上满足债权人的利益,就不应过于严格地适用第1428条的规定。因此,修正案增加了第1429 - A条规定:如果当事人一方的未履行就他方的利益而言并非严重或关系甚小,则因合同而生的债之法律关系不得被解除。同时,修正案还增加了第1430 - A条,规定了由一方当事人确定的履行期限如果应被认为是实质性条款,则在他方欲请求扩展期限时,应在3天内发出通知,否则因合同而生的债之法律关系依法当然解除。

10. 区分了可归责于债务人的履行不能和可归责于债权人的履行不能

虽然在两种情况下,因合同而生的债之法律关系都依法当然解除,但在前一情形中,应由债务人承担履行不能的责任,而后一情形中则由债权人承担责任。

11. 改进给付负担过重(excesiva onerosidad)制度

《秘鲁民法典》合同总则部分第八章借鉴《意大利民法典》第1467

条至第 1469 条的规定，就给付负担过重作出了规定。给付负担过重的理论基础，是法国学者就情势变更原则提出的不可预见理论（la teoría de la imprevisión）。按照意大利和拉美学者的理解，不可预见理论的适用条件主要有四个：

（1）导致情势变更的事实必须具备以下特征：已现实地发生；必须发生在债成立之后；其发生是不可预见和不可避免的；其发生和债务人无关。

（2）前述事实的发生导致一方当事人给付负担过重（关联性）。即，所发生的事实导致债之关系的原有对等利益的严重失衡（是否严重失衡由法官根据事实审慎地决定），以至于债之关系的维持将意味着实际的不正义。

（3）不可预见之理论的适用对象主要是持续履行、定期履行或延期履行的实定合同（contrato conmutativo）。①

（4）债务人不存在过错或迟延。② 由此可见，给付负担过重之规则是对不可预见之理论的具体化，其目的在于防止情势变更原则的滥用。按照这一规则，虽然合同在其履行过程中存在着各种各样基础性条件的变化，但并非所有此等条件的变化都会导致不可预见之理论的适用，只有那些导致给付负担过重的情势变更才能适用该理论。③

一般而言，给付负担过重的后果可以是合同关系的解除，也可以是对给付和对待给付之价值进行司法调整，使之恢复到合同成立之时的原始平衡状态。在此问题上，意大利的立法选择了解除合同这一救济手段；秘鲁的立法则规定首先应对给付进行重新调整（即增加或减少相应的给付），而只有在这种做法不可能时，才允许解除合同关系。

---

① 尹田先生在其《法国现代合同法》（法律出版社 1995 年版）一书的第 8 页中述及实定合同与射幸合同，前者即为本文中的 contrato conmutativo。根据西班牙语法律词典，有学者认为此类合同以相互债务的等价性为特征，据此，可将其译为等价合同；但也有学者认为，这种合同的特征是当事人各方从同意之时起已知晓其给付的范围，在此意义上，它和射幸合同相区别，因为在射幸合同中，当事人一方或双方根据不确定的事件而在取得利益或遭受损失方面存在偶然性。本文之所以将其译为实定合同，显然采用的是后一定义。

② Véase Jorge Joaquín Llambías, *Tratado de Derecho Civil, Obligaciones*, Tomo I, Editorial Perrot, Buenos Aires, 1994, ps. 256 y ss.

③ 关于这一问题，参见〔秘鲁〕马西亚尔·鲁比奥·科雷阿：《秘鲁法典编纂中的给付负担过重》（徐涤宇译），载《第二届"罗马法·中国法和民法法典化国际研讨会"论文集》。在该文中，作者有效区分了四种情势变更的情形，并认为前三种情形应适用其他民法规则。

修典委员会认为,在法官重新调整失去平衡的对待给付时,其手段不应被限制在增加或减少相应的给付上,此外也应允许他变更相应给付的履行方式,以消除过重负担的消极效果。

第三部分 评价和启示

秘鲁1984年民法典取得的成就世所公认,并且其目前进行的民法典改革工作也受到世界范围的瞩目。[①] 但由于语言的障碍和我国学者对发展中国家立法的有意识的遗忘,必然导致我们在借鉴他国先进经验而制定中国民法典的过程中,难免以偏概全,忽视像秘鲁这样和我国具有类似社会经济背景的发展中国家的经验和教训。总结其基本思路和具体内容,笔者认为,秘鲁民法典改革的主要成就对我国民法法典化颇具借鉴意义,理应受到中国民法学界的重视。

第一,秘鲁民法典的历次改革都是法学家积极推动的结果,这反映了立法者、司法者和法学家之间的一种良性互动关系。在这种关系中,立法和司法保持着必要的界限,理论界则从立法和司法中出现的问题出发,结合本国实际情况,吸收并消化国外最新研究成果,积极促进和参与民事立法活动。另一方面,秘鲁民法典的此次改革,更是明确了学说在司法判决中的地位和作用,其意义不可低估。

自新的合同法起草到颁布,我国也已掀起一股学者立法的热潮,这在一定程度上弥补了非学者立法的缺陷,唤醒了学者在法制建设中的使命感。但在这种热情的背后,我们也不得不承认我国民法学界对某些基础理论的研究稍嫌粗陋,对国外一些最新成果未见吸收和消化,视野也仅仅局限于一些发达国家的立法经验,显得不够开阔。尤为重要的是,我们并未明确学说在立法和司法中的地位和作用,这就造成了理论界面对立法者和司法者的一种被动地位。当然,我国目前已进行的和正在进行的一些民间立法活动,大有扭转这种被动局面的勇气,这不可不谓为一个进步。

[①] 秘鲁修典委员会已将其工作成果——民法典修正案的条文和立法理由公布在因特网上,其目的在于广泛征求各国法学家的意见。

第二,秘鲁民法典改革在立法技术方面也为我们提供了诸多启示。从民法典体系的构造来看,秘鲁显然遵循了潘德克顿式的体系构造方法。以债编的构造为例,1984 年的《秘鲁民法典》第六编以"债"为题,就债的各种类型、债的效力作出一般性的规定,从而形成了债法总则;继而,《秘鲁民法典》第七编将债的各种发生根据设定为五部分分别加以规定,这事实上是关于债法分则的规定。此外,在规定债的最重要的发生根据——合同时,又分别就合同通则和各种有名合同作出规定,从而在第二个层面上构成了总则—分则体系。这种多层次的总则化立法技术,构架了一个合乎逻辑、位阶关系较为分明的债法体系。但是,《秘鲁民法典》并不囿于《德国民法典》所构造的体系,而是顺应最新的体系构造方法,突破了德国、意大利等国的民法典体系,形成了独树一帜的风格。例如,总则—分则的立法技术容易造成原则与例外的复杂关系,在法律的适用中也因各编的关联增加理解和适用的困难。[①] 于是,《秘鲁民法典》并未将人法、法律行为和时效制度构成为民法典的总则,避免了一些逻辑上的不严密性(如法人制度不能适用于继承编、家庭编等)。同时,该法典也未按民事权利体系的模式,就人格权单独设编,以使其成为和身份权、继承权、债权、物权并行的格局。这样,人格权被有机地纳入有关自然人的规定中,减少了理解和适用上的困难,也丰富了人法中人文精神的内容。[②]《秘鲁民法典》的这种体系安排,为我们构建民法典体系提供了新的思路。

此外,秘鲁学者在改革其民法典时对精确概念用语的近乎完美的追求,例如将"合同的解除"改为"合同所生之债的关系的解除",体现了其在立法技术上一丝不苟的精神。相比之下,我国合同法中许多用语就有欠科学(如合同的变更和转让、合同解除等),需要在以后制定民法典的过程中得到纠正。

第三,正如前述,《秘鲁民法典》最卓越的贡献在于它全面体现了权利的人文主义和社会连带观念,摆脱了所有以个人和财产为主导理念的民法典的影响。这种注重对人本身的保护的立法例,强调人的权利能力始于受孕,将胎儿的地位上升为一种新的权利主体,坚决否定

---

① 参见王泽鉴:《民法总则》(民法丛书),2000 年 9 月自版,第 23—24、28—29 页。
② 在对秘鲁民法典和荷兰新民法典、魁北克新民法典进行体系对比时,笔者发现三者在大的方面具有惊人的相似性,这也许说明了民法典体系构造的新趋向。

人格的物化，并对各种人格权提供切实的保护机制，实应为我国未来民法典所借鉴。

第四，在民事和商事活动的界限日趋模糊的当代社会，世界各国民法典的编纂和改革活动，如荷兰新民法典、魁北克新民法典和阿根廷新民法典的起草，以及秘鲁民法典的改革，都以民商合一作为目标之一。秘鲁民法典的改革以此为基本思路，拟以一般企业法取代商法典，并在一定程度上将传统商法规范纳入民法典中去，当能为我国未来民法典的设计提供一个参考方案。

第五，科学技术的迅速发展，对传统民法理论提出了挑战。而在如何改造传统理论并使民法典具有一定程度的前瞻性的问题上，秘鲁学者和立法者回应和创新的魄力及其提出的解决方案，也是值得我们学习的。

致 谢

出版《智利共和国民法典》和《阿根廷共和国民法典》中文译本时,我分别写过译后记,为前者的修订版我又附加过一篇后记,事后总觉得有点矫情。其实,作为一名科研工作者,译和写本来就是份内事。译事尽管艰辛,个中滋味自己去萦绕萦绕也就够了。读者愿意购买或阅读这些作品,看中的无非是作品本身的价值。

所以,本来并不打算写后记了。但转念一想,之所以能译毕《秘鲁共和国新民法典》,确实有些人是需要感谢的。在湖南大学就职期间,我曾谋求选派两名硕士研究生赴秘鲁攻读博士学位,其中一名学生王华为学习西班牙语,接受了我提出的翻译秘鲁新民法典的建议。负笈拉美之事后来虽因故搁浅,王华改道前往澳门大学法学院师从唐晓晴教授,但他坚持译完了这部在欧陆和拉美颇有声誉的民法典。2014年3月,我在接到译稿后忧喜参半,喜的是其毅力和勇气,忧的是翻译质量。接下来的两年多我几乎是逐字逐句重译,尽管我本不打算再译民法典了。当然,我还是必须感谢王华同学,因为正是他初生牛犊的精神感动了我,使我不得不正视重译工作而未选择"抛荒"。更为重要的是,他收集整理了秘鲁民法典的最新修订条文,这保证了本译本一定程度的"新鲜出炉"。其次,我也必须感谢意大利罗马第一大学的斯奇巴尼教授和罗马第二大学的卡尔蒂里教授:前者多年前就强烈建议我翻译该部在他眼里堪为法典新典范的民法典,并为中文译本欣然作序;后者的序言甚至超越秘鲁民法典中译本身的意义,俨然是对法典体系构造和应然内容的法哲学思辨。

尤其要提到的是爱女将于8月15日年满两岁,"谨以此书献给我的女儿徐一可"当能印刻为父亲对小棉袄爱的痕迹。

徐涤宇

2016年7月9日

图书在版编目(CIP)数据

秘鲁共和国新民法典/徐涤宇译. —北京：北京大学出版社，2017.1
（罗马法与共同法文库·译丛）
ISBN 978-7-301-27895-6

Ⅰ.①秘… Ⅱ.①徐… Ⅲ.①民法—法典—秘鲁 Ⅳ.①D977.83

中国版本图书馆 CIP 数据核字(2017)第 003650 号

书　　　名	秘鲁共和国新民法典
	Bilu Gongheguo Xin Minfadian
著作责任者	徐涤宇　译
责 任 编 辑	陈　康
标 准 书 号	ISBN 978-7-301-27895-6
出 版 发 行	北京大学出版社
地　　　址	北京市海淀区成府路 205 号　100871
网　　　址	http://www.pup.cn　http://www.yandayuanzhao.com
电 子 信 箱	yandayuanzhao@163.com
新 浪 微 博	@北京大学出版社　@北大出版社燕大元照法律图书
电　　　话	邮购部 62752015　发行部 62750672　编辑部 62117788
印 刷 者	北京大学印刷厂
经 销 者	新华书店
	730 毫米 × 1020 毫米　16 开本　31.25 印张　459 千字
	2017 年 1 月第 1 版　2017 年 1 月第 1 次印刷
定　　价	59.00 元

未经许可，不得以任何方式复制或抄袭本书之部分或全部内容。
版权所有，侵权必究
举报电话：010-62752024　电子信箱：fd@pup.pku.edu.cn
图书如有印装质量问题，请与出版部联系，电话：010-62756370